目次

第1部　M&A契約総論

第1章　M&A契約の分類 ……………………………………………… 3

Ⅰ　本書の構成 ……………………………………………………… 3
Ⅱ　M&Aの分類 …………………………………………………… 3
1　株式の取得 …………………………………………………… 4
⑴　株式の取得手法の分類　4
⑵　株主からの株式取得と会社からの株式取得の比較　5
2　事業の取得 …………………………………………………… 5
⑴　事業の取得手法の分類　5
⑵　事業譲渡と会社分割の比較　6

第2章　M&A契約の構造 ……………………………………………… 8

Ⅰ　M&Aにおける契約の役割と構造 ………………………………… 8
1　概要 …………………………………………………………… 8
2　取引の効力を生じさせる合意 ……………………………… 8
3　企業・事業の状況について保証・確認すること――表明保証 … 9
4　取引以外の付随的義務について定めること――誓約事項 ……… 10
5　取引が行われるための条件を定めること――前提条件 ……… 10
6　契約の終了事由を定めること――解除 …………………… 11
7　契約違反があった場合の取扱いを定めること――補償 ……… 11
Ⅱ　M&Aの類型ごとの契約 ……………………………………… 11

第2部　株式譲渡契約

第1章　前文・定義 ……………………………………………………… 15

Ⅰ　株式譲渡契約の当事者 ……………………………………… 15
1　概要 …………………………………………………………… 15
2　売主または買主が複数いる場合 …………………………… 15
⑴　売主または買主が複数いる場合　15

iv 目次

　　⑵　分割債務か連帯債務か　16
　　⑶　すべての株主を当事者としない場合　17
　3　当事者が SPC の場合 ………………………………………………… 19
　　⑴　当事者が SPC となる類型　19
　　⑵　売主が SPC となる場合の留意点　19
　　⑶　買主が SPC の場合　20
Ⅱ　前文・目的 …………………………………………………………………… 21
Ⅲ　定義 …………………………………………………………………………… 21
Ⅳ　解釈 …………………………………………………………………………… 25

第2章　株式譲渡 ……………………………………………………………… 26

第3章　譲渡価額 ……………………………………………………………… 27

Ⅰ　譲渡価額の合意 …………………………………………………………… 29
Ⅱ　譲渡価額の調整方法 ……………………………………………………… 30
　1　比較対象とする財務指標 ……………………………………………… 30
　2　基準 BS とクロージング BS の作成基準・作成指針 ……………… 31
　3　クロージング BS の確定 ……………………………………………… 33
Ⅲ　ロックド・ボックス ……………………………………………………… 34
Ⅳ　アーンアウト条項 ………………………………………………………… 35
　1　意義・機能 ……………………………………………………………… 36
　2　目標の設定 ……………………………………………………………… 37
　3　アーンアウト価額の支払い …………………………………………… 38
　4　クロージング後の経営管理 …………………………………………… 39

第4章　クロージング ……………………………………………………… 41

Ⅰ　総論 …………………………………………………………………………… 42
Ⅱ　日時・場所 ………………………………………………………………… 43
　1　クロージング日 ………………………………………………………… 43
　　⑴　契約締結日からクロージング日までの間隔　43
　　⑵　カレンダー上の考慮　44
　　⑶　クロージング日の定義　45
　2　クロージングの時刻 …………………………………………………… 46
　3　クロージングの場所 …………………………………………………… 46

Ⅲ　クロージング手続 ……………………………………… 47
　1　株式譲渡 ……………………………………………… 47
　　⑴　株券発行会社の株式　48
　　⑵　振替株式　49
　　⑶　株券不発行会社の株式（振替株式以外）　50
　2　代金の支払い ………………………………………… 51
　　⑴　クロージング時に全額を一括して支払う場合　51
　　⑵　譲渡価額の支払いを留保する場合（分割払い・エスクロー）　51
　3　各種書類の交付 ……………………………………… 53
Ⅳ　プレ・クロージング …………………………………… 54
Ⅴ　クロージングに付随する取引等 ……………………… 54

第5章　前提条件 …………………………………………… 56

Ⅰ　総論 ……………………………………………………… 58
　1　意義 …………………………………………………… 58
　2　一般的な検討事項 …………………………………… 59
Ⅱ　個別の条項 ……………………………………………… 60
　1　表明保証の正確性 …………………………………… 60
　　⑴　概要　60
　　⑵　基準時　60
　　⑶　正確性の程度　61
　2　義務の遵守 …………………………………………… 62
　3　許認可・競争法上の届出等 ………………………… 62
　4　株式譲渡の承認 ……………………………………… 63
　5　関連契約の締結等 …………………………………… 64
　6　辞任役員の辞任届 …………………………………… 64
　7　第三者の同意の取得等 ……………………………… 65
　8　ファイナンス・アウト条項 ………………………… 65
　9　MAC 条項 …………………………………………… 66
　10　必要書類の交付 ……………………………………… 68
　11　その他 ………………………………………………… 69
　　⑴　キーマン条項　69
　　⑵　差止命令等の不存在　70
　　⑶　売主の株主総会の承認　70

vi　目次

第6章　表明および保証 ……………………………………………… 72

Ⅰ　総論 ………………………………………………………………… 72

1　表明保証とは ……………………………………………………… 72
2　表明保証の法的性質 ……………………………………………… 73
3　表明保証の機能 …………………………………………………… 73
4　表明保証の時点 …………………………………………………… 74
　(1)　概要　74
　(2)　クロージング日を基準日とする表明保証　75
　(3)　将来の事項に関する表明保証　76
5　表明保証の範囲または除外に関する事項 ……………………… 76
　(1)　概要　76
　(2)　重要性・重大性による除外　77
　(3)　「知る限り」「知り得る限り」による除外　77
6　開示別紙（Disclosure Schedule）……………………………… 79
　(1)　開示別紙による表明保証からの除外　79
　(2)　開示別紙のアップデート　80
7　デュー・ディリジェンスでの開示または買主の主観 ………… 81
　(1)　開示情報の包括的な除外　81
　(2)　買主の主観（サンドバッギング）　82

Ⅱ　各論 ………………………………………………………………… 83

1　売主に関する事項 ………………………………………………… 83
　(1)　設立および存続　83
　(2)　契約の締結および履行　84
　(3)　強制執行可能性　85
　(4)　法令等との抵触の不存在　85
　(5)　許認可等の取得　86
　(6)　倒産手続等の不存在　86
　(7)　反社会的勢力　87
　(8)　株式の保有等　88
2　対象会社に関する基本的な事項 ………………………………… 89
　(1)　設立および存続　89
　(2)　株式および潜在株式　90
　(3)　子会社・関連会社等　91
3　計算書類等 ………………………………………………………… 91
　(1)　計算書類等　92
　(2)　簿外債務の不存在　95
　(3)　重要な変更の不存在　96
　(4)　会計帳簿の正確性　97

4　法令遵守 ……………………………………………………………… 97
　　　⑴　法令等の遵守　98
　　　⑵　許認可等　99
　　5　資産 ………………………………………………………………… 100
　　　⑴　概括的な定め方　100
　　　⑵　不動産　102
　　　⑶　知的財産権　103
　　　⑷　動産（機械設備等）　105
　　　⑸　動産（在庫）　106
　　　⑹　債権　106
　　6　契約等 ……………………………………………………………… 107
　　　⑴　概要　108
　　　⑵　表明保証の内容　109
　　7　人事労務 …………………………………………………………… 110
　　　⑴　人事労務一般　110
　　　⑵　年金・福利厚生　113
　　8　公租公課 …………………………………………………………… 114
　　　⑴　税務に関する表明保証の範囲　115
　　　⑵　税務に関する表明保証違反の補償期間、損害の範囲等　115
　　　⑶　健康保険等に関する表明保証　116
　　9　保険 ………………………………………………………………… 117
　　10　環境 ……………………………………………………………… 117
　　　⑴　環境関連法令　118
　　　⑵　環境デュー・ディリジェンス　118
　　　⑶　環境に関する表明保証　119
　　11　紛争 ……………………………………………………………… 120
　　12　関連当事者取引等 ……………………………………………… 121
　　　⑴　関連当事者取引　121
　　　⑵　アドバイザリーフィー　122
　　　⑶　情報開示　122
　Ⅲ　買主に関する事項 ………………………………………………… 124
　　1　買主の基本的事項 ……………………………………………… 124
　　2　資金調達 ………………………………………………………… 126

第7章　誓約事項 …………………………………………………… 127

　Ⅰ　誓約事項の意義・機能 …………………………………………… 127
　Ⅱ　努力義務の意義 …………………………………………………… 128

viii 目次

Ⅲ クロージング前の誓約事項 ……………………………… 129
1 対象会社の運営に関する義務 …………………………… 129
2 取引実行のために必要となる手続に関する義務 …………… 132
　(1) 株式譲渡の承認 132
　(2) 法令に基づき必要となる手続 133
　(3) 契約に基づき必要となる手続 139
3 対象会社の役員に関する義務 …………………………… 140
4 対象会社の事業・権利関係等に基づく義務 …………… 141
　(1) 売主との関係解消に関する義務 141
　(2) デュー・ディリジェンスで発見された問題点の解消に関する義務
　　142
5 関連契約の締結 ………………………………………… 143
　(1) 移行サービス契約 143
　(2) 株主間契約・業務提携契約等 145
6 買収資金のファイナンスに関する義務 ………………… 145
7 取引保護条項 …………………………………………… 146
8 その他の一般的な義務 ………………………………… 147
　(1) 表明保証違反・義務違反・前提条件不充足の場合の通知義務 147
　(2) 買主による情報アクセス 148
　(3) 前提条件を充足するための努力義務 148

Ⅳ クロージング後の義務 ……………………………………… 149
1 概要 ……………………………………………………… 149
2 競業避止義務 …………………………………………… 149
　(1) 趣旨 150
　(2) 個人が売主の場合の有効性 150
　(3) 競業避止義務の内容 150
　(4) 取引先等の勧誘禁止義務 152
3 勧誘禁止義務 …………………………………………… 152
4 雇用・年金等に関する義務 ……………………………… 153
　(1) 雇用の維持に関する義務 153
　(2) 年金・健康保険 153
5 派遣役員・従業員の責任免除 …………………………… 155
6 商号・商標等に関する義務 ……………………………… 156
7 売主による情報アクセス ………………………………… 156

目次　ix

第8章　補償 ……………………………………………………… 158

Ⅰ　補償（総論）………………………………………………… 158
　　1　補償とは …………………………………………………… 158
　　2　補償条項の規定方法 ……………………………………… 159
　　　(1)　補償の原因　159
　　　(2)　補償の相手方　159
　　　(3)　対象会社に生じた損害等　160
　　　(4)　「損害等」の範囲および補償原因との因果関係　161
Ⅱ　補償の限定 …………………………………………………… 164
　　1　補償の金額による制限 …………………………………… 164
　　2　補償の金額による制限の適用除外 ……………………… 165
　　3　ダブル・マテリアリティ・スクレイプ ………………… 166
Ⅲ　補償の期間 …………………………………………………… 167
Ⅳ　第三者請求（Third Party Claim）………………………… 168
Ⅴ　その他の補償責任の制限等 ………………………………… 169
Ⅵ　補償の税務処理 ……………………………………………… 171
Ⅶ　特別補償 ……………………………………………………… 172
Ⅷ　表明保証保険 ………………………………………………… 174
　　1　表明保証保険の概要 ……………………………………… 174
　　2　表明保証保険を購入する場合の契約書作成上の留意点 ……… 175

第9章　解除 ……………………………………………………… 177

Ⅰ　解除規定の意義 ……………………………………………… 177
Ⅱ　解除が可能な期間 …………………………………………… 178
Ⅲ　解除事由 ……………………………………………………… 178
Ⅳ　ブレイクアップ・フィー …………………………………… 180
　　1　概要 ………………………………………………………… 180
　　2　法的性質 …………………………………………………… 181
　　3　リバース・ブレイクアップ・フィー …………………… 181
　　　(1)　概要　182
　　　(2)　トリガー事由　183
Ⅴ　存続条項 ……………………………………………………… 184

x 目次

第10章　一般条項 ·········· 185

Ⅰ　救済手段の限定（Exclusive Remedy）·········· 185
Ⅱ　秘密保持義務・公表 ·········· 186
　1　秘密保持義務 ·········· 186
　　(1)　締結済みの秘密保持契約との関係　187
　　(2)　秘密保持義務の例外的取扱い　187
　　(3)　クロージング後の取扱い　188
　2　公表 ·········· 189
Ⅲ　準拠法・管轄 ·········· 189
　1　準拠法 ·········· 190
　2　管轄 ·········· 190
　　(1)　裁判と仲裁の相違　190
　　(2)　国内案件における管轄の選択　192
　　(3)　国際案件における管轄の選択　192
Ⅳ　譲渡禁止・修正・完全合意 ·········· 193
　1　譲渡禁止 ·········· 193
　2　変更・修正 ·········· 194
　3　分離可能性 ·········· 194
　4　完全合意 ·········· 195
　5　通知 ·········· 196
　6　費用負担 ·········· 197
　7　言語 ·········· 198
　8　第三者の権利 ·········· 198
　9　誠実協議 ·········· 199
　10　署名欄 ·········· 199

第3部　　事業譲渡契約

第1章　事業買収に係る契約 ·········· 203

Ⅰ　事業買収型の類型 ·········· 203
Ⅱ　事業買収型の特徴 ·········· 204
Ⅲ　事業買収型の取引における契約 ·········· 205

目次　xi

第2章　譲渡対象の確定 …………………………………………… 207

Ⅰ　概要 ……………………………………………………………… 209
Ⅱ　承継対象資産等の特定方法 ………………………………… 209
　1　特定の程度 ………………………………………………… 209
　2　他の事業と共用されている資産・契約の取扱い ………… 210
　3　会計・税務上の資産・負債 ……………………………… 211
Ⅲ　債務の承継等 …………………………………………………… 211

第3章　譲渡価額 …………………………………………………… 213

Ⅰ　概要 ……………………………………………………………… 213
Ⅱ　価額調整の可否 ………………………………………………… 213
Ⅲ　特殊な価額調整 ………………………………………………… 215

第4章　クロージング ……………………………………………… 216

Ⅰ　概要 ……………………………………………………………… 217
Ⅱ　プレ・クロージングの実施 ………………………………… 217
Ⅲ　資産の承継等 …………………………………………………… 218
Ⅳ　債務の承継等 …………………………………………………… 219
Ⅴ　契約の承継等 …………………………………………………… 220
　1　相手方当事者の同意の取得 ……………………………… 220
　2　契約の承継等ができない場合の取扱い ………………… 221
Ⅵ　その他の権利義務の承継 …………………………………… 221
　1　許認可の承継 ……………………………………………… 221
　2　訴訟の承継 ………………………………………………… 222

第5章　前提条件 …………………………………………………… 223

第6章　表明および保証 …………………………………………… 227

Ⅰ　概要 ……………………………………………………………… 227
Ⅱ　モデル条項 ……………………………………………………… 228
Ⅲ　会社分割と株式譲渡を組み合わせた取引の場合 ………… 230

xii　目次

第7章　誓約事項 ································ 232

Ⅰ　概要 ·································· 232

Ⅱ　法令に基づき必要となる事項 ··········· 232

　1　会社法に基づき必要となる手続 ········· 233

　　⑴　事業譲渡　233

　　⑵　会社分割　234

　2　労働契約承継法等に基づき必要となる手続 ········· 236

　3　独占禁止法その他の競争法に基づき必要となる手続 ········· 237

　　⑴　事業譲渡　237

　　⑵　会社分割　238

Ⅲ　契約上の地位の承継に関する義務 ········ 239

Ⅳ　従業員の承継 ························· 242

Ⅴ　許認可の取得 ························· 244

Ⅵ　クロージング後の精算 ·················· 245

Ⅶ　追加的協力（Further Assurance）········· 247

Ⅷ　競業避止義務 ························· 247

第8章　補償・一般条項 ·················· 249

Ⅰ　補償 ································· 249

Ⅱ　一般条項 ····························· 250

　1　費用負担 ··························· 250

　2　その他の一般条項 ···················· 251

巻末資料

　1　株式譲渡契約書（買主側ドラフト）········· 255

　2　株式譲渡契約書（売主側ドラフト）········· 286

　3　事業譲渡契約書 ······················ 302

事項索引 ·································· 323

著者略歴 ·································· 327

凡例　xiii

凡例

1　法令等の略称

改正後民法　　　　　民法の一部を改正する法律（平成29年法律第44号）に
　　　　　　　　　　　よる改正後の民法
社債等振替法　　　　社債、株式等の振替に関する法律
外為法　　　　　　　外国為替及び外国貿易法
独占禁止法　　　　　私的独占の禁止及び公正取引の確保に関する法律
企業結合届出規則　　私的独占の禁止及び公正取引の確保に関する法律第 9
　　　　　　　　　　　条から第16条までの規定による認可の申請、報告及び
　　　　　　　　　　　届出等に関する規則
企業結合会計基準　　企業結合に関する会計基準
財務諸表等規則　　　財務諸表等の用語、様式及び作成方法に関する規則
連結財務諸表規則　　連結財務諸表の用語、様式及び作成方法に関する規則
直投命令　　　　　　対内直接投資等に関する命令
労働契約承継法　　　会社分割に伴う労働契約の承継等に関する法律

2　判例誌、雑誌等の略称

民集　　　　　　　　最高裁判所民事判例集
判時　　　　　　　　判例時報
判タ　　　　　　　　判例タイムズ
金法　　　　　　　　金融法務事情
金判　　　　　　　　金融・商事判例

第1部

M&A 契約総論

第1章　M&A契約の分類

Ⅰ　本書の構成

　M&Aとは、合併・買収（Mergers and Acquisitions）の略であり、一般には企業またはその事業の全部または一部の移転を伴う取引をいう。

　M&Aは通常、多額の対価を支払い、株主、債権者、従業員等の多くの関係者を巻き込み、株式市場にも影響を与えることがある取引であるため、契約により当事者間の権利義務関係を明確に規定することが必要であり、契約の入念な準備と交渉が重要な要素となる取引である。

　本書では、まず**第1部**では、M&Aの類型についてご紹介し、通常のM&Aにおける契約の役割について概観する。

　そのうえで、**第2部**では、M&A契約の基本ともいうべき株式譲渡契約について、基本的な事項から最新実務まで、モデル条項を示しながら解説する。

　また、**第3部**では、企業が営む事業の一部を買収する場合の基本的な契約形態である事業譲渡契約について、株式譲渡契約に関する**第2部**の解説ではカバーされていない部分に絞って解説をする。

Ⅱ　M&Aの分類

　M&Aの手法は、大きく分けて株式を取得するものと事業を取得するものに分けられる。手法により分類すると以下の図表のとおりである。

[M&Aの手法]

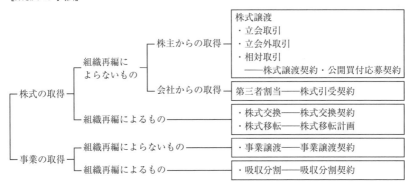

1　株式の取得

(1) 株式の取得手法の分類

　株式の取得は、会社法に定めがある組織再編によるもの（株式交換・株式移転）と、組織再編によらないものに分けられる。組織再編によらない株式の取得には、①株主からすでに発行されている株式を取得する方法と、②株式を発行する対象会社（発行会社）から株式を取得する（新株発行または自己株式の処分を受ける）方法がある。

　株主から株式を取得する方法（①）については、取得する株式が金融商品取引所（証券取引所）に上場している株式である場合には、(i)金融商品取引所における立会取引による売買、(ii)金融商品取引所における立会外取引（ToSTNeT等）、および、(iii)市場外での相対取引があり、市場外での取引には公開買付けが強制されるものとされないものに分けられる。非上場の株式の売買は、すべて相対取引である。

　このうち、金融商品取引所における立会取引（(i)）および立会外取引（(ii)）については、売主と買主の間で契約が締結されず、取引所の制度に沿って売買取引がなされることが多い。これに対して、相対取引については、売主と買主の間で、株式譲渡契約か、公開買付けが行われる場合は公開買付応募契約が締結されることとなる。

　また、発行会社から株式を取得する場合（②）は、発行会社と引受人（買主）の間で株式引受契約を締結することとなる。

組織再編による株式の取得には、株式交換と株式移転が挙げられる。株式交換については株式交換契約の締結が、株式移転については株式移転計画の作成が、それぞれ会社法上必要となる。

(2) 株主からの株式取得と会社からの株式取得の比較

株主からの株式取得と発行会社からの株式取得を比較した場合、前者では株主に代金が支払われることとなるが、後者では発行会社に対して代金が支払われることとなる点で、大きく異なる。このため、発行会社からの株式取得は、発行会社が資金を必要とする場面で多く用いられることとなる。

また、株主からの株式取得の場合、会社が発行するすべての株式を取得することができるが、発行会社から取得すると、これまでの発行会社の株主が引き続き株主として残ることとなるため、発行会社のすべての株式を取得することはできない。

その他、同じ割合の株式を取得するに際して要する資金の額が異なる（一般には発行会社からの取得の方がより多くの資金を要する）、金融商品取引法における公開買付規制やインサイダー取引規制は、基本的に株主からの株式取得にのみ適用される等、その手続面において異なる。

2 事業の取得

(1) 事業の取得手法の分類

事業を取得する方法としても同様に、会社法に定めがある組織再編によるもの（合併、会社分割）と、組織再編によらない事業譲渡に分けられる。

事業譲渡については、事業譲渡契約を締結することとなる。会社分割を用いる場合も、吸収分割を用いれば、買主が売主より直接事業の承継を受けることができる。この場合は、会社法上、吸収分割契約の締結が必要と

[吸収分割]

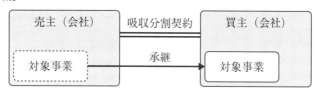

[会社分割＋株式譲渡]

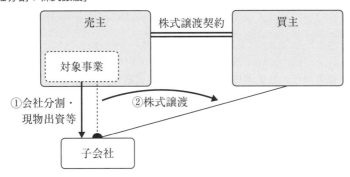

なる。

　また、会社の事業の一部を取得する場合に、直接、事業譲渡または会社分割により事業を譲り受けるのではなく、一度、売主が譲渡対象となる事業を会社分割や現物出資により子会社に承継させたうえで、その子会社株式を買主が売主より譲り受けるという方法が比較的多く用いられる。この場合、売主と買主の間で締結する契約は、株式を譲渡するための株式譲渡契約となるが、株式譲渡契約のなかで、売主が行うべき会社分割・現物出資の内容が規定されることとなる。

(2) 事業譲渡と会社分割の比較

　事業譲渡も会社分割も、いずれも会社全体ではなく、その事業の一部を第三者に移転する取引である。このうち、事業譲渡は、権利義務を1つひとつ個別に買主に対して承継する取引の集合体であり、たとえば契約、債務および労働者を承継させるためには、その相手方（契約の相手方、債権者および労働者）の個別の承諾を必要とする。これに対して、会社分割では、契約は相手方の同意を得ずに承継させることができ、労働者については承継する事業に主として従事する労働者は同じ雇用条件で同意なく承継会社に承継することができる。また、債務についても、債権者に対して通知・公告を行い、会社分割について異議を述べる機会を与える必要はあるが（債権者保護手続）、債権者が異議を述べなければ債務は分割計画・分割契約に従って自動的に承継される。

　よって、特に承継させるべき契約の数が多く、契約の相手方から個別の

同意を取得することが困難な場合は、会社分割を用いることが合理的であるといえる。

　他方、会社分割の場合は、承継する事業に主として従事する労働者は、分割計画・分割契約に承継する旨の記載がなくとも、当該労働者が異議を述べれば自動的に承継され、その場合の労働条件は分割会社との間の労働契約の内容がそのまま承継されることとなる。そこで、買主の側で、労働者について意図せず承継せざるをえない状況を避けたり、雇用条件を変更したい場合は、会社分割ではなく事業譲渡が用いられることがある。

　また、いずれの場合でも、買主が直接、権利義務を承継するのではなく、売主が子会社に対して会社分割等を用いて権利義務を承継させたうえで、買主は当該子会社の株式を譲り受けるという取引手法は多く用いられている。これが用いられる理由としては、会社分割については会社法に従って行う必要があるため、特殊な対価の定め（アーンアウト、エスクロー等）を行うことが難しい等、契約の自由度が低いことや、買主としては、会社分割に必要な手続を売主の側ですべて行ったうえで譲り受けたいと考えること等が挙げられる。

第2章　M&A契約の構造

Ⅰ　M&Aにおける契約の役割と構造

1　概要

　M&Aにおいては、これまで第三者によって運営されてきた企業または事業を取得することとなる。そこで、M&Aでは守秘義務契約を締結したうえでビジネス・法務・会計・税務等の観点からデュー・ディリジェンスを行い、企業・事業の状況を精査し、その価値を把握するよう努めたうえで、最終的な契約を締結して譲渡を実行に移すこととなる。

　ここでM&Aで締結される契約にはいくつかの役割が期待される。

① （株式譲渡・事業譲渡等の）取引の効力を生じさせること
② 企業・事業の状況について保証・確認すること……表明保証
③ 取引以外の付随的義務について定めること……誓約事項
④ 取引が行われるための条件を定めること……前提条件
⑤ 契約の終了事由を定めること……解除
⑥ 契約違反があった場合の取扱いを定めること……補償

　なお、②から⑥までの多くは、買主が売主を拘束することを目的とする条項であることが多い。よって、買主側がドラフトするM&A契約は、売主側がドラフトする場合と比べて、条項がより厚くなることが多い。

2　取引の効力を生じさせる合意

　企業または事業を取得するための契約である以上、その取引について効力を生じさせることがM&A契約の最も基本的な役割となる。具体的には、たとえば株式譲渡契約であれば、譲渡する株式を特定し、その対価を特定し、譲渡および支払いの日時場所や具体的な方法（受渡しをする書面等）

を特定することが必要である。対価の定め方としては、固定額の金銭を支払うこともあれば、実行日（クロージング日）における企業・事業の状況にあわせて調整された額とすることも少なくない。さらに対価の一部を後で支払う、その全部または一部を現金以外（たとえば株式）で支払う等さまざまな定め方が考えられる。

　同じ事項でも、事業譲渡の場合、譲渡の対象である事業は資産、負債、契約等からなり、その特定がより重要となる。

　売買契約では、売買の目的物とその対価を定めることがその成立のために必要であるため、これらの事項は M&A 契約が売買契約として成り立つために必要最低限の事項であるといえる。逆に、これらの事項さえ定めれば、売買契約としては成り立つため、基本合意書等において譲渡対象と対価を定めるものの、これに法的に拘束される意図ではない場合は、法的拘束力を有しない旨を明確に規定しておく必要がある。

3　企業・事業の状況について保証・確認すること──表明保証

　企業・事業は非常に多様な要素から成り立っており、これまで第三者によって運営されてきたものであるため、買主としては価値を正確に判定し、またリスクがないことを確認するため、デュー・ディリジェンスを行う。しかし、デュー・ディリジェンスは買主とそのアドバイザーにより外部から行われるため、その調査は限界があり、仮に対象会社に虚偽の説明をされていたとしても、意図的に行われればデュー・ディリジェンスで虚偽であることを解明するのは難しい。

　そこで、M&A 契約では、企業・事業の状況について保証・確認するため、表明保証（representations and warranties、レップ）が通常行われる。たとえば、企業が事業を行うに際して法令を遵守しているというようなことを、売主が買主に対して表明保証する。

　表明保証に違反した場合、一般には、相手方当事者に次の 3 つの効果がもたらされる。

① 前提条件が充足せず、クロージングする義務を負わない
② 契約を解除できる
③ 補償請求を行うことができる

4 取引以外の付随的義務について定めること——誓約事項

　M&A契約の義務の基本的な部分は、企業・事業の譲渡とその対価の支払いにあるが、そのほかにも相手方に付随的な義務を課すことが多くある。たとえば、実行日（クロージング日）まで事業内容の大きな変更を行わないこと、契約の相手方から同意を取得する必要がある場合に同意を取得するよう努力すること、独占禁止法の届出が必要な場合に届出を行うこと、派遣役員をクロージング時に退任させること等である。

　このような義務は、一般に誓約事項または遵守事項（covenants、コベナンツ）と呼ばれる。表明保証は企業・事業の一定時点（通常は契約締結時とクロージング時）における状況について保証を行うものであるのに対し、誓約事項は、一定の行為を行う（または行わない）義務である。

　誓約事項には、クロージング前に履行すべき義務のほか、クロージング後に履行すべき義務（post-closing covenants）もある。クロージング前に履行すべき誓約事項に違反があった場合は、表明保証と同じ3つの効果が相手方当事者にもたらされることとなる。これに対し、クロージング後に履行すべき誓約事項に違反があった場合は、通常、契約を解除することもできないため、補償のみを請求することができる。

[合意内容とその効果]

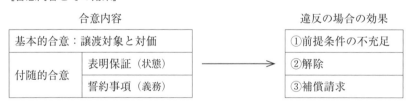

5 取引が行われるための条件を定めること——前提条件

　M&Aにおいては、契約を締結してから実行（クロージング）するまでの間、一定期間が空くことが多いが、クロージングより前にたとえば重大な表明保証違反が判明したような場合、相手方当事者としては、譲渡を実行して後で補償請求を行うよりも、譲渡を実行しないことの方がより賢明な

判断となることが少なくない。このように充たされなければ案件を実行しなくてもよい一定の条件を前提条件（conditions precedent、コンディション、シーピー）と呼ぶ。

前提条件には、表明保証違反や誓約事項の違反のように相手方当事者の責めに帰すべき事項もあれば、独占禁止法のクリアランスのように相手方当事者のコントロールが必ずしも及ばない事項もある。

6 契約の終了事由を定めること——解除

自らの義務に関する前提条件が充たされない場合、当事者は案件を実行する義務を負わない。しかし、たとえば独占禁止法のクリアランスのように、もう少し時間がたてば前提条件が充たされる可能性のある事項も存する。このような場合、当事者は前提条件が充たされるまで待つこともできる。しかし、案件が実行されない状態を長く保ち続けることはビジネスへの影響も懸念されるため、一定の期日を越えた場合には契約自体を解除（termination）して終了させることができるよう定めることが多い。

7 契約違反があった場合の取扱いを定めること——補償

表明保証や遵守事項の違反があり、または前提条件が充たされたにもかかわらず譲渡が実行されないような場合には、相手方当事者としては契約を解除するだけではなく、自らに生じた損害を相手方に請求したいと考える。そのような金銭的な請求について定めるのが補償（indemnification、インデムニフィケーション、インデム）の条項である。

他の多くの契約条項は、買主側が売主側に多くを求めることとなるが、補償は、請求される可能性が高い売主側が、補償を制限するための多くの条項を買主に対して提案することが多い。

Ⅱ　M&Aの類型ごとの契約

第1章で記載したように、M&Aには株式譲渡以外にもさまざまな類型がある。しかし、これらの類型での契約は、多くの場合、本章**Ⅰ**で述べた体系を応用して作成されることとなる。

12 第1部 M&A契約総論

① 株式引受契約

株式引受契約は、発行会社から株式を取得するための契約であるが、それ以外の体系は本章Iで述べたとおりとなる。もっとも、株式引受契約の場合、契約の相手方は発行会社であるため、補償請求により発行会社が補償を支払うと自ら保有する株式の価値も割合的に低下するという問題があり、補償の実効性は通常の株式譲渡契約より乏しくなる。

② 公開買付応募契約

公開買付応募契約は、取引の内容が公開買付けの実施とこれに対する応募と構成され、公開買付けの撤回が法律により厳しく制限されているために買付者から契約を解除することの実効性は乏しいが、その他については本章Iの体系に従い作成される。

③ 会社法上の組織再編（法定外契約の利用）

会社法上の組織再編については、吸収分割契約や株式交換契約のように会社法により法定された契約（法定契約）の締結が必要となるが、法定契約は、株主総会で承認され公表されること、登記に用いられること等から、会社法が要求する項目等慣例的に定めている条項のみを規定することが多い。しかし、当事者間で会社の状況や付随的な義務について詳細を定めたいというM&Aとしての性質は、会社法上の組織再編か否かでは変わりないので、会社法上の組織再編については、法定契約のほかに、本章Iにあるような条項を定めるための「法定外契約」が締結されることがままある。特に、第三者間における吸収分割は、取引類型としては事業譲渡とほぼ変わりがないものなので、法定外契約を締結する必要性が高い。

法定外契約では、基本的に本章Iに記載の各条項が定められることとなるが、取引の効力を発生させる契約はあくまで法定契約となる。よって、法定外契約における表明保証や遵守事項に違反がある場合に、法定契約に基づく取引が実行されないよう、法定契約と法定外契約の関係について規定することとなる。この方法としては、法定外契約に違反がある場合は法定契約を解除する義務を法定外契約において定める方法や、そのような場合は法定契約における一般的な解除条項における解除事由に該当する旨を法定外契約において確認する条項を定める方法等が考えられる。

第2部

株式譲渡契約

第1章　前文・定義

> ○○（以下「売主」という。）及び○○（以下「買主」という。）は、売主が保有する○○（以下「対象会社」という。）の発行済株式全ての買主への譲渡に関し、○年○月○日（以下「本締結日」という。）、以下のとおり株式譲渡契約（以下「本契約」という。）を締結する。

Ⅰ　株式譲渡契約の当事者

1　概要

　株式譲渡契約においては、売主および買主がその当事者となることが通常である。

　日本国内の案件においては、実務上、株式譲渡契約において対象会社が当事者となることは多くない。この点、たとえば対象会社が株式譲渡を承認し、従前と同様の経営を維持し、違法行為を是正する等、対象会社が一定の行為を行い、または行わないことが株式譲渡契約において規定される場合も多いが、そのような場合も、対象会社に関する事項は売主にのみ義務を負わせ、売主が対象会社をしてそのような行為を行わせ、または行わせないものとすると定めれば足りると考えることが多い。

　対象会社が当事者ではない場合、対象会社が株式譲渡契約に規定されている行為を行わなかったとしても、買主は対象会社ではなく売主に対して契約違反を追及することとなる。

2　売主または買主が複数いる場合

⑴　売主または買主が複数いる場合

　会社の株主が複数いる場合に、その株式の全部を買い取ろうとすれば、複数の株主全員を株式譲渡契約の当事者とすることが自然である。

16　第2部　株式譲渡契約

　この場合に、当事者としては、各売主と買主との間で複数の株式譲渡契約を締結する方法と、すべての売主と買主との間で1つの株式譲渡契約を締結する方法が考えられる。いずれの方法も可能であるが、各売主からの株式譲渡を一体として行う場合は、株式譲渡契約を作成するうえでは1つの株式譲渡契約とすることの方が多いであろう。

　売主が複数である場合、

①　各売主からの株式譲渡を一体として行うか、個別に行うことも可能とするか（前提条件および解除）

②　各売主の義務を連帯債務とするか分割債務とするか（株式譲渡、表明保証および補償）

③　売主からの同意が必要となる場面で、すべての売主の同意を必要とするか、または一定数（たとえば過半数や3分の2）の株式を有する売主の同意があれば足りるとするか

等を検討する必要がある。

　買主が複数いる場合も同様に各買主による株式譲受けを一体として扱うか、特に代金支払債務について連帯債務とするか分割債務とするか、買主からの同意の方法等について検討する必要がある。

(2)　分割債務か連帯債務か

　売主が複数いる場合、買主の側からすれば、各売主が連帯して債務を負えば、各売主の信用リスクを負担する必要がなくなるため望ましい。他方、売主の側からすれば、連帯債務とすれば各売主が他の売主のために連帯保証をしているのと同様となるため、分割債務とすることを望むのが通常である。どちらとするかは、売主間の関係と交渉によって決まる。

　何も定めなければ、民法427条では分割債務となることが原則であるが、株式譲渡が売主にとって商行為と判断されれば商法511条により連帯債務と判断されることがある。

　いずれにせよ、売主が複数いる場合は、分割債務なのか連帯債務なのかは株式譲渡契約において明示的に規定すべきである。

●分割債務の例

> 売主ら及び買主は、売主らの買主に対する本契約に基づく債務及び義務は、分割債務であり、それぞれ個別かつ独立した義務であることを確認する。

●連帯債務の例

> 売主らは、本契約に基づく売主らの買主に対する一切の債務について、買主に対して連帯して責任を負う。

(3) すべての株主を当事者としない場合

　上記のとおり、株主が複数存在する場合、当該株主全員を株式譲渡契約の当事者とすることが自然である。しかし、たとえば、創業者が株式の大部分を保有しており、創業者の親族や対象会社の役職員が少ない割合の株式を保有しているような場合、その全員が売主として株式譲渡契約の当事者となると、契約交渉に多くの当事者がかかわることになりスムーズに進まなくなることが懸念される場合がある。また、そのような少数株主に株式譲渡契約に基づく表明保証をさせる等の責任を負わせることが適切ではない場合もある。このような場合に、株主の一部（通常は大株主）のみを株式譲渡契約の当事者とする方法が検討される。

　株主の一部のみが株式譲渡契約の当事者となるとしても、買主としては他の株主（通常は少数株主）からも株式を買い取る必要がある。このための方策としては、①大株主が少数株主から株式譲渡契約締結後に株式を買い集め、これを自ら保有する株式といっしょに売却する方法、②大株主は少数株主から株式を買い集めないものの、大株主が少数株主から委任を受けて少数株主が保有する株式も売却する方法や、③大株主が締結する株式譲渡契約とは別に、当該株式譲渡契約締結後に、大株主が少数株主をしてその株式を売却する旨の簡易な契約を買主との間で直接締結させる方法等が考えられる。

　(i) 大株主が買い集める場合の留意点

　大株主が買い集める場合（①）は、買主としては、大株主が少数株主から株式を買い集めることを売主である大株主の義務とし、また買い集めたことを株式譲渡の前提条件とすることを検討することとなる。他方、売主としては、少数株主が確実に株式を自らに売却してくれるのかを確認し、

確認できない場合はそのような義務および前提条件を受け入れないことを検討することとなる（そのように定めた場合、すべての株式を買い取ることができなくとも買主は大株主からの株式譲渡を実行する必要がある）。

また、大株主が買い集める場合、大株主は少数株主から株式を買い集める資金が必要となる。大株主にそのような資金がなく、買主から支払われる株式代金で充当する場合であっても、買主としては、少数株主から大株主への株式譲渡は代金の支払い前に完了してもらい、大株主と買主の間の株式譲渡と株式代金の支払いは同時履行とすることを主張することとなる。もっとも、そのような同時履行となるかは、少数株主が、大株主への株式譲渡を代金支払い前に完了することに同意するかによることとなる。

大株主が買い集める場合、最終的な株式の売主は大株主のみとなるため、株式や対象会社について表明保証違反があったような場合、大株主が買主に対する責任をすべて負うこととなることが多くなるであろう。

(ii)　大株主が買い集めない場合の留意点

大株主が少数株主から委任を受けて株式を売却する方法（②）や、少数株主に株式を売却する旨の簡易な契約を締結させる方法（③）による場合、買主としては、すべての少数株主から株式を買い集められることを大株主の義務および株式譲渡の前提条件とすることを検討することとなる。他方、大株主としては、少数株主が確実に株式を売却してくれるのかを確認し、確認できない場合はそのような義務および前提条件を受け入れないことを検討することとなる（そのように定めた場合、すべての株式を買い取ることができなくとも買主は大株主からの株式譲渡を実行する必要がある）。

また、株式譲渡は複数の売主より行われることになるため、すべての株式譲渡が一体として同時に履行されることを株式譲渡契約において規定することが考えられる。売買代金については、すべての株主に別々に支払われることとなるが、事務手続上の簡便さや株式譲渡と代金支払いの同時履行を確保するため、少数株主には大株主に代金受領の権限を委任してもらい、大株主の銀行口座に全額を支払うことにより少数株主に対しても支払ったものとみなすこともある。

さらに、少数株主に株式を売却する旨の簡易な契約を締結させる場合、株式や対象会社について表明保証違反があったような場合の責任をすべて大株主に負わせるか、または一部については少数株主にも負わせるかが検

討される。

3　当事者がSPCの場合

(1)　当事者がSPCとなる類型

買主がプライベート・エクイティ・ファンドである場合等に、株式を買い受けるに際して金融機関等から借入れを行い、株式譲渡後に当該借入債務を対象会社に負担させるため、まず日本国内に株式保有のための株式会社（特別目的会社・SPC）を設立し、当該会社に株式を買い受けさせ、株式譲渡後に当該会社と対象会社を合併させることが行われる。このような買収方法をレバレッジド・バイアウト（Leveraged Buyout・LBO）と呼ぶ。

[LBOのスキーム]

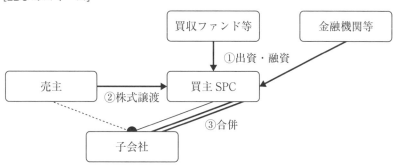

また、LBOの手法を用いない場合であっても、たとえば複数の当事者で共同して株式を買い受けようとする場合に、まず当該複数の当事者でSPCを設立し、当該SPCが株式を譲り受ける場合がある。

(2)　売主がSPCとなる場合の留意点

売主がSPCである場合、買主の側からすれば、売主の側に表明保証違反があったとしても、株式譲渡後に表明保証違反を理由に補償請求した場合、売主に十分な資力がない可能性があるという問題について検討する必要がある。

このため、買主としては、①売主の代わりに資力のある実質的な当事者に連帯保証をしてもらう、②株式譲渡代金の一部についてエスクローに入れる、③株式譲渡代金の一部を後払い（分割払い）とする等の方策を検討

20　第2部　株式譲渡契約

することになる。エスクローや分割払いについては、**第4章Ⅲ2(2)**を参照
されたい。

　他方、売主の側からすれば、逆に株式譲渡が完了した後はすみやかに売
主であるSPCを解散・清算して、株式譲渡代金を収受したいと考えるこ
とがある。もっとも、株式会社を解散させても、債務がまだ残存している
限りは清算は結了しないと解されており、解散手続中に買主側より補償請
求を主張された場合、補償請求権が存在するのであれば、売主は清算を結
了して残余財産を分配することができなくなる。

　売主側は、これに対応するために、補償請求の期間を通常よりも短くす
ることを主張することもある。ただし、買主が当該補償期間中に補償請求
を行えば、補償期間を経過した後も、当該補償請求の可否について判断さ
れるまでは清算結了ができないという問題に変わりはない。

　そのため、売主において確実かつすみやかに清算結了するためには、補
償する義務を売主以外の者のみが負担することが考えられる。

(3)　買主が SPC の場合

　買主がSPCであり、当該SPCがLBOによって資金を調達する場合、
買主としては、資金調達が完了することが、株式譲渡実行の前提条件であ
ると定める、いわゆるファイナンス・アウト条項を規定することを検討す
ることとなる（ファイナンス・アウト条項については、**第5章Ⅱ8**）。

　他方、買主がSPCである場合、売主としては、当該SPCが資金調達に
失敗したとしても、SPCには資産がないために、株式譲渡契約違反の責
任を追及しても補償を受けることができないという問題がある。よって、
売主としてファイナンス・アウト条項を受け入れなかったとしても、買主
がSPCである限り、SPCによる資金調達の失敗のリスクは事実上売主が
負っていることとなる。

　売主としてこのようなリスクを避けるためには、①買主が確実に資金調
達を受けられるであろう証拠（たとえば金融機関からのコミットメント・レ
ター）を確認する、②買主をして資金調達ができることを表明保証させる
といった事実上の対応から、③ファイナンス・アウト条項を受け入れる代
わりに、買主が資金調達に失敗した場合にはブレークアップ・フィーの支
払いを約束させる、④買主の代金支払義務やブレークアップ・フィーの支

払義務について、実質的な買主（たとえば SPC の親会社）に連帯保証をさせるという対応まで考えられる。

Ⅱ　前文・目的

　英文の契約では「Recitals」（前文）を設け、その契約がなぜ締結されるに至ったのかという経緯と当事者の意図について説明を加えることが一般に行われている。

　日本において、このような前文を設けることは必ずしも多くはない。他方で、「目的」という条項を設け、株式譲渡の目的を規定することがまま行われている。この場合、目的は、たとえば対象会社の企業価値の向上といったやや抽象的な内容であることも多く、法的には大きな意味を持たないという理解のもと、関係者の納得を得るために規定されることが多い。

Ⅲ　定義

第 1 条（定義）
　本契約において使用される以下の用語は、以下に定める意味を有する。
　(1)　「アドバイザー」とは、弁護士、公認会計士、税理士、司法書士、フィ
　　　ナンシャルアドバイザーその他の外部の専門家をいう。
　(2)　「営業日」とは、日本において銀行の休日とされる日以外の日をいう。
　(3)　「株式等」とは、株式、新株予約権、新株予約権付社債、転換社債、新
　　　株引受権その他対象会社の株式を新たに取得できる証券又は権利をいう。
　(4)　「関連会社」とは、財務諸表等の用語、様式及び作成方法に関する規則
　　　第 8 条第 5 項に定義されたものをいう。
　(5)　「許認可等」とは、法令等により要求される司法・行政機関等による又
　　　は司法・行政機関等に対する許可、認可、免許、承認、同意、登録、届出、
　　　報告その他これらに類する行為又は手続をいう。
　(6)　「クレーム等」とは、クレーム、異議、不服又は苦情をいう。
　(7)　「クロージング日」とは、(i)(a)〇年〇月〇日と(b)第 4.1 条第(3)号及び第
　　　4.2 条第(3)号に規定される事由が充足された日から〇営業日後の日のいず
　　　れか遅い方の日、又は(ii)売主及び買主が別途書面によりクロージング日
　　　として合意した日をいう。

---

(8) 「契約等」とは、契約、合意、約束又は取決め（書面か口頭か、また、明示か黙示かを問わない。）をいう。

(9) 「子会社」とは、財務諸表等の用語、様式及び作成方法に関する規則第8条第3項に定義されたものをいう。

(10) 「債務不履行事由等」とは、対象となる契約等に係る解除、解約、取消し、無効若しくは終了の原因となる事由、期限の利益喪失事由若しくは債務不履行事由、又は当該契約等の相手方による通知、時間の経過若しくはその双方によりこれらの事由に該当することとなる事由をいう。

(11) 「司法・行政機関等」とは、国内外の裁判所、仲裁人、仲裁機関、監督官庁その他の司法機関・行政機関、地方公共団体及び金融商品取引所その他の自主規制機関をいう。

(12) 「司法・行政機関等の判断等」とは、司法・行政機関等の判決、決定、命令、裁判上の和解、免許、許可、認可、通達、行政指導、勧告その他の判断をいう。

(13) 「訴訟等」とは、訴訟、仲裁、調停、仮差押え、差押え、保全処分、保全差押え、滞納処分、強制執行、仮処分、その他の裁判上又は行政上の手続をいう。

(14) 「対象会社グループ」とは、対象会社並びに対象会社の子会社及び関連会社をいう。

(15) 「知的財産権等」とは、特許権、実用新案権、意匠権、商標権、著作権（未登録のものを含む。）その他の知的財産権（その出願権及び登録申請に係る権利を含む。）、ノウハウ、ドメインネーム、コンピュータプログラム、これらに類似する権利、顧客情報、営業秘密その他の秘密情報その他一切の無形資産をいう。

(16) 「倒産手続等」とは、破産手続、再生手続、更生手続、特別清算手続その他これらに類する国内外の法的倒産手続又は事業再生ADR、特定調停その他の私的整理手続をいう。

(17) 「反社会的勢力」とは、暴力団、暴力団員、暴力団員でなくなった時から5年を経過しない者、暴力団準構成員、暴力団関係企業、総会屋等、社会運動等標ぼうゴロ又は特殊知能暴力集団等、その他これらに準ずる者（以下「暴力団員等」と総称する。）及び次の各号のいずれかに該当する者をいう。

　(i) 暴力団員等が経営を支配していると認められる関係を有すること

　(ii) 暴力団員等が経営に実質的に関与していると認められる関係を有すること

- (iii) 自ら又は第三者の不正の利益を図る目的又は第三者に損害を加える目的をもってする等、不当に暴力団員等を利用していると認められる関係を有すること
- (iv) 暴力団員等に対して資金等を提供し、又は便宜を供与する等の関与をしていると認められる関係を有すること
- (v) 役員又は経営に実質的に関与している者が暴力団員等と社会的に非難されるべき関係を有すること
- (vi) 自ら又は第三者を利用して次のいずれかに該当する行為を行うこと
  - ① 暴力的な要求行為
  - ② 法的な責任を超えた不当な要求行為
  - ③ 取引に関して、脅迫的な言動をし、又は暴力を用いる行為
  - ④ 風説を流布し、偽計を用い又は威力を用いて第三者の信用を棄損し、又は第三者の業務を妨害する行為
  - ⑤ その他①から④までに準ずる行為

(18) 「負担等」とは、第三者の質権、抵当権、先取特権、留置権その他の担保権（譲渡担保及び所有権留保を含む。）、所有権、賃借権、地上権、地役権、使用借権、実施権その他の使用権、売買の予約、譲渡の約束若しくは譲渡の禁止、差押え、仮差押え、差止命令、仮処分若しくは滞納処分その他使用、譲渡、収益その他の権利行使を制限する一切の負担又は制約をいう。

(19) 「法令等」とは、国内外の条約、法律、政令、通達、規則、命令、条例、ガイドライン、金融商品取引所その他の自主規制機関の規則その他の規制をいう。

(20) 「本件関連契約」とは、第6.6条に定める移行サービス契約及び○○契約をいう。

(21) 「本件作成指針」とは、日本国において一般に公正妥当と認められる企業会計の基準に従い、かつ、対象会社の本締結日までに終了した最終の事業年度に係る連結計算書類と同一の会計処理の原則及び手続に従うことをいう。但し、別紙1-(21)に記載の事項については、同別紙記載の作成指針に従うものとする。

(22) 「本件要承諾契約」とは、対象会社グループが当事者となっている契約等のうち、本件株式譲渡の実行につき当該契約等の相手方の承諾を要する旨の規定（承諾を得ることなく本件株式譲渡を実行した場合に債務不履行事由等に該当することとなる旨の規定を含む。）を含むものをいう。

(23) 本契約において、下記に掲げる各用語は、当該各用語の右側の欄に記

載された条項で定義された意味を有するものとする。

定義された用語	定義された条項

　株式譲渡契約も数ページのものから別紙をあわせれば100ページ以上あるものまでさまざまであるが、特にそれなりに長い株式譲渡契約を作成する場合は、定義規定を設けて契約で用いる用語をまとめて定義しておくことが便宜である。

　定義規定では、日本語であればあいうえお順（英語であればアルファベット順）に定義語を並べることによって、検索性をよくする工夫がなされていることが多い。

　モデル条項で定める定義のうち、「営業日」は、日本において銀行の休日とされる日以外の日と定められている。日本において銀行の休日とされる日とは、銀行法15条1項において「銀行の休日は、日曜日その他政令で定める日に限る。」と定められており、銀行法施行令5条1項では、日曜日のほか、①国民の祝日に関する法律に規定する休日、②12月31日から翌年の1月3日までの日、および、③土曜日が休日とされている。なお、当事者が日本以外の国にいる者を含むようなクロスボーダー案件では、営業日は各国・各地のいずれかにおいて銀行の休日とされる日以外の日と定めることが多い。

　その他の定義については、それぞれ関連する箇所で解説しているのでそちらを参照されたい。

［各定義の説明箇所］

許認可等	**第6章Ⅱ4(2)**（許認可等）
クロージング日	**第4章Ⅱ1**（クロージング日）
知的財産権等	**第6章Ⅱ5(3)**（知的財産権）
反社会的勢力	**第6章Ⅱ1(7)**（反社会的勢力）
負担等	**第6章Ⅱ5**（資産）
法令等	**第6章Ⅱ4(1)**（法令等の遵守）
本件作成指針	**第3章Ⅱ2**（基準BSとクロージングBSの作成基準・作成指針）

第1章　前文・定義　25

　また、定義を各条項のなかで定義する場合は、一連の定義規定のなかで
「『○○』とは、第○条に定める意味を有する。」と定めて、すべての定義
語をあいうえお順に並べる場合がある。また、そのような方法ではなく、
各条項のなかで定める定義のみを一覧にすることもある。モデル条項では、
後者の定め方によっている。

Ⅳ　解釈

　日本語の契約では必ずしも多くはないが、契約のなかにおける表現の細
かな違いが解釈に影響を与えないようにするために、また同じような文言
を繰り返し使うことを避けるために、解釈について規定を設けることがあ
る。たとえば、「含む」は「含むがこの限りでない」の意味である、「又
は」は「及び／又は」の意味である、法令等はすべてその後の改正を含む
ものである、契約はすべてその後の変更を含むものである等である。英文
契約では、このほか、単数と複数は同じ意味であること、性別による違い
はないこと等が規定されることがある。

　また、解釈に関する規定として、条項の冒頭に記されたタイトル
（headings）は参照のためにのみ記載されているものであり、解釈に影響を
与えてはならないとするものがある。

●解釈に関する条項の例

> (1)　本契約において「含む」とは、「含むがこの限りでない」ことを意味す
> る。
> (2)　本契約において「又は」とは、「及び／又は」と同じ意味を有する。

26　第2部　株式譲渡契約

第2章　株式譲渡

第2.1条（株式譲渡）

　売主は、本契約の規定に従い、クロージング日において、売主が保有する対象会社の発行済株式○株全て（以下「本件株式」という。）を買主に対して譲り渡し、買主は、本契約の規定に従い、売主より本件株式を譲り受ける（以下「本件株式譲渡」という。）。

　株式を譲渡する旨の規定は、株式譲渡契約の根幹をなす必須の規定である。

　このような条項は、一見、株式譲渡が無条件に行われることを規定しているようにも読めるが、そうではない。前提条件が充たされなければ株式譲渡が行われないことは、「本契約の規定に従い」との文言で読み込まれることとなる。

第3章 譲渡価額

第2.2条（本件譲渡価額）

1. 本件株式譲渡の譲渡価額の総額（以下「本件譲渡価額」という。）は、金○円（以下「本件基準譲渡価額」という。）に、次項に定める本件要調整額に基づく以下の調整を行った金額とする。

    (1) 本件要調整額が正の値の場合、本件譲渡価額は、本件基準譲渡価額に本件要調整額を加算した額とする。

    (2) 本件要調整額が負の値の場合、本件譲渡価額は、本件基準譲渡価額から本件要調整額の絶対値を減算した額とする。

    (3) 本件要調整額が零の場合、本件譲渡価額は、本件基準譲渡価額と同額とする。

2. 「本件要調整額」とは、以下の算式に従って算出される金額をいう。

    本件要調整額＝（クロージング日運転資本額－基準運転資本額）
    　　　　　　　－（クロージング日純有利子負債額－基準純有利子負債額）

    但し、上記算式において使用される以下の用語は、以下に定める意味を有する。

    (1) 「クロージング日運転資本額」とは、(i)クロージング貸借対照表に「売掛金」、「○○」及び「○○」として計上される額の合計から、(ii)クロージング貸借対照表に「買掛金」、「○○」及び「○○」として計上される額の合計を控除した額をいう。

    (2) 「基準運転資本額」とは、金○円をいう。

    (3) 「クロージング日純有利子負債額」とは、(i)クロージング貸借対照表に「短期借入金」、「1年内返済予定長期借入金」及び「長期借入金」として計上される額の合計額から、(ii)クロージング貸借対照表に「現金及び預金の額」として計上される額を控除した額をいう。

    (4) 「基準純有利子負債額」とは、金○円をいう。

第2.3条（クロージング貸借対照表の確定手続）

1. 買主は、クロージング日から○営業日以内に、本件作成指針に従ってク

ロージング日現在の対象会社の連結貸借対照表（以下「クロージング貸借対照表」という。）を作成し、売主に対して交付するものとする（以下「買主案」という。）。

2. 売主は、買主案を受領後○営業日以内に、買主案に合意する旨、又は、その項目の全部若しくは一部を争う旨を、争う場合は売主の主張する金額及び理由の説明とともに、書面により買主に対して通知する（以下、買主案の項目の全部又は一部を争う旨の通知を「不同意通知」という。）。当該期間内にいずれの通知も買主に到達しないときは、売主は買主案の全部の項目に合意したものとみなす。

3. 売主が、買主案の全部又は一部の項目に合意したときは（前項に基づき合意したものとみなされた場合を含む。）、合意した内容及び範囲において、買主案をもって、クロージング貸借対照表の全部又は一部の項目が確定するものとする。

4. 売主が第2項に定める期間内に不同意通知を行ったときは、売主及び買主は、買主案のうち争いのある項目の合意に向けて誠実に協議するものとする。不同意通知が売主に到達した後○営業日以内にかかる合意が成立しないときは、売主及び買主が別途合意する監査法人（以下「第三者算定機関」という。）に対して、売主及び買主から合理的に提出された資料に基づき、買主案のうち売主及び買主の間で合意が成立しなかった項目（以下「委託対象項目」という。）の算定を委託するものとし、委託対象項目の内容は、売主及び買主のそれぞれが提示した委託対象項目の額の範囲内で、第三者算定機関が本件作成指針に従って最終的に確定するものとする。但し、当該資料の提出は第三者算定機関に委託した日後○営業日以内になされることを要するものとし、売主及び買主は第三者算定機関をして委託から○営業日以内に委託対象項目についての算定結果を提出させるものとする。なお、第三者算定機関の算定結果は、売主及び買主に対して拘束力を有するものとし、クロージング貸借対照表は、第三者算定機関の算定した委託対象項目に基づき確定するものとする。

5. 前項の定めに従い委託対象項目の作成を第三者算定機関に委託した場合には、売主及び買主は、当該委託に関する費用を、それぞれの提示した委託対象項目の額に基づき算定される本件要調整額と第三者算定機関の確定した委託対象項目の額に基づき算定される本件要調整額との差に応じて、按分して負担するものとする。

I 譲渡価額の合意

　株式譲渡契約においては、株式の譲渡の対価（譲渡価額）についての合意が必須の要件となる。譲渡価額は、売主および買主がそれぞれ対象会社の企業価値を評価し、両者の協議・交渉によって決定されることになるが、企業価値の評価の手法にはさまざまなものがあり、会社の事業または資産のどの点に着目しているかによって採用される手続は異なってくる。一般的には、対象会社の純資産の額を基準として評価を行う純資産法、対象会社の将来のフリー・キャッシュ・フローの予測（事業計画）に基づき定めるディスカウンテッド・キャッシュ・フロー法（DCF法）、対象会社と類似する他の上場会社の市場株価等を参照して定める類似会社法（マルチプル法）等により企業価値の評価が行われる。

　企業価値の評価は、過去の一定の時点における対象会社の財務情報に基づき行われるため、かかる評価の時点と株式譲渡の実行（クロージング）の時点の間に時間のギャップが生じ、その間に生じた事象は、当該事象の発生を予測しあらかじめ評価に織り込まれているものを除き、譲渡価額には反映されない。そのため、契約締結時点で合意された固定額を譲渡価額とする場合のほか、クロージング時点の財務状況等に応じて事後的に譲渡価額の調整を行う場合がある。

　譲渡価額を固定額で定める場合、買主としては、契約締結時にクロージング時点の対象会社の企業価値を予測して譲渡価額を定めることになるが、契約締結からクロージングまでの間に対象会社の財務状況等に悪影響を与える事象が生じるリスクを軽減するため、売主に対して、対象会社のクロージング時点の財務状況等についての表明保証を求めたり、売主または対象会社が対象会社の財務状況等に悪影響を与えうる一定の事項を行わないよう義務づけること（ネガティブ・コベナンツ。**第7章Ⅲ1参照**）が必要になる。

　事後的な調整の方法としては、契約締結後に、剰余金の配当、退職慰労金の支払い、係属中の訴訟の判決等の対象会社の企業価値に影響を与えうる特定のイベントが予定されている場合、当該特定のイベントの影響についてのみ、契約締結時点で合意された算式に従い譲渡価額に反映し調整を行う場合がある。また、クロージング後にクロージング時点の対象会社の

30　第2部　株式譲渡契約

貸借対照表（以下「クロージングBS」という）を作成し、契約締結時点の企業価値評価において参照した貸借対照表（以下「基準BS」という）とクロージングBSにおける一定の指標についての差異に基づいて譲渡価額の調整を行う場合も多い。上記モデル条項は、この基準BSとクロージングBSの差異に基づく調整を行う場合の規定である。

　その他、クロージング後の一定期間の対象会社の業績等に応じて、あらかじめ定めた算式に基づき譲渡価額の調整を行う場合（アーンアウト条項）もある。

　なお、譲渡価額の支払いの方法（分割払い、エスクロー等）については、**第4章Ⅲ2**を参照されたい。

Ⅱ　譲渡価額の調整方法

1　比較対象とする財務指標

　基準BSとクロージングBSにおける一定の指標の差異に基づき譲渡価額の調整を行う場合、比較対象とする指標を決定する必要がある。比較対象とする指標の決定は、譲渡価額を決定した際に使用した企業価値の評価手法にも影響を受ける。

　たとえば、純資産法を使用し、対象会社の純資産額を基準として譲渡価額を決定しているのであれば、基準BSとクロージングBSの純資産額の差異による調整がなじむ。ディスカウンテッド・キャッシュ・フロー法（DCF法）により、事業から生み出されるフリー・キャッシュ・フローに基づき、有利子負債が存しない前提（デット・フリー・ベース）での事業価値を算定したうえ、当該事業価値から純有利子負債額（ネットデット）の額を控除した額を用いて株式価値を算出した場合には、事業価値の額は固定したうえで、基準時点とクロージング時点における純有利子負債の差額をもって行う譲渡価額の調整がなじむことになる。この場合、対象会社の買掛金、給与、賞与、税金等の債務の支払いのタイミングにより現預金の額は変動するため、クロージング日をいつにするかによって譲渡価額に変動が生じうる点に留意が必要である。また、売主において、対象会社の支払サイトを変更すること等によってもクロージング日の現預金の額を変動

させることができることになる（支払サイトを通常のサイトよりも長期に変更することにより、買掛債務が増える一方で、現預金の額は増加し、純有利子負債の額は小さくなるので、譲渡価額を高くすることができる）。このような影響を排除するため、純有利子負債の額に加えて、運転資本（ワーキング・キャピタル。一般に、余剰資金以外の流動資産と借入金以外の流動負債の差額によって算出される）の額の調整を併用することが多い。上記モデル条項は、純有利子負債の額と運転資本の額を併用して調整を行う場合の例であり、譲渡価額の調整額は、上記モデル条項の「本件要調整額」の定義に記載した算式により算出されることになる。「純有利子負債」および「運転資本」の額により譲渡価額が変動することになるため、これらの定義のなかにどのような項目を含めるかが契約交渉の重要な論点になることも多い。

　以上のとおり、比較対象とする指標の決定は、譲渡価額の決定方法による影響を受けることになるが、譲渡価額の決定は、必ずしも1つの企業価値の評価手法に依拠して行われる場合のみではないこと等から、実務上は、譲渡価額の決定方法に関係なく比較対象とする指標が決定されることもある。なお、純有利子負債額により調整を行う場合、貸借対照表のうち調整に必要な科目のみクロージング日の状況を確定する必要があるが、純資産額による調整を行う場合には、クロージング日における対象会社の貸借対照表のすべての科目の確定が必要となるため、譲渡価額の確定のためにより時間と費用を要することになる点には留意が必要である。

2　基準 BS とクロージング BS の作成基準・作成指針

　譲渡価額の調整は、契約締結時に合意した譲渡価額の評価基準時からクロージング時までの対象会社における変動を譲渡価額に反映させることを目的とするものであるから、調整の前提となる基準 BS とクロージングBS が同一の作成基準・作成指針に基づいて作成されていなければ、適切な比較を行うことができない。そのため、株式譲渡契約においては、クロージング BS の作成にあたって準拠すべき会計基準（日本の会計基準（J-GAAP）か、国際会計基準（IFRS）か等）や会計処理の方法（引当金の基準、減価償却の方法等）について合意しておく必要がある。

　対象会社の本社が所在する国における一般に公正妥当と認められる企業会計の基準に従って算定する旨の規定が設けられることが多いが、会計基

準は幅のある概念であり、会計基準の範囲でも異なる会計処理が認められる項目もあるため、かかる合意のみでは十分ではない。一般的には、対象会社において過去にとられていた会計基準・会計処理方法と同様の会計基準・会計処理方法によりクロージング BS を作成することが多いが、買主グループにおいて異なる会計基準等を採用している場合にクロージングBS を買主グループの会計基準等にあわせて作成する場合（この場合、基準BS についても買主の会計基準等に準拠して作成することになる）や対象会社において一般に公正妥当と認められる会計基準に反している部分があった場合にそれを是正した方法によりクロージング BS を作成する場合もある。また、買主において実施した対象会社のデュー・ディリジェンスにおいて発見された問題点に関して基準 BS に一定の修正を加えたうえで譲渡価額を合意している場合、クロージング BS においても同様の修正を行う必要がある。

　この点、東京地判平成20年12月17日判タ1287号168頁（アプラス事件）は、株式譲渡契約において、純資産額に基づく譲渡価額の調整条項があり、譲渡価額の調整の前提となる貸借対照表は「日本において一般に公正・妥当と認められる会計基準に従い、かつ、基準日貸借対照表と同一の会計処理の原則及び手続を適用して作成されなければならない。」と規定されていた事案において、買主が、買主グループの会計基準に従ってクロージングBS を作成したのに対し、裁判所は、かかる規定は、基準日からクロージングBS の作成日までの間の対象会社の純資産の変動を譲渡価額に反映するための規定であり、対象会社の価値を再評価することは想定されておらず、基準 BS の会計処理の原則を変更することを許容する趣旨ではないとしている。

　また、売主においては、買主が譲渡価額の調整と表明保証違反に基づく補償請求の二重取りをすることにならないよう留意する必要がある。たとえば、契約締結日からクロージング日までの間に対象会社に対して訴訟が提起され、対象会社がクロージング日までに当該訴訟について引当金を計上した場合には、当該引当金が譲渡価額の調整において価額の下方修正の要素として加味されるとともに、当該訴訟の係属が売主の対象会社において訴訟が係属していない旨の表明保証の違反を構成し、補償請求の根拠となる場合があり、このような二重取りが生じないよう契約書において明確

にしておくことが考えられる。なお、対象会社の基準 BS が一般に公正妥当と認められる会計基準に反して作成されていた場合において、クロージング BS を一般に公正妥当と認められる会計基準により作成して譲渡価額の調整を行う場合、基準 BS の不適正は、譲渡価額の調整事由になることに加え、基準 BS が適正に作成されている旨の表明保証の違反を構成し、補償請求の根拠にもなる場合が多いと考えられる。補償請求には上限額や下限額の制限が付されることが一般的であるため、売主としては、かかる不適正が譲渡価額の調整として処理されることにならないように、クロージング BS は、一般に公正妥当と認められる会計基準であるか否かにかかわらず、対象会社において過去にとられていた会計基準・会計処理方法と同様の会計基準・会計処理方法に従って作成する方が有利になる。

3　クロージング BS の確定

　クロージング BS は、一般的に次のようなプロセスを経て確定される。まず、クロージング後、一方当事者において対象会社のクロージング BS の原案を作成したうえ、相手方当事者に提示する。相手方当事者は、合意された期間中に当該原案をレビューし、当該原案に対する同意または異議の通知を行う。同意された場合は、当該原案によりクロージング BS は確定するが、異議があった場合には、当事者間で協議を行い、合意をもって確定する。また、一定期間内に合意に至らない場合には、第三者に対して算定を依頼し、当該第三者の意見に従って確定される。

　クロージング BS の原案は、売主が作成する場合と買主が作成する場合のいずれもあるが、クロージング後においては、買主が対象会社を支配しているため、買主において作成する場合の方が多い。売主としては、クロージング BS の原案の作成や買主が作成したクロージング BS の原案をレビューするにあたり、対象会社の財務情報を入手する必要があるため、これらを行うために必要となる範囲で対象会社の財務情報を提供したり、その他の協力を行う買主の義務を定めておくことが考えられる（**第 7 章Ⅳ 7**）。

　算定を依頼する第三者は、売主および買主から独立した監査法人その他の会計事務所または証券会社等の投資銀行等が選定されることになる。第三者である算定機関の選定方法としては、売主および買主が別途合意する者を選定することとする場合のほか、売主と買主がそれぞれ選定し、それ

34 第2部 株式譲渡契約

ぞれの算定結果の平均値をもってクロージング BS を確定することとする場合、3つの算定機関（たとえば、売主および買主がそれぞれ選定した算定機関と売主および買主が別途合意して選定する算定機関）に算定を依頼し、外れ値となった1つの算定結果以外の2つの算定結果の平均値をもってクロージング BS を確定する場合等、案件の規模等に応じてさまざまな定め方がある。

第三者に対して算定を依頼するに際しては、算定に要する費用を抑えるため、当事者間で合意されていない論点に限定して検討を行うよう依頼することになる。また、第三者の算定費用の負担の決定方法には、①売主と買主が折半により負担する方法、②売主と買主がそれぞれ主張する価額と第三者が算定した価額の乖離が大きい方の当事者が全額を負担する方法、③売主と買主がそれぞれ主張する価額と第三者が算定した価額の差額に応じて按分により負担する方法等がある。

なお、クロージング後に支払われる譲渡価額の調整額を小さくするため、クロージング日前に売主において想定クロージング BS を作成したうえ、当該想定クロージング BS に基づいて譲渡価額の支払いが行われる場合もある。

Ⅲ　ロックド・ボックス

譲渡価額をクロージング後に事後調整を行わない方法として、ロックド・ボックスという手法がとられることがある。ロックド・ボックスは、日本においては利用されるケースは少ないが、英国のプライベート・エクイティ・ファンドが売主となる非公開企業を買収対象とするオークション案件等において利用されるケースが増えてきている。

ロックド・ボックスとは、株式が、契約締結日以前のある特定の基準日（locked box date）をもって買主に移転したと考え、譲渡価額を当該基準日における対象会社の財務数値によって確定させる手法である。そして、売主は、買主に対し、当該基準日以降クロージング日までの間、あらかじめ当事者間で合意されたものを除き、対象会社の企業価値を毀損するような価値流出（leakage）がないことを確約し、これに反して流出があった場合には、流出額を買主に補償する。クロージング後に譲渡価額の事後調整を

行う場合、クロージング BS の作成にあたり、売主と買主の間で見解の相違が生じることも少なくないが、ロックド・ボックスによる場合には、譲渡価額は、契約締結日以前の基準日における対象会社の財務数値によって確定するので、クロージング後に契約当事者間の見解の相違が生じにくいとされている。

ロックド・ボックスにおいては、基準日をもって株式の所有権が売主から買主に移転したものとして譲渡価額が決定されるのに対し、売主が譲渡価額を受領できるのはクロージング時になるため、譲渡価額には、基準日からクロージング日までの期間について、一定の利率による金利相当額または日々の一定のキャッシュ・フロー額を合算した合計額の上乗せが行われることもある。

ロックド・ボックスは、売主が最終的に受領できる譲渡価額を早期に確定できるのに対し、買主は、基準日以降クロージングまでの対象会社の事業損益にかかわらず譲渡価額が調整されず、基準日以降の経済的リスクを負担することになるため、売主にフレンドリーな方法といわれている。

Ⅳ　アーンアウト条項

第2.4条（アーンアウト条項）
1．買主は、第2項に従い確定したアーンアウト期間における対象会社の EBITDA から EBITDA 目標値を控除した数（以下「対象 EBITDA」という。）が正の値の場合、第3項に従い、売主に対し、対象 EBITDA に○を乗じて得られる数に相当する額（以下「アーンアウト価額」という。）を支払うものとする。但し、アーンアウト価額は、○円（以下「アーンアウト上限価額」という。）を超えないものとする。
2．アーンアウト期間における対象会社の EBITDA は、以下の各号の規定に従って確定するものとする。
　　　　　　　　　　　　　　（省略）
3．第1項に定めるアーンアウト価額の支払いは、買主が、売主に対し、前項に従いアーンアウト期間における対象会社の EBITDA が確定した日から10営業日以内に売主が第3.2条第3項に従い指定した銀行口座に振込送金する方法により支払うことにより行うものとする。なお、振込送金に要する費用は買主の負担とする。

36　第2部　株式譲渡契約

4．買主は、クロージング以降アーンアウト期間が終了するまでの間、売主の事前の書面による承諾がある場合を除き、第1項に基づくアーンアウト価額の支払いを免れ、又はアーンアウト価額を減額させる合理的なおそれのあることを行ってはならないものとする。但し、買主は、本契約のいかなる規定にかかわらず、対象会社においてEBITDA目標値を達成し、又はアーンアウト価額を最大化する義務を負わないものとする。

5．買主は、クロージング以降いつでも、その裁量により、売主に対し、アーンアウト上限価額を支払うことにより、本条に定める買主の義務を免れることができるものとする。

6．売主及び買主は、買主が、売主に対して書面で通知することにより、本条に基づく買主の売主に対するアーンアウト価額の支払債務と支払期限の到来している第3.3条第2項に基づく売主の買主に対する本件要調整額の絶対値に相当する額の支払債務及び第7章に基づく売主の買主に対する補償債務を対当額にて相殺することができることを確認する。

1　意義・機能

　譲渡価額の決定・支払いの方法として、アーンアウト（earn-out）条項が利用されることがある。アーンアウト条項は、買収対価の一部を買収後におけるあらかじめ合意された目標の達成に連動させる規定である。たとえば、買収後1年間の対象会社のEBITDAが目標値を達成した場合には、買主から売主に対して一定の金額（アーンアウト価額）を支払うという合意である。

　アーンアウト条項は、売主と買主の間で、対象会社の価値評価に相違があり、買収対価に合意ができないような場合において、相互の理解の溝を埋め、取引をより成立しやすくする機能を持つ。たとえば、対象会社において、十分な事業運営実績がないこと、利益を生じさせることが見込まれる新規の商品または技術が存在すること、特殊な事情により一時的に業績が悪化していること、変化しやすい市場環境の事業を行っていること等の理由により、対象会社の価値評価が難しい、または価値評価に幅が生じうるような場合において、アーンアウト条項は機能すると考えられる。

　売主の視点では、アーンアウト条項を利用することにより、より高い譲渡価額が支払われる機会を得られる。すなわち、買主は、株式譲渡契約の締結時においては、対象会社の将来の収益の不確実性等を勘案した価額で

オファーすることが多く、アーンアウト条項を利用することにより、対象会社の企業価値を適正に反映した譲渡価額の支払いを受けることができる。

　他方、買主の視点では、アーンアウト条項の利用により、譲渡価額を対象会社の過去の業績や将来の業績の予測に基づいて決めるのではなく、一定の範囲で実際の業績に応じて決めることができるため、対象会社の企業価値に比して譲渡価額を払いすぎる可能性を低くすることができる。また、譲渡価額の一部の支払いを遅らせることができることから、株式譲渡契約に基づき売主に対する補償請求が認められる場合には、アーンアウト条項に基づく支払いと相殺することが可能になる。さらに、プライベート・エクイティ・ファンドによるバイアウト案件等において、売主が対象会社の経営陣でもあり、買収後も一定期間は対象会社の経営に関与してほしい場合には、アーンアウト条項を定めることにより、売主に対象会社の経営に対するインセンティブを付与することも可能となる。一方で、買主としては、4のとおり、アーンアウト条項を規定する場合、買収後の対象会社の経営について、一定の制約を受けることになることが多いことには留意が必要である。

2　目標の設定

　アーンアウト条項における目標は、買収後の一定期間における対象会社の特定の指標により設定される。かかる指標は、アーンアウト条項を規定することとなった理由や対象会社の特性に応じて、客観的に確定することが容易な指標を利用することが望ましい。

　多くの事例においては、売上高、EBITDA、純利益等の財務的指標が利用される。EBITDA、純利益等の対象会社の費用が考慮される指標については、対象会社の事業を支配する買主において調整や操作が可能であるため、売主としては、明確性の高い売上高を指標として定めることが望ましい。もっとも、買主としては、費用面も勘案される EBITDA、純利益等の方がより対象会社の事業の実態を反映することができ、また、売主が経営陣として対象会社に残る場合には、適切なコスト管理を期待できることから、EBITDA、純利益等を指標と定めることが望ましい。

　財務的指標を利用する場合、クロージング後の譲渡価額の調整と同様に指標の金額を算出するための会計基準・会計処理方法およびその確定手続

38　第 2 部　株式譲渡契約

（当事者間に見解の相違がある場合の解決に係る手続を含む）についてあらか
じめ合意し、規定を設けておくことが望ましい。

　また、対象会社の事業内容や状況によっては、非財務的な指標が利用さ
れる場合もある。具体的には、製品開発のマイルストンの達成、新規事業
についての許認可の取得、新規契約の締結数や製品の販売数、製薬会社に
おける薬事認可の取得、IT 企業における PV 数（ウェブサイトのアクセス
数）等を指標として定めることが考えられる。

　アーンアウト条項における指標の評価対象期間は、対象会社の企業価値
を評価するに足りる期間を設定することになる。実務上は 1 ～ 3 年間とさ
れる場合が多いが、評価対象期間を長く設定した場合、買主においては、
対象会社の経営に制約がかかった状態が長期間継続することになり望まし
くないし、売主としても、譲渡価額の支払いを受ける時期が遅くなること
に加え、不測の事態が生じる可能性も高まるため望ましくないと考えられ
る。

　また、評価対象期間中に買主または対象会社が対象会社と同種の事業を
行う他の会社を買収したり、他の会社と合併等により統合した場合には、
対象会社の指標に影響を与えることになるため、そのような行為を禁止す
る義務や目標値の調整を行う規定等を定めておくことも考えられる。

3　アーンアウト価額の支払い

　アーンアウト価額の定め方はさまざまであり、目標を達成した場合に固
定額を支払うこととするもの、目標を超えた部分の一定割合を支払うもの、
合意された算式に基づき算出される価額を支払うもの等がある。また、評
価対象期間の全体で 1 回の支払いのみを行う場合や評価対象期間の途中で
目標達成状況を判断してそのつど支払いを行う場合（たとえば、評価対象
期間が 3 年間である場合に 1 年ごとに支払いを行う場合）等がある。

　1 のとおり、買主は、別途禁止されていない限り、株式譲渡契約に基づ
く売主に対する補償請求権と相殺することによりアーンアウト価額の支払
いを行うことができる。

　他方、売主としては、買主が評価対象期間後にアーンアウト価額をきち
んと支払ってくれることが確保されているか（買主の信用）について検討
する必要がある。そのため、売主は、買主に対し、株式譲渡のクロージン

グ時点で一定額のエスクローを設定することや対象会社の資産に対して担保権を設定することを要求することも考えられる。

4　クロージング後の経営管理

　アーンアウト条項の交渉に際しては、クロージング後の対象会社の経営管理が大きな論点の1つとなる。対象会社の経営支配権はクロージング時点で買主に移転するため、買主による対象会社の経営いかんによってアーンアウトとして支払いを受けられる価額が決まることになることから、売主の視点では、買主による対象会社の経営管理に一定の制約をかけておく必要がある。そのため、買主のアーンアウトの目標達成に向けた努力義務や目標達成に悪影響を与えること（たとえば、対象会社の事業の一部の売却、多額の設備投資、製品の販売中止等がある）を行うことを禁止する義務を規定することが考えられる。

　また、かかる義務の実効性を担保するため、買主に義務違反があった場合に売主がアーンアウトを終了させ、買主に対してあらかじめ合意された一定のアーンアウト価額の支払いを求めることができる売主の権利（アクセレレーション・ライツ（acceleration rights））や違約金を規定することを主張することも考えられる。なお、買主について法的倒産手続が開始されたことも、売主のアクセレレーション・ライツの行使事由として定められることがある。

　他方、買主の視点では、対象会社の経営権を取得した以上、対象会社の経営の自由度をできるだけ確保したいと考えるのが通常である。また、買主が対象会社を売却しようとする場合にアーンアウト条項が支障となる場合もある。そのため、買主がアーンアウト価額の全額を支払うことにより、アーンアウトを早期に終了させることができる買主の権利（バイアウト・ライツ（buyout rights））を規定することが考えられる。

　この点、米国においては、株式譲渡契約書上、クロージング後の対象会社の経営管理に関する買主の義務が規定されていない場合であっても、契約解釈上、買主に対して一定の黙示的な義務を認める裁判例がある（Sonoran Scanners, Inc. v. PerkinElmer, Inc., 585 F.3d 535（1st Cir. 2009）、O'Tool v. Genmar Holdings, Inc., 387 F.3d 1188（10th Cir. 2004）等）。わが国においても、株式譲渡契約に明示的に規定がなくても買主に一定の義務が認められる可

40 第2部 株式譲渡契約

能性は否定できないため、買主においてかかる義務を排除したい場合には、株式譲渡契約書において明確にしておくことが望ましい。

第4章 クロージング

第3.1条（クロージングの日時・場所）

　本件株式譲渡は、クロージング日に、売主及び買主が別途合意する時間及び場所において、売主及び買主が第3.2条に定める行為を行うことにより実行されるものとする（以下「クロージング」という。）。

第3.2条（クロージング）

1. 売主は、本契約の規定に従い、クロージング日において、買主から本件基準譲渡価額の全額の支払いを受けることと引換えに、買主に対して、本件株式の全てを表章する株券（以下「本件株券」という。）を交付し、本件株式を譲渡する。

2. 買主は、本契約の規定に従い、クロージング日に、売主から本件株券の引渡しを受けることと引換えに、本件基準譲渡価額の全額を売主に対して支払う。

3. 前項に定める買主による売主に対する本件基準譲渡価額の支払いは、売主がクロージング日の○営業日前までに買主に対して通知する売主の銀行口座に振込送金する方法により行うものとし、振込手数料は買主が負担する。

第3.3条（本件要調整額の精算）

1. 本件要調整額が正の値の場合、買主は、クロージング貸借対照表が確定した日から○営業日以内に、売主に対して本件要調整額を支払うことにより、精算を行うものとする。なお、本項に基づく支払いは、前条第3項に従い通知された売主の銀行口座に振込送金する方法により行うものとし、振込手数料は買主が負担する。

2. 本件要調整額が負の値の場合、売主は、クロージング貸借対照表が確定した日から○営業日以内に、買主に対して、本件要調整額の絶対値に相当する額を支払うことにより、精算を行うものとする。なお、本項に基づく支払いは、買主がクロージング貸借対照表が確定した日から○営業日以内

42　第2部　株式譲渡契約

に売主に対して通知する買主の銀行口座に振込送金する方法により行うものとし、振込手数料は売主が負担する。

（関連定義）
・　「クロージング日」とは、(i)(a)○年○月○日と(b)第4.1条第(3)号及び第4.2条第(3)号に規定される事由が充足された日から○営業日後の日のいずれか遅い方の日、又は(ii)売主及び買主が別途書面によりクロージング日として合意した日をいう。

I　総論

　株式譲渡契約のクロージングに関する規定においては、株式譲渡の実行に係る手続を中心に、これに付随・関連する手続に関する事項が定められる。「クロージング」は、一般に、株式譲渡契約における主たる取引である株式譲渡の実行を指すが、株式譲渡契約においては、これと同時に行われる手続全般を「クロージング」の定義に含めることが多い。たとえば、譲渡代金の支払いが株式譲渡と同時に行われる場合には、その支払いも「クロージング」に含まれることが通例である。他方、後払いによる譲渡代金の支払いや、分割払いとされる場合の第2回以降の支払いは、「クロージング」の定義自体には含まれない場合が多い。このように、「クロージング」の定義の外延については、必ずしも明確な決まりはないが、たとえばネガティブ・コベナンツ（**第7章Ⅲ1**）の適用期間について「クロージングまでの間」とする等、一定の規律の適用時期・適用期間を画するために「クロージング」の概念が用いられることもあるため、「クロージング」の定義にあたっては、それらの規律との関係に留意する必要がある。

　クロージングに関する規定においては、「クロージング」の定義に含まれる行為の内容として、クロージングの日時・場所や、株式の移転の時期・方法、買主から売主に対する譲渡価額の支払いの時期・方法等が規定される。加えて、「クロージング」そのものではないがそれに付随・関連する行為についても、規定が置かれる。たとえば、株主名簿の書換手続、上記のような「クロージング」に含まれない譲渡代金の支払いの時期・方法等、株式譲渡に伴って行われる対象会社のリファイナンス等の関連手続につい

て定められることがある。

Ⅱ　日時・場所

1　クロージング日

(1)　契約締結日からクロージング日までの間隔

　株式譲渡契約において、契約締結日と同日付でクロージングを行う旨を定めることも可能であり、そのような事例もないわけではないが、契約締結日から一定期間を空けてクロージングが行われることが一般的である。その理由は主に、前提条件の充足や譲渡実行の準備等のために時間を要することにある。契約締結日からクロージングまでの期間は、取引のスケジュール（当事者が想定している日程によるクロージングが可能かどうか、ひいては、取引自体の成否）に大きな影響を与えるため、取引に関する検討の初期段階で、どの程度の期間を要するかを検討する必要がある。

　契約締結日からクロージングまでの期間を決定する際の考慮要素は多岐にわたるが、特に以下のような事項が考慮されることが多い。

(ⅰ)　独占禁止法上の株式取得届出

　独立当事者間の M&A 取引として行われる株式譲渡において、一定の規模要件が充たされると、独占禁止法に基づく株式取得の届出が必要となり、届出受理の日から30日（待機期間）を経過するまでは、株式譲渡を実行することができない（独占禁止法10条8項本文）。独占禁止法上問題がないことが明らかな案件においては、待機期間の短縮の申出も可能とされており（同項ただし書）、実務上、10日程度まで短縮されることもあるが、短縮の可否や幅について事前に確実に予測することは難しいため、株式譲渡契約の規定上は、届出受理からクロージングまで30日以上を空けることを前提としてスケジュールが定められることが多い。なお、株式取得の届出制度の詳細については、**第7章Ⅲ2(2)(ⅰ)**を参照されたい。

　海外の競争法においても、一定の基準を充たす取引では、当局に対する事前の届出手続が定められていることが珍しくない。これらの手続が必要となる場合には、株式譲渡契約においても、日本の独占禁止法に準じた取扱いがなされることになるが、対象国によっては、届出の受理や待機期間

の満了までに日本よりも長期間（たとえば数か月間）を要することがあるため、案件の初期段階での検討が必要となる。

(ii) 外為法上の事前届出

外為法上、外国投資家が対内直接投資等を行う場合は、例外的に手続不要とされている場合を除いて、日本銀行を経由して財務大臣および事業所管大臣に、事前届出または事後報告が必要となる（外為法27条1項、55条の5第1項）（制度の詳細について**第7章Ⅲ2(2)(ii)**）。

クロージングの日程を決めるうえで実務上特に問題となりやすいのは、事前届出である。特に、対象会社（およびその国内子会社）の事業目的が所定の事前届出業種である場合には、事前届出が必要となる。この場合、届出書が受理された日から30日を経過するまで（不作為期間）は、株式譲渡を実行することはできないとされており（外為法27条2項）、案件全体のスケジューリングに影響を与える可能性がある。不作為期間は、通常は2週間に短縮されるが（同項、直投命令10条2項）、株式譲渡契約の規定上は、念のため届出受理からクロージングまで30日以上を空けることを前提としてスケジュールが定められることが少なくない。

(iii) 前提条件の充足

前提条件のなかには、その充足に一定の時間を要するものが含まれる場合も多い。たとえば、支配権の異動が相手方当事者による解除事由等とされている条項（チェンジ・オブ・コントロール条項）を含む契約について、契約相手方の同意を得ることがクロージングの前提条件とされることがある（**第5章Ⅱ7**）。このような前提条件の充足に向けた行為（上記の例でいえば、契約相手方に対する同意の要請）は、情報管理の観点等から、株式譲渡契約の締結後に開始されることが多く、この場合には、株式譲渡契約の締結日からクロージング日までの間に、前提条件の充足に必要と見込まれる期間を空けることが必要となる。

(2) **カレンダー上の考慮**

新設型の組織再編等とは異なり、株式譲渡については、効力発生要件として登記手続その他官公庁における手続等を要しない。そのため、クロージング日をカレンダー上のいずれの日に定めるかについて、基本的に制約はなく、休日に定めることも可能である。ただし、譲渡対価の支払いと引

換えに株式譲渡を実行するためには、銀行営業日とする必要がある（海外の金融機関が送金手続等に関与する場合には、送金手続にかかる時間、当該金融機関の営業日や時差等にも配慮する必要がある）。また、上場株式の譲渡にあたっては、クロージング日に振替申請を行うものと定められることが多いところ、このような場合には、クロージング日は、振替申請に係る口座管理機関の営業日とする必要がある。

また、株式の譲渡価額について、クロージング時点の財務状況等に応じた事後的な譲渡価額の調整（**第3章Ⅱ**）を行う場合には、クロージング日時点の貸借対照表を作成する必要がある。その作成に係る事務負担を軽減する観点から、月末や月初の日をクロージング日とすることが検討されることもある。

(3) クロージング日の定義

株式譲渡契約においては、クロージングを行うべき日を「クロージング日」と定義したうえで、クロージング日においてクロージングを行う旨が定められることが多い。

定義の方法としては、シンプルに、「○年○月○日又は別途合意する日」とする例が少なくない。株式譲渡の取引においては、契約締結時点で、当事者間で特定の予定日が合意されていることが通常であり、その日付を定めることとなるが、許認可の取得や必要な第三者の同意といった前提条件の充足が遅れる等の事情から、当初予定していた日にクロージングを行うことができなくなることもある。その場合に備えて、当事者間の合意により別の（通常は、当初の予定よりも後の）日をクロージング日とすることができる旨を定めるものである。

ただ、上記のように定めると、当初予定された日にクロージングを行うことができなかった場合に、当事者間で合意がなされない限り、これに代わるクロージング日が定まらないといった事態となりかねない。このような事態が生じることを避けるためには、当初予定された日と、前提条件が充足されてから一定期間（一般的には数営業日）後の日のいずれか遅い日をクロージング日とする旨を定めることが考えられる（前提条件のうち、当事者におけるコントロールが特に及びにくい許認可等のみを基準とすることもある）。この定義によると、当初予定された日にクロージングが実行さ

46　第2部　株式譲渡契約

れなかった場合には、前提条件が充足されてから一定期間（一般的には数営業日）後の日がクロージング日ということになり、上記の事態を回避することができる。

　他方、前提条件の充足時期を当事者が予測（あるいはコントロール）できない場合があるところ、上記の定義のみでは、当事者の予期せぬタイミングでクロージング日が到来することもありうることになる。これを避けるため、当事者間で別途の日を合意した場合には、その合意された日がクロージング日となる旨を明記する場合もある。このような明記がなくても、別途合意すればそれが優先されることになるため、無意味な規定ともとれるが、当初の予定どおりにクロージングがなされなかった場合の新たなクロージング日については当事者間で改めて協議することをあらかじめ明らかにしておくという意味はある。

2　クロージングの時刻

　クロージング日に加えて、クロージングの時刻を定める例もある。実際には、クロージングは株式譲渡と代金支払いが同時履行で行われることが多いため、定められた時刻が到来したからといって、ただちにその時刻をもって株式譲渡が効力を生じるわけではない。その意味では、クロージングの時刻を定めることについて、法的に特段の意義があるわけではないともいえる。

　実務上は、所定の時刻が、当事者間においてクロージング会場に集合し、具体的なクロージング手続（必要書類の確認等）を開始する時刻の目安として機能する面がある。振込送金にかかる時間の関係上、クロージング日に譲渡代金の送金が完了しないという事態を避けるために、クロージング手続は午前中から開始されることが通例であり、株式譲渡契約上のクロージングの時刻も、午前中に定められることが多い。

3　クロージングの場所

　クロージングに関する規定において、クロージング手続が物理的に行われる場所（クロージング会場）を定める例もある。

　この点、対象会社が株券発行会社である場合には、クロージング手続において、株券の交付が必要となることから（本章Ⅲ1(1)）、クロージング

会場の選定にあたっては、株券の取扱いが最優先で検討される。万が一株券を紛失した場合には、予定どおりクロージングを行うことができないほか、第三者による善意取得（会社法131条2項）の可能性も生じる等、重大な問題となるため、株券の物理的なデリバリーを最小限にとどめるようにクロージング会場が検討されることが通例である。また、株式譲渡の実行後に買主が譲渡対象株式に担保を設定する場合（金融機関からの融資により買収資金を調達する場合には、当該融資に係る債務を被担保債務とする担保が設定されることが通常である）には、担保権者に対して株券を交付する必要があるため（会社法146条2項）、担保権者のオフィスがクロージング会場とされることがある。

　また、株券発行の有無を問わず、クロージング書類の保管、整理等の事務の都合上、売主または買主の代理人である法律事務所やフィナンシャル・アドバイザーのオフィスがクロージング会場として定められることも多い。

Ⅲ　クロージング手続

1　株式譲渡

　株式の譲渡の方法や、株式の取得を対象会社や第三者に対抗するための要件（対抗要件）については、株券発行の有無等に応じた株式の類型ごとに、異なる規律が設けられている。その類型としては、①株券発行会社の株式、②振替株式、および、③振替株式以外の株券不発行会社の株式がある。②については、社債等振替法において会社法の特則が定められている。これらをまとめると、以下の図表のとおりとなる。

[株式の類型と譲渡方法・対抗要件]

類型	効力発生要件	対抗要件	
		対会社	対第三者
株券発行会社の株式	株券の交付	株主名簿の記載	株券の保有

振替株式	振替口座簿の記録	株主名簿の記載 （個別株主通知で 一部代替）	振替口座簿の記録
株券不発行会社の株式（振替株式以外）	当事者の合意	株主名簿の記載	株主名簿の記載

(1) 株券発行会社の株式

　株券発行会社の株式については、株券の交付が譲渡の効力発生のために必要となる（会社法128条1項）。そのため、クロージングの手続として、株券の交付について定めることとなる。

　また、対象会社に対する対抗要件として、株主名簿への記載（名義書換）が必要となる（会社法130条）。もっとも、株券発行会社の場合には、対象会社に株券を提示することにより、買主が単独で名義書換を請求することができるとされており（会社法133条2項、会社法施行規則22条2項1号）、この点について売主の協力は必要ないため、名義書換手続に関する規定は置かれないことも多い。

　譲渡対象株式に係る株券が不所持となっている場合（会社法217条）には、いったん対象会社より売主に対して株券を発行したうえで、これを買主に交付する必要がある。

　株券の交付は、民法上認められる占有移転の方法のうち、現実の引渡し（民法182条1項）に限られず、それ以外の方法によって行うことも可能とされており、物理的な株券のデリバリー（現実の引渡し）に係るリスクを回避するために実務上有用である場合もある。たとえば、株式譲渡の前後を通じて譲渡対象株式に担保権が設定されている場合には、担保権者が占有している株券について、売主から担保権者への指図（民法184条）によって占有移転を行うこと等が考えられる。

●指図による占有移転の例

第○条（株券の交付）
　売主は、民法第184条（指図による占有移転）に従い、○【注：担保権者その他の占有者】に対して、クロージング日以降、本件株券を買主のために占有

第4章　クロージング　49

することを命じ、買主は、本契約の締結をもって、これを承諾する。

(2)　振替株式

　振替制度の対象となっている株式（上場株式等）の譲渡は、売主の申請により、買主の振替口座における保有欄に株式数の増加の記録がなされることによって効力を生じ、対抗要件も具備されることとなる（社債等振替法140条）。

　振替の申請は、売主が自己の保有する口座を管理している口座管理機関（直近上位機関）に対して単独で行い、それが振替制度の階層構造を通じて振替先（買主）の口座を管理する口座管理機関まで順次通知され、その通知内容に基づいて、振替先口座において増加の記録がなされることになる。

　上記のプロセスを経る必要があるため、（特に売主と買主の保有口座に係る口座管理機関が異なる場合には）振替申請を行ってから増加記録がなされるまでの間に数営業日を要することがある。そのような場合には、特に代金支払いとの同時履行を確保する観点から、クロージング手続をどのように定めるかが問題となる。この点、実務上は、クロージング日に振替申請と代金の送金を行う方法が一般的である。この場合、株式譲渡が法的に効果を生じるのは後日となるが、このような取扱いは、振替申請が行われたにもかかわらず増加記録がなされないリスクは大きいとはいえないという整理によるものである。他方、買主の観点からは、かかるリスクへの対応まで考慮に入れることもある。この場合、売主は、クロージング日に増加記録が行われるよう、前もって振替申請を行い、クロージング日において、買主が増加記録を確認したうえで代金の送金を行うものとすることが考えられる。

　クロージング日に振替申請と代金の送金を行う方法による場合のクロージング手続に関する規定例は、以下のとおりである。

●振替株式の譲渡の例

第3.2条（クロージング）
1．売主は、本契約の規定に従い、クロージング日において、買主から本件基準譲渡価額の全額の支払いを受けることと引換えに、本件振替申請を行う。

50　第2部　株式譲渡契約

2．買主は、本契約の規定に従い、クロージング日に、売主が本件振替申請を行うことと引換えに、本件基準譲渡価額の全額を売主に対して支払う。

3．前項に定める買主による売主に対する本件基準譲渡価額の支払いは、売主がクロージング日の○営業日前までに買主に対して通知する売主の銀行口座に振込送金する方法により行うものとし、振込手数料は買主が負担する。

※　「本件振替申請」とは、本件株式の全てについて、社債、株式等の振替に関する法律第132条第2項に従い、買主の指定する口座における保有欄に本件株式の数の増加の記載又は記録を行うための振替申請をいう。

(3)　株券不発行会社の株式（振替株式以外）

　振替株式を除き、株券不発行会社が発行する株式の譲渡は、当事者間の意思表示のみによってその効力を生じる。したがって、株式譲渡契約上、クロージング日付で譲渡価額の支払いと引換えに株式を譲渡する旨を定めておけば、当該規定に従って株式移転の効力が生じることになる。

　他方、株券不発行会社の場合、株主名簿の名義書換（対象会社に対する対抗要件であるとともに、第三者に対する対抗要件としての意味も有する。会社法130条1項）は、原則として売主および買主が共同して請求する必要がある（会社法133条2項、会社法施行規則22条1項）。そこで、クロージング手続として、売主が記名捺印済みの株主名簿書換請求書を買主に対して交付する旨が定められることが多い。

　この場合のクロージング手続に関する規定例は、以下のとおりである。

●株券不発行会社の株式の譲渡の例

第3.2条（クロージング）

1．売主は、本契約の規定に従い、クロージング日において、買主から本件基準譲渡価額の全額の支払いを受けることと引換えに、買主に対し、別紙○の様式による対象会社の株主名簿名義書換請求書（売主が記名押印済みのもの）を交付し、本件株式を譲渡する。

2．買主は、本契約の規定に従い、クロージング日に、売主から本件株式の譲渡を受けること及び前項に定める対象会社の株主名簿名義書換請求書の

第4章　クロージング　51

　交付を受けることと引換えに、本件基準譲渡価額の全額を売主に対して支払う。

3．前項に定める買主による売主に対する本件基準譲渡価額の支払いは、売主がクロージング日の○営業日前までに買主に対して通知する売主の銀行口座に振込送金する方法により行うものとし、振込手数料は買主が負担する。

2　代金の支払い

(1)　クロージング時に全額を一括して支払う場合

　買主から売主に対する譲渡価額の支払いは、売買契約に関する民法の原則に従えば、株式譲渡の実行（株式の移転）と同時履行の関係に立つが（民法533条）、株式譲渡契約上も、クロージング日に譲渡価額全額を支払うことを前提に、両者を引換給付とする旨が明示される場合が多い。具体的にいかなる行為と引換えに支払うものとするかは、株式の移転に必要な手続との関係で検討する必要がある（1）。特に、国をまたいだ振込送金により譲渡価額の支払いを行う場合には、送金指示と着金確認が同日のうちに完了しない場合もある。このような場合、株式譲渡契約上は譲渡価額の支払いと株式譲渡の実行が同時履行となる旨を定めたうえで、実務対応の段階で、具体的な手続の進め方（送金指示と引換えに株式の移転に必要な書類の交付等の手続を行うのか、あるいは、事前に送金指示を行っておき、着金確認後ただちに株式の移転に必要な書類の交付等の手続を行うのか等）を検討することもある。また、1(2)のとおり、振替株式については、振替申請と譲渡価額の支払いを同時履行とする旨が定められることも多い。

　代金支払いは銀行振込みにより行われるのが一般的であり、振込手数料は振込みを依頼する側が負担することが通常である。

(2)　譲渡価額の支払いを留保する場合（分割払い・エスクロー）

　以上に対して、売主の補償義務や価額調整条項に基づく精算義務等の履行を確保する観点から、譲渡価額の全額をクロージング日に一括して支払うのではなく、譲渡価額の全部または一部を後払い（分割払い）としたり、エスクローを利用するといった方法により、譲渡価額の支払いを留保する対応がとられることもある。

52　第2部　株式譲渡契約

　分割払いの方法としては、譲渡価額の一部（たとえば10％から20％程度）をクロージングから一定期間経過後に支払うとすることが考えられる。買主としては、譲渡代金の残額の支払時点までに売主側に補償義務が生じていることが判明すれば、譲渡代金の残額の支払義務との相殺によって売主の補償義務の履行を確保することができることになる。特に、譲渡代金の残額の支払時期を表明保証等の違反に基づく補償請求の期限とあわせ、分割払いの対象とする額を補償責任の上限とあわせることができれば、売主の補償義務の履行の確保に資することとなる。

　一方で、売主から見れば、分割払いの方法による場合、買主による譲渡代金の支払義務の履行の確保という観点から、買主側の資力が問題となることもある。また、表明保証違反の有無について争いが生じた場合に、買主側が売主の補償義務を広く主張し、相殺によって譲渡代金の残額の支払いを免れようとするのではないかという懸念もある。

　そこで、譲渡代金の一部の支払いについて、エスクローが利用されることもある。エスクローの仕組みは、売主および買主が合意する第三者であるエスクロー・エージェント（金融機関であることが多い）に、一定期間、譲渡代金の一部を預けることとし、売主に補償責任があることが確定すれば、当該補償責任に対応する金額は買主に払い出され、それ以外については一定期間後に譲渡代金の残額として売主に払い出されるというものである。補償責任の確定方法（預けられた金額の払出しの要件）としては、裁判所の判断や、当事者間の合意等を要するとされることが一般である。

　エスクローに預けられた譲渡価額の一部は、買主の財産とは別にエスクロー・エージェントによって管理されることから、買主側の信用が問題にならないという点で、売主側にも受け入れやすい面がある。長文にわたることもあるエスクロー契約の検討や、エスクロー・エージェントの報酬等、追加のコストがかかることにはなるが、欧米ではごく一般的な仕組みであり、日本の実務において用いられる事例も増えつつある。

　エスクローを利用する場合における譲渡価額の支払いに関する規定としては、たとえば次のようなものが考えられる。

第4章　クロージング　53

●エスクローを利用する場合の例

> 第3.2条（クロージング）
> 1．（略）
> 2．買主は、本契約の規定に従い、クロージング日に、売主から本件株券の
> 　引渡しを受けることと引換えに、売主に対し、本件基準譲渡価額に○を乗
> 　じた金額（1円未満の端数は切り捨てる。）を支払うとともに、当該金額を
> 　本件基準譲渡価額から控除した金額を、本件エスクロー・エージェントが
> 　別途指定する銀行口座に対して振込送金する。
> 3．（略）
>
> ※　「本件エスクロー・エージェント」とは、本件株式譲渡に係るエスクロー・
> 　エージェントとして売主及び買主が別途合意する金融機関をいう。

　エスクローを利用する場合、株式譲渡契約において、上記のほか、エス
クローに係る費用負担やエスクロー金額の払出しに関する取決め（どのよ
うな場合に、いかなる金額を、いつ、誰に対して払い出すこととするか等）が
合意されることがある。

　その他、エスクローの条件の詳細については、別途売主、買主およびエ
スクロー・エージェントの間で締結されるエスクロー契約（その内容は、
エスクロー・エージェントのひな形をベースとして協議・交渉されることが通
例である）に規定される。

3　各種書類の交付

　クロージングに際しては、上記以外にも、前提条件の充足を確認するこ
と等を目的として、多数の書類の交付が行われることが多い。

　たとえば、株式譲渡契約の締結・履行に関する売主・買主の意思決定が
適式になされたことを示す議事録、譲渡制限株式についての譲渡承認決議
に係る対象会社の議事録、クロージングに伴って退任する役員の辞任届、
チェンジ・オブ・コントロール条項を含む契約についての契約相手方の同
意書等、個別の案件の内容に応じて、さまざまな書類（またはその写し）
が交付されることになる。

　他方、具体的に交付される書類の明細については、株式譲渡契約の締結
時点では確定しておらず、クロージングに向けた当事者間の協議（プレ・

クロージング等）の過程で合意されるものも少なくないため、株式譲渡契約のクロージングに関する規定において、詳細な定めは置かれないこともある。

Ⅳ　プレ・クロージング

　実務上、クロージング当日の手続を円滑に進めるための事前準備として、クロージング時の交付書類の詳細やクロージング手続の段取り（書類の確認や送金指示の順序等）について、当事者間で打ち合わせておくことが多い（プレ・クロージング）。プレ・クロージングにおいては、締結された株式譲渡契約の規定内容をもとにチェックリスト（クロージング・チェックリスト）を作成する等したうえで、各当事者およびそのアドバイザーを交え、前提条件の充足状況やクロージング書類の作成・入手状況を相互に確認することが主な目的となる。

　なお、プレ・クロージングは、株式譲渡契約の規定に従って円滑にクロージングを進めるための事実上の取組みであり、株式譲渡契約にプレ・クロージングについての規定が置かれることは少ない。

Ⅴ　クロージングに付随する取引等

　株式譲渡の実行に際しては、これに付随する取引等が株式譲渡の実行と同時またはその直後に行われる場合がある。これらの取引等は、クロージングそのものではないが、クロージングと密接に関連するものとして、株式譲渡契約上、クロージングに関する規定と近い位置に定められることが多い。

　たとえば、売主が当該株式を取得した際の買収ローンを被担保債務として株式に担保権が設定されている等、譲渡対象の株式に担保権が設定されている場合には、担保契約において当該株式の譲渡が禁じられていることが通常であるため、クロージングにあたって、被担保債務を弁済して担保権を解除する等の手続があわせて検討されることが多い。

　この点、対象会社がクロージング前に自己資金で借入債務を弁済し、担保解除をすることができる場合には、クロージング前の売主の誓約事項と

して、対象会社をして担保を解除させる旨の義務を定めることが考えられる（この場合、クロージングに関する規定においては、特にこの点に言及する必要はない）。

　他方、対象会社の自己資金による弁済が難しい場合等には、買主が弁済資金を提供することになる。被担保債務の弁済資金を買主側が提供する場合の具体的な方法としては、クロージングの直前に買主が資金を提供して被担保債務を弁済し（買主が直接第三者弁済する方法と、買主が対象会社に貸付けを行い、対象会社から弁済する方法が考えられる）、担保解除したうえで株式譲渡を実行する方法と、先に担保権者の同意を得て株式譲渡を実行したうえで、その直後に買主側で被担保債務を弁済して担保を解除する方法が考えられる。そのいずれによるかによって、被担保債務の債権者との関係で必要となる手続が異なりうるため、この点については、あらかじめ（可能であれば株式譲渡契約の締結前に）債権者とも協議のうえで方針を決定しておく必要があり、その内容をクロージングに関する規定と近い位置に定めることもある。

56　第2部　株式譲渡契約

第5章　前提条件

第4.1条（売主による義務履行の前提条件）
　売主は、以下の各号の事由が全て充足されていることを前提条件として、第3.2条第1項に定める義務【注：クロージングの義務】を履行する。なお、売主は、その任意の裁量により、かかる条件の全部又は一部を放棄して第3.2条第1項に定める義務を履行することができる。但し、かかる条件の全部又は一部の放棄によっても、第7章に基づく買主に対する補償等の請求が妨げられるものではない。

(1)　本締結日及びクロージング日において、第5.2条第1項に定める買主の表明及び保証が重要な点において真実かつ正確であること。

(2)　買主が、本契約に基づきクロージングまでに履行又は遵守すべき事項を重要な点において履行又は遵守していること。

(3)　本件株式譲渡に関してクロージング前に必要となる許認可等（私的独占の禁止及び公正取引の確保に関する法律（昭和22年法律第54号）第10条第2項に基づく公正取引委員会に対する株式の取得に関する計画の届出を含む。以下同じ。）が取得又は履践され、法定の待機期間が経過し、かつ、司法・行政機関等（公正取引委員会を含む。）により、排除措置命令の発令又は排除措置命令に係る手続の係属（事前通知の送付又は同法第10条第9項に定める報告等を要請する文書の送付を含む。）等、本件株式譲渡の実行を妨げる措置又は手続（以下「排除措置命令等」と総称する。）がとられていないこと。

第4.2条（買主による義務履行の前提条件）
　買主は、以下の各号の事由が全て充足されていることを前提条件として、第3.2条第2項に定める義務【注：クロージングの義務】を履行する。なお、買主は、その任意の裁量により、かかる条件の全部又は一部を放棄して第3.2条第2項に定める義務を履行することができる。但し、かかる条件の全部又は一部の放棄によっても、第7章に基づく売主に対する補償等の請求が妨げられるものではない。

(1) 本締結日及びクロージング日において（但し、時期を明記しているものについては当該時点において）、第5.1条第1項に定める売主の表明及び保証が重要な点において真実かつ正確であること。

(2) 売主が、本契約に基づきクロージングまでに履行又は遵守すべき事項を重要な点において履行又は遵守していること。

(3) 本件株式譲渡に関してクロージング前に必要となる許認可等が取得又は履践され、法定の待機期間が経過しており、かつ、司法・行政機関等（公正取引委員会を含む。）により排除措置命令等がとられていないこと。

(4) 対象会社の取締役会が、本件株式譲渡を承認する旨の決議をしていること。

(5) 本件関連契約が、いずれも適法かつ有効に締結され、かつ有効に存続しており、本件関連契約について買主以外の当事者による違反がないこと。

(6) 対象会社グループの取締役である○○氏及び○○氏並びに対象会社グループの監査役である○○氏（以下「辞任役員」と総称する。）の全てが、クロージング日をもって対象会社グループの取締役及び監査役を辞任する旨の辞任届を対象会社グループに提出していること。

(7) 対象会社グループが、本件要承諾契約の各相手方から、本件株式譲渡の実行後も当該契約を従前どおりの条件で継続させることについての書面による承諾を取得していること。

(8) 買主において、本件基準譲渡価額の支払いに必要な資金の調達が完了していること。

(9) 対象会社グループの財務状態、経営成績、キャッシュフロー、事業、資産、負債若しくは将来の収益計画又はそれらの見通しに重大な悪影響を及ぼす可能性のある事由又は事象が発生又は判明しておらず、そのおそれもないこと。

(10) 以下に定める書面を買主が受領していること。

　(ⅰ) 本件株式譲渡を承認した対象会社の取締役会議事録の写し（対象会社の代表取締役による原本証明が付されたもの）

　(ⅱ) 辞任役員の辞任届の写し

　(ⅲ) 本件要承諾契約の各相手方から取得した承諾書の写し

　(ⅳ) 別紙4.2-(10)の様式及び内容による前提条件充足証明書

　(ⅴ) 上記のほか、買主が合理的に要請する書面

※ 「本件要承諾契約」とは、対象会社グループが当事者となっている契約等

のうち、本件株式譲渡の実行につき当該契約等の相手方の承諾を要する旨
の規定（承諾を得ることなく本件株式譲渡を実行した場合に債務不履行事
由等に該当することとなる旨の規定を含む。）を含むものをいう。

I　総論

1　意義

　株式譲渡契約においては、クロージングに関する売主および買主の義務
の履行に係る前提条件が規定されることが通例である。前提条件は、売主
と買主に分けて規定されることが多く、各当事者は、自己の義務履行の前
提条件が充足されない場合には、クロージングを行わないことができる
（一般に walk away といわれる）。

　前提条件の機能は、その具体的内容によってさまざまであるが、典型的
には、当事者が取引の前提としていた事実に誤りが判明し、あるいは変動
が生じたような場合に、それにより不利益を被る当事者に、取引の実行を
拒む権利を与えるという機能を有するものといえる。このような当事者は、
取引実行後に補償や価額調整等を通じて金銭的な救済を得ることも可能で
あるが、それらの方法になじまない場合もあり、また、金銭的な救済には
事務的・時間的なコストがかかることもあるため、端的に取引を実行しな
いという形での救済を与えるものである。

　特に、当事者のいずれにも帰責性がない事情変更が生じた場合には、補
償請求は機能しない場合が多いが、このような場合にも、前提条件によっ
てクロージングの義務を免れさせることで、当事者間の適切な利益調整を
図ることが可能となる。第三者の同意を要する等の理由で売主に一定の措
置を完了する義務を課すことができず、努力義務にとどめざるをえないよ
うな事項（たとえば、チェンジ・オブ・コントロール条項を含む契約の相手方
からの同意取得）についても、買主の義務履行の前提条件として定めてお
けば、当該措置が完了しなかった場合には買主は取引の実行を拒むことが
でき、意図しない取引の実行による損害を免れることができる。

　なお、クロージング日において前提条件が充たされない場合でも、その
前提条件に係る（取引実行を拒むことができるという）利益を当事者が放棄

すれば、取引を実行することも可能であり、その旨を株式譲渡契約において
も明示することも少なくない。

前提条件の法的性質については、これを停止条件ではなく義務の履行条
件と解する見解等、いくつかの見解が存する。これらは、前提条件が客観
的には充足していなかったにもかかわらず当事者がこれを知らずに取引を
実行した場合、事後的に不当利得返還請求による救済を求めることができ
るかという論点との関係で議論されているものであるが、いずれの見解に
よるとしても、かかる救済は認められないという結論においては一致して
いる。

2 一般的な検討事項

前提条件は、各当事者がクロージングを実行する義務について定められ
るが、売主と買主について、それぞれ条項を分けて規定されることが多い。
両者に共通する項目もある一方、両者にとって取引実行の前提となる重要
な事項は異なる場合がほとんどだからである。

特に、買主としては、取引を実行するうえで前提とした状態と同じ状態
であることを確保するために、多くの事項を完了または確認する必要があ
り、売主よりも買主の方が、自己の義務履行の前提条件としてより詳細な
規定を設けるよう求めることが一般的である。

他方で、特に売主としては、取引実行の確度を高めるべく、買主の義務
履行の前提条件は限定的なものとすることを望むことが多い。株式譲渡契
約を締結すると、適時開示による公表等を通じて、その事実が広く知れわ
たることが多いところ、それにもかかわらず最終的に取引が実行されない
場合には、対象会社の役職員のモチベーションの低下や取引先からの信用
の毀損等の悪影響が生じ、特に売主にとってのデメリットが大きいからで
ある。売主としては、特に、ファイナンス・アウト条項（本章Ⅱ8）等、
主に買主側の事情による事由を買主の義務履行の前提条件とすることは極
力避けるよう望むことが多い。また、MAC条項（本章Ⅱ9）等売主のコ
ントロールが及びにくいものや、規定内容が抽象的なもの（買主が合理的
に求める書類の提出等）も避けたいと考えることが多い。

一般論として、相手方のコントロール下にある事項を相手方の義務履行
の前提条件にすることは、相手方に契約上の義務を課すことの実効性を損

なわせることになりかねないため、避けることが望ましい。

なお、前提条件は、充足されなかったとしてもただちに義務違反となるわけではないが、誓約事項として、前提条件の充足に向けた努力義務が規定されることもあり（**第7章Ⅲ8(3)**）、このような義務の違反となることは別途ありうる。

Ⅱ　個別の条項

1　表明保証の正確性

(1)　概要

売主・買主ともに、相手方の表明保証の正確性が義務履行の前提条件として定められることが多い。両当事者とも、表明保証が正確であることを前提に取引実行の有無や条件に合意しており、表明保証違反がある場合には、その前提が成り立たなくなる可能性があるからである。

(2)　基準時

前提条件として、表明保証の正確性の基準日をどのように定めるかが問題となることがある。典型的には、契約締結日とクロージング日の両方が基準日とされるが、（特に売主からは）契約締結日時点で表明保証違反があっても、クロージング日までにそれが治癒されていれば取引実行に支障はないはずであるとして、クロージング日のみを基準日とするべきであるとの主張がなされることもある。これに対しては、正確な情報提供をする相手方であることそれ自体も重要な前提条件であるとし、情報提供をした時点（すなわち契約締結日）における表明保証の正確性も前提条件に含めるべきとの主張もありうる。表明保証は、違反の場合のペナルティを確保するためだけではなく、フェアな情報提供による当事者間の情報格差の解消を促す機能を有するものと考えられ、この点にかんがみると、契約締結日時点の表明保証の正確性を前提条件に含めることにも一定の合理性はあるといえる。

他方、クロージング日における表明保証の正確性は、前提条件とされることが多い。この点に関し、表明保証の更新（開示別紙のアップデート）が

許容される場合（**第6章Ⅰ6(2)**）にも、当該更新は前提条件との関係では意味を有しない（あくまで更新前の表明保証のクロージング日時点での正確性が前提条件となる）旨の規定が置かれることが多い。これに対し、契約締結時点においては契約締結日を基準日とする表明保証のみを行ったうえで、クロージング日を基準日とする表明保証については、別途クロージング日に交付する証明書により行うという方法（いわゆるブリング・ダウン証明書方式。**第6章Ⅰ4(2)**）をとる場合には、当該証明書の交付と、それに基づくクロージング日時点の表明保証の正確性が、ともに前提条件とされることになる。

(3) 正確性の程度

　前提条件としては、表明保証がすべて完全に正確であることを求める場合もあるが、違反の程度によっては、取引実行の拒絶までを認める必要がないこともありうるため、前提条件不充足となる表明保証違反について、程度による限定を付す場合がある。モデル条項は、重要な点における違反に限る例である（同程度の限定を付すものとして、重大な違反に限ることも考えられる）。また、さらに限定するものとして、重大な悪影響を及ぼす違反の場合に限ること等も考えられる。たとえば、以下のように規定される。

●重大な悪影響を及ぼす違反の場合に限って前提条件不充足とする例

> (1) 本締結日及びクロージング日において（但し、別途特定の日が明示されている場合には、当該日において）、第5.1条第1項に定める売主の表明及び保証に違反（本件株式譲渡の実行又は対象会社グループの事業の遂行に重大な悪影響を及ぼさないものを除く。）がないこと。

　このように表明保証違反の重大性を前提条件不充足の要件とすると、もともと個別の表明保証の内容として重要性による限定が付されている（したがって、重要な事由に限って表明保証違反となる）場合に、「重要な事由のうち更に重大なものに限って前提条件不充足となる」といった形で、二重に重要性・重大性による限定が付される結果となることがある（いわゆるdouble materiality の問題）。形式的な言葉の問題という側面もないわけではないが、この点に配慮して、たとえば以下のようなただし書を置くことも

62 第2部 株式譲渡契約

考えられる。

● double materiality を避けるための規定例

> 但し、当該表明及び保証において「重要な」、「重大な」又はこれらと実質的に同様の限定が付されている事項については、本号における「重要な点において」との限定は付されないものとする。

2 義務の遵守

　売主・買主ともに、相手方の誓約事項その他の義務の履行が、クロージングに係る義務履行の前提条件として定められることが多い。相手方がクロージング前に遵守すべき義務を履行しない場合には、取引実行の当否やその条件の検討の前提が成り立たなくなる可能性があるからである。

　表明保証違反と同様、義務違反についても、前提条件不充足となる場合について、重要性による限定を付すことも多い。他方で、義務違反については、表明保証よりも当事者自身によるコントロールが及びやすいため、違反の重要性を問わず前提条件不充足となるものとすることも考えられる。

　重要性の限定が付される場合、いかなる義務違反がこれに該当するか不明確となる可能性があるため、当事者が特に重要と考える誓約事項については、その履行を独立の前提条件とすることもある。たとえば、デュー・ディリジェンスで発見された問題点の解消（労働法令違反その他コンプライアンス上の問題の是正等）を誓約事項としたうえで、その完了を買主の義務履行の前提条件とすることも考えられる。

3 許認可・競争法上の届出等

　株式譲渡の実行に先立って法令上必要とされる手続の履行も、両当事者に共通の前提条件とされることが通常である。

　典型例としては、独占禁止法上の株式取得届出や、外為法上の事前届出が問題となり、それらに関する待機期間・不作為期間の満了のほか、管轄当局から株式譲渡の実行を妨げる措置（公正取引委員会による排除措置命令等）がなされていないことが前提条件とされることが多い。また、これとおおむね同様の意義を有するものとして、排除措置命令を行わない旨の通知（企業結合届出規則9条）を受領することを前提条件とすることもある。

第5章　前提条件　63

　モデル条項においては、日本法のほか、海外の競争法等に基づく手続が必要である場合等も念頭に置いて幅広く規定している。他方で、日本の独占禁止法に基づく手続のみが問題となる場合には、端的にその旨の規定だけが置かれることも多い。また、特に売主の立場から、海外の競争法に基づく手続を要する場合にも、対象となる法域を特定して規定されることも少なくない。

●日本の独占禁止法に係る手続のみを前提条件とする例

> 　本件株式譲渡に関する独占禁止法第10条第2項に基づく公正取引委員会に対する届出（以下「本件株式取得届出」という。）につき、法定の待機期間が経過しており、かつ、公正取引委員会により、独占禁止法に基づく排除措置命令の発令又は排除措置命令に係る手続の係属（事前通知の送付又は独占禁止法第10条第9項に定める報告等を要請する文書の送付を含む。）等、本件株式譲渡の実行を妨げる措置又は手続（以下「排除措置命令等」と総称する。）がとられていないこと。

　上記のような許認可等は、株式譲渡を適法に行うために必要な手続であり、法令に違反する株式譲渡の実行が義務づけられることを回避するため、両当事者に共通の前提条件とされることが通常である。もっとも、これらの手続の履践は、取引当事者（主に買主側）が積極的に行う必要があるため、当該当事者のコントロールが及びうる。そこで、特に売主としては、買主側の誓約事項として、許認可等の取得に向けた努力義務を定めるよう求めることが考えられる（**第7章Ⅲ2(2)**）。
　これに対して、手続の履践には、売主（その支配下にある対象会社）による協力が必須であることも多い。そこで、買主からは、売主側が合理的な協力をする義務を負うよう求めることも考えられる（**第7章Ⅲ2(2)**）。

4　株式譲渡の承認

　対象会社が会社法上の譲渡制限会社の場合には、株式譲渡を対象会社に主張するためには、対象会社の株主総会（取締役会設置会社の場合には取締役会）による譲渡承認を要する。そこで、対象会社の譲渡承認が得られていることを買主の義務履行の前提条件として定めることが多い。
　なお、譲渡承認を得ることは、売主の誓約事項としても規定されること

64 第 2 部　株式譲渡契約

が一般的であり（**第 7 章Ⅲ 2 (1)**）、売主の義務の遵守という前提条件（ 2 ）
とは別に譲渡承認を独立の前提条件として定める必要はないとも考えられ
る。しかし、譲渡承認は、適法・有効に株式譲渡を実行するために必須の
基本的な手続であることや、義務履行についての前提条件に重要性による
限定が付される場合に、当該誓約事項の違反（すなわち譲渡承認の不履行）
が前提条件不充足の原因となるか不明確となることを避ける必要があるこ
と等から、独立の前提条件として規定されることが多い。

5　関連契約の締結等

　株式譲渡にあたっては、株式譲渡契約以外にも、これに付随・関連する
契約が締結されることがある。これらの契約の内容は、案件ごとに多種多
様であるが、たとえば、売主のほかに新株予約権者（売主のストック・オ
プションの保有者等）が存在する場合に、当該新株予約権者から新株予約
権を買い取るための契約、買主以外に株主が残る場合（一部譲渡の場合等）
における株主間契約、売主が対象会社に提供していた各種サービス（売主
グループのシステムの利用等）をクロージング後一定期間継続して提供する
旨の移行サービス契約等がある（**第 7 章Ⅲ 5 (1)**）。

　これらの契約は、株式譲渡取引そのものではないが、取引全体の条件の
一部を構成するものであり、重要な内容を含む場合もある。そのような内
容については、株式譲渡契約の締結時に合意しておくことが望ましいが
（契約を締結するか、あるいは、主要条件を株式譲渡契約の別紙として添付して
おくこと等が考えられる）、時間の関係等でそれが難しい場合には、株式譲
渡契約締結後、クロージングまでの間に関係当事者間で協議のうえ、締結
されることも少なくない。

　この場合、これらの関連契約の締結および有効な存続は、当該関連契約
によって利益を得る側の当事者の義務履行の前提条件とされる。たとえば、
移行サービス契約であれば、買主側の義務履行の前提条件となることが通
常である。また、契約内容については、その利益を得る側の当事者が合理
的に満足する内容のものであることを求めることもある。

6　辞任役員の辞任届

　株式譲渡にあたって、売主側から派遣されていた取締役等、対象会社の

役員の全員または一部が辞任することとされる場合がある。このような場合、辞任役員は、基本的に売主側の関係者であるため、対象会社に対して辞任届を提出させることを売主の誓約事項とするとともに（**第7章Ⅲ3**）、辞任届の提出を買主側の義務履行の前提条件とすることが多い。

7 第三者の同意の取得等

株式譲渡にあたって、第三者の同意を得ること等が必要である場合（たとえば、対象会社がチェンジ・オブ・コントロール条項を含む契約を締結しており、その相手方当事者から同意を得る必要がある場合）には、売主の誓約事項として、クロージングまでに必要な同意を得るよう努力する義務が規定されることが多い（**第7章Ⅲ2(3)**）。

もっとも、努力義務を果たしても、実際に同意を得られるとは限らないため、買主としては、結果として同意が得られない場合には、取引の実行を拒むという形での救済を確保することを望むことが多い。そこで、株式譲渡に際して必要となる第三者の同意の取得が買主の義務履行の前提条件とされることがある。

これに対して、売主からは、第三者から必要な同意を得られなかったとしても対象会社（ひいては買主）が被る不利益が大きくないという場合（たとえば、事業上の重要性が低い契約においてチェンジ・オブ・コントロール条項が規定されている場合等）には、取引実行の拒絶という強い救済手段を認める必要はないと主張されることも多い。このような場合には、売主の誓約事項においては必要な同意をすべて取得すべき旨の努力義務を定めつつ、買主の義務履行の前提条件は特に重要なものに限定すること（たとえば、チェンジ・オブ・コントロール条項が含まれる契約のうち、対象会社の事業継続の観点から特に重要性の高いものを別紙で限定列挙し、それらに関する同意が得られなかった場合のみ前提条件不充足とする等）も考えられる。

8 ファイナンス・アウト条項

株式譲渡の代金支払いに必要な資金の調達が買主の義務履行の前提条件とされることがある。いわゆるファイナンス・アウト条項と呼ばれるものであり、特に、買収ローン等の買収ファイナンスによる資金調達が想定されている場合に、当該資金調達が不調に終わった場合には買主は取引実行

66　第2部　株式譲渡契約

の義務を負わないこととする趣旨の規定である。

　ファイナンス・アウトは、取引の実行義務が主に買主側の事情に依存することになるため、売主としては難色を示すことが多い。他方で、買収ファイナンスの調達の成否は、買主よりもむしろ、売主のコントロール下にある対象会社の財務状態や経営状態に依存することも多く、一概に買主側がコントロールできる事情とはいえない面もある。そこで、特に買主がプライベート・エクイティ・ファンドである場合（この場合、買収ファイナンスの受け手となる買収ビークルはSPCである場合が多く、買収ファイナンスが対象会社の信用力に依拠して行われる度合いが大きくなる）や、買主の交渉力が強い場合には、これに応じざるをえない場合もある。

　ファイナンス・アウトを定めることに応じる場合、売主としては、買主側に資金調達に係る努力義務を課すことや、融資を受けることが可能であるにもかかわらず買主がこれを受けない場合には、前提条件は充足したものとすること等を検討することがある。また、ファイナンス・アウトにより取引が実行されなかった場合には、買主が所定の金額のブレークアップ・フィーを売主に支払う旨の取決めをすることもある。これは、売主が別の買主に売却する等の目的で取引実行を拒む場合に支払うブレークアップ・フィーとは異なり、買主が支払義務者となることから、リバース・ブレークアップ・フィーと呼ばれる（**第9章Ⅳ3**）。

9　MAC条項

　株式譲渡契約の締結日からクロージングまでの間に、対象会社の事業等に重大な悪影響（Material Adverse Change ／ Material Adverse Effect）を及ぼす事由が生じていないことが、買主の義務履行の前提条件として定められることがある。これらは一般に、（英語表記の頭文字をとって）MAC条項またはMAE条項と呼ばれる。MAC条項は、株式譲渡契約の締結後に重大な後発事象が生じた場合に買主にクロージングを実行しないことを認めることによって、そのような後発事象に係るリスクを売主に負担させるものである。後発事象に係るリスクから買主を保護し、売主・買主間の適切なリスク分担を図るための株式譲渡契約上の手当てとしては、対象会社の経営に関する売主の誓約事項（クロージングまでの間、対象会社をして善管注意義務をもって通常の業務の範囲内で業務の執行等を行わせる旨の義務等）も

あるが、MAC 条項は、後発事象について売主に帰責性がない場合にも機能する点に特徴がある。これに対して、売主としては、取引実行の確度を高めるため、前提条件として MAC 条項を定めないよう求めることも多い。

なお、株式譲渡契約締結の直前の計算書類の作成基準日以降に重大な悪影響を及ぼす事由等が生じていない旨が売主の表明保証に規定されることが多い（**第6章Ⅱ3(3)**）。これは、表明保証の正確性に関する前提条件（**1**）とあいまって MAC 条項と類似の意義を有するものである。ただし、表明保証については計算書類の作成基準日から株式譲渡契約の締結日までの後発事象の不存在だけを対象とすることもあり、そのような場合は、前提条件として規定される MAC 条項と対象とする後発事象の発生時期が異なることとなる。

英米の契約実務においては、MAC に該当する事由について、詳細な定義が置かれることが多い。これに対して、わが国の実務においては、詳細な定義は置かれないことも多い。もっとも、わが国の裁判所は、MAC を限定的に解釈する等、解釈による合意内容の補充を行う場合がある（たとえば、東京地判平成22年3月8日判時2089号143頁は、事例判決ではあるが、営業利益の悪化自体は MAC に該当せず、MAC に該当するのは財政状態に悪影響を及ぼす具体的な事実であり、また、社会的な不動産市況の下落等の一般的普遍的な事象に伴うものは MAC に該当しないとした）。そこで、MAC 条項の意義について当事者間の合意内容を明確化し、予測可能性を高める観点から、MAC に該当する事由をできるだけ一義的・具体的に定め、解釈による補充の余地を少なくするという工夫も考えられる。

具体的には、まず、何に対する悪影響を対象とするかが議論の対象となることがある。対象会社グループの財務状態、経営成績、キャッシュ・フロー、事業、資産、負債等は対象とされることが通常であるが、これらに加えて、将来の収益計画や、上記の各項目に係る将来の見通しに対する悪影響も対象とするかどうかが議論の対象となることがある。買主としては、売主から示された事業計画に悪影響が生じる場合に walk away の権利を確保したいということであれば、将来の収益計画や見通しについても、MAC 条項に明示的に含めることが考えられる。

また、対象会社の経営指標（売上高、純利益等）について一定金額以上の影響が生じる事象については、MAC が生じたものとみなす等、MAC

68　第2部　株式譲渡契約

への該当性について客観的な基準を明記すること等も考えられる。

　他方、売主側からは、①一般的・普遍的な事象に伴う全体的な状況の変化（法令等の変更、テロ・天災等の発生、経済・金融市場の変化、対象会社の属する産業全体の変化等）や、②株式譲渡契約の締結、公表、実行等による影響をMACから除外するよう求める場合もある。このうち上記①について、買主側からは、全体的な状況の変化によるものであっても、対象会社グループの事業に他と比較して不均衡な悪影響が生じている場合にはMACに該当する旨の規定（例外の例外）を設けるよう求めることも少なくない。

● MAC条項の例

> 　個別に又はその他全ての状況、事由、変化若しくは影響と総合して、(i)対象会社の財務状態、経営成績、キャッシュフロー、事業、資産、負債、将来の収益計画若しくはそれらの見通し又は(ii)本件株式譲渡の実行に関して、重大な悪影響を及ぼす状況、事由、変化又は影響をいう。但し、以下のいずれかに起因又は関連する状況、事由、変化又は影響（下記(a)から(d)までについては、かかる状況、事由、変化又は影響が、対象会社に対して、対象会社の事業と同様の産業に属する事業を営む事業者に対するものと比較して不均衡な重大な影響を与える場合を除く。）は除くものとする。
> 　(a)　法令等、適用ある会計規則、会計原則又はそれら解釈の変更
> 　(b)　戦闘行為、戦争、テロ行為、天災又は人災の発生又は拡大
> 　(c)　国内外の経済又は金融市場の一般的な変化
> 　(d)　対象会社の事業に関連する産業における一般的な変化であって、対象会社の事業のみに特に関連する変化ではないもの
> 　(e)　本契約の締結若しくは本件株式譲渡又はそれらの公表

10　必要書類の交付

　一定の書面を買主が受領していることが、買主の義務履行の前提条件とされることが多い。このような書面としては、他の前提条件の充足を確認するための書面が掲げられる。たとえば、株式譲渡の承認に係る対象会社の取締役会議事録の写しや、辞任役員の辞任届の写し等である。また、クロージング日において前提条件をすべて充足している旨の売主代表者によ

る証明書（前提条件充足証明書）の提出が求められることもある。

これらに加えて、「買主が合理的に要請する書面」といったキャッチオールの役割を果たす項目を掲げる場合もある。クロージングに際して合理的に交付されるべき書面の詳細を株式譲渡契約の締結時点ですべて特定することは難しい場合もあることから、このような規定にも一定の合理性がある。他方で、売主としては、前提条件の外延が不明確となることを避けるため、上記のような抽象的な規定は置かず、前提条件として交付が必要となる書面はすべて具体的に特定するよう望むことも多い。

11　その他

(1)　キーマン条項

対象会社の事業遂行にあたり、その役職員の任用・雇用の継続が特に重要である場合には、それを買主の義務履行の前提条件として定めることもある。

このうち、特定の個人に着目するものとしては、特定の重要な役職員（キーマン）の任用・雇用がクロージング日まで継続していることや、クロージング後における任用・雇用に係る契約の締結（あるいは、クロージング後に任用・雇用が終了するおそれがないこと等）を前提条件とすることが考えられる（いわゆるキーマン条項）。ただし、この場合には、キーマンとされた役職員個人が（自ら辞任・辞職することもできる立場にあることを背景に）取引の成否についてキャスティング・ボートを握ることとなる可能性もあるため、特に売主側としては、それにより（報酬の増額を求められる等）不当な影響が生じないよう、キーマン条項を置くことを避けることもある。

上記のほか、特定の個人ではなく、クロージング日まで一定割合の従業員の雇用が継続していること（および、クロージング後にそれが妨げられるおそれがないこと等）を買主の義務履行の前提条件とすることもある。特に、人的資産が事業価値に占める割合が大きい場合や、対象会社の事業における人材の流動性が高い場合（専門的知見を有する従業員が多い場合等）には、このような取決めが検討対象となることがある。ただし、売主としては従業員が自ら退職することを完全に防ぐことはできないため、かかる前提条件を置く場合には、売主としては、一定の範囲でリスクを緩和する

70　第2部　株式譲渡契約

ための措置（たとえば、一定割合以上の雇用が継続していない場合でも、同等の人材の新規採用等により対象会社の事業継続に支障をきたさない場合には前提条件は充足されたものとみなす等）を求めることもある。

●キーマン条項の例

○○氏が対象会社の代表取締役社長を退任していないこと。

●一定割合の雇用継続を前提条件とする例

本締結日時点における対象会社の従業員のうち○％以上の雇用が継続しており、かつ、クロージング後にそれが継続しないこととなるおそれがないこと。

(2)　差止命令等の不存在

英米の契約実務においては、両当事者の義務履行の前提条件として、株式譲渡の実行を禁止・制限する判決等の不存在が掲げられることが一般的である。そのような判決等が出た場合には、これに抵触する株式譲渡の実行を契約上義務づけることは適切でないため、両当事者ともにクロージングを拒むことができることとするものである。また、実際に判決等が出された場合のほか、そのような判決等を求める法的手続が係属している場合にも、同様の状況となる可能性があるため、当事者がクロージングを拒むことができるとすることもある。

●差止命令等の不存在を前提条件とする例

本件株式譲渡の実行を禁止又は制限する旨の司法・行政機関等の判断が存せず、また、かかる司法・行政機関等の判断等を求める法的手続が係属していないこと。

(3)　売主の株主総会の承認

売主が株式会社である場合において、売主の貸借対照表における対象会社株式の帳簿価額が売主の総資産額の5分の1を超え、かつ、譲渡の効力発生日（効力発生の直後）において売主が対象会社の議決権の過半数を有しない場合には、株式譲渡の効力発生日の前日までに、売主の株主総会決

議により、株式譲渡に係る契約の承認を受けなければならない（会社法
467条1項2号の2）。

　そこで、このような要件に該当する可能性がある場合には、売主の株主
総会の承認が得られていることを両当事者の義務履行の前提条件として定
めることが考えられる。ただし、売主の株主が1名のみである場合等、売
主側で株主総会決議を確実に行うことが可能である場合には、買主のみの
義務履行の前提条件とすることも考えられる。

72　第2部　株式譲渡契約

第6章　表明および保証

第5.1条（売主の表明及び保証）
1．売主は、買主に対して、本締結日及びクロージング日において（但し、時期を明記しているものについては当該時点において）、別紙5.1に記載された各事項が真実かつ正確であることを表明し保証する。
2．買主が売主の表明保証の違反を構成し又は構成する可能性のある事実を知り又は知り得たことは、本契約に従ってなされた売主の表明保証の効果又はそれに関連する救済手段の効果にいかなる影響を与えるものでもない。

第5.2条（買主の表明及び保証）
1．買主は、売主に対して、本締結日及びクロージング日において、別紙5.2に記載された各事項が真実かつ正確であることを表明し保証する。
2．売主が買主の表明保証の違反を構成し又は構成する可能性のある事実を知り又は知り得たことは、本契約に従ってなされた買主の表明保証の効果又はそれに関連する救済手段の効果にいかなる影響を与えるものでもない。

I　総論

1　表明保証とは

　表明保証（Representations and Warranties）とは、株式譲渡契約の各当事者が、一定の事項が真実かつ正確であることを相手方当事者に対して表明し、保証するものである。売主による表明保証事項には、売主自らに関する事項および売買の目的物である対象会社の株式に関する事項に加えて、取引条件の決定に際して前提とされた対象会社に関する事項も含まれることが多い。

2　表明保証の法的性質

　「表明保証」とは、英米法における「Representations and Warranties」を日本の実務に持ち込んだ概念であり、日本の制定法において存在しない概念であるため、その法的性質が問題となる。

　この点、日本法においてこの「表明保証」に近接する概念として、瑕疵担保責任に基づく損害賠償請求（民法570条、566条）または債務不履行に基づく損害賠償請求（民法415条）があるが、これらは当事者の意図する「表明保証」の概念とは必ずしも一致しないと考えられている。なぜなら、まず、瑕疵担保責任に関しては、①表明保証は、売買目的物である株式の「瑕疵」に該当するものに限られないこと、②買主の検査・通知義務（商法526条）、権利行使期限（民法570条、566条3項）が適用されるべきではないこと、③補償範囲が信頼利益に限定されないこと等の点が「表明保証の違反に基づく補償」とは異なる（岡内真哉「表明保証違反による補償請求に際して、買主の重過失は抗弁となるか」金判1239号（2006年）3頁）。また、債務不履行責任に関しても、表明保証自体が債務の負担行為であるとは一般的には考えられておらず、責任が生じるために必ずしも過失を必要としないため、「表明保証の違反」を債務不履行と整理することは難しい。

　そこで、「表明保証」は、日本法においては、瑕疵担保責任または債務不履行責任ではなく、当事者の特別な合意としての「損害担保契約」（一定の事由が生じた場合に表明保証者の故意または過失にかかわらずに責任が生じるとの合意）であると実務上一般的に考えられている。

3　表明保証の機能

　表明保証の違反が判明した場合には、取引実行前においては、相手方当事者の義務の前提条件が不充足となり（前提条件については**第5章**を参照されたい）、相手方当事者は取引を中止することができる。また、表明保証の違反は下記の補償条項の原因として契約上規定されることとなるため（補償条項については**第8章**を参照されたい）、相手方当事者は、表明保証の違反を理由として、補償の請求を行うことが可能である。

　このように表明保証の主な機能は、特に売主による対象会社に関する表明保証に関しては、仮に表明保証の違反がある場合（すなわち、株式譲渡

74 第2部 株式譲渡契約

の取引条件の決定の前提となった状況に誤りまたは変化があった場合）において、買主に対して、取引を中止する権利（もしくは、このような権利を背景とした、取引条件の再交渉の機会）、または補償請求によって金銭的な救済を受ける権利を与えられることによって、売主および買主の間のリスク分担を行うことにある。

　これに加えて、表明保証は、売主による情報開示を促進し、買主による対象会社に対するデュー・ディリジェンスを補完する機能を有する。すなわち、表明保証条項がなければ、譲渡価額その他の取引条件の前提となった事情を買主側のリスクにて確認することが必要となり、買主のデュー・ディリジェンスの負担は過大となりかねない。一方、表明保証条項がある場合には、売主としても表明保証の違反を回避するために対象会社の状況を確認のうえで表明保証の内容を精査することとなり、また、売主が認識している事項については表明保証の対象外とするように開示別紙にて開示されることになるため、買主はその内容を認識することが可能となる（これによって、買主のデュー・ディリジェンスの負担が軽減される）。

　また、表明保証には、売主と買主の間にある情報の非対称性を克服して効率的な取引の実現を促進する機能があるとされる。すなわち、買主は、目的物に関して十分な情報を有していない場合、それがよい物なのか、悪い物なのかを判断することができないため、悪い物であることを前提して目的物を評価せざるをえず、取引を行わないか、実際の目的物の価値よりも安い価額でしか取引に応じないことになる。そこで、売主としては、表明保証を行うことにより、買主に取引に応じさせ、あるいは高い価額を引き出すことを促進することができるとされる（このような表明保証の効果は、シグナリングといわれることがある）。このように、表明保証は、買主にメリットがあるばかりではなく、売主にとってもメリットとなる側面もあるともいえる。

4　表明保証の時点

(1)　概要

　一般的に、株式譲渡契約の各当事者は、株式譲渡契約の契約締結日およびクロージング日を基準日として、各表明保証事項が真実かつ正確であることを表明保証する。ただし、「時期を明記しているものについては当該

時点において」との注記を付すことにより、例外的に、契約締結日または
クロージング日以外の時点を基準日とする表明保証がなされる場合もある。
たとえば、計算書類の正確性に関する表明保証は、契約締結日またはクロー
ジング日ではなく、当該計算書類の基準日または対象期間に関して表明保
証がなされる。また、「過去3年間に法令を遵守している」との内容の表
明保証のように、過去から契約締結日もしくはクロージング日までの一定
の期間について表明保証がなされることもある。

(2) クロージング日を基準日とする表明保証

　株式譲渡契約の締結時点において、契約締結日およびクロージング日を
基準日とする表明保証が同時になされることも多いが、株式譲渡契約の締
結時点においては契約締結日を基準日とする表明保証のみを行ったうえで、
クロージング日を基準日とする表明保証については、別途クロージング日
においても各表明保証事項が真実かつ正確である旨の証明書を交付するこ
とによって行う場合（いわゆるブリング・ダウン証明書方式）もある。ブリ
ング・ダウン証明書方式を用いる理由としては、クロージング日において
「表明」という行為を行うことを明確化するとの趣旨もあるが、表明保証
を行う売主の立場からすると、特に対象会社に関する事項について、契約
締結日からクロージング日まで生じる事項をコントロールすることができ
ないこともあり（たとえば、第三者から提起される訴訟を避けることはできな
い）、事情が変更してクロージング日を基準日とする表明保証に違反が生
じるような場合に、クロージング日を基準日とする表明保証を行うか否か
について売主の選択権を保持するとの要請からブリング・ダウン証明書方
式を用いる場合もある。この場合、契約締結日時点では対象会社に関する
表明保証が正確であったにもかかわらず、その後の事情変更によってク
ロージング日時点では表明保証に違反が生じるような状況となってしまっ
た場合、契約締結時にクロージング日を基準日とする表明保証を行ってい
る場合には、買主が、クロージング日時点の表明保証の違反を理由として
取引を中止するか、または、取引を実行したうえで売主に対して補償請求
を行うかを選択することができる。一方、ブリング・ダウン証明書方式に
よる場合には、売主はクロージング日時点では証明書を交付しないとの選
択肢を持つことにより（この場合、買主は前提条件不充足を理由として取引

76 第2部 株式譲渡契約

を中止することはできるが、クロージング日の表明保証の違反を理由とした補償請求はできない）、売主に一定の選択権がある状況にて、買主との再交渉等が可能となる（前提条件との関係について、**第5章Ⅱ1(2)**を参照）。

なお、契約締結日からクロージング日の間の事情の変更に対応するため、契約締結時点でクロージング日を基準日とする表明保証は行うものの、開示別紙をアップデートする権利を保持するという方法により対応がなされる場合もある。開示別紙のアップデートの詳細は、6(2)を参照されたい。

(3) 将来の事項に関する表明保証

表明保証に関する留意事項として、将来の事項に関する表明保証を行うかが議論されることがある。特に、デュー・ディリジェンスの過程において、売主または対象会社は、対象会社の事業の将来予想（プロジェクション）等の将来の事項についても買主に対して開示を行っているため、かかる対象会社の将来予想についても、表明保証の対象とすることにより売主が責任を負うべきかが問題となることがある。

これに対して、売主としては、不確実性を伴う将来の事項について売主が一方的に責任を負うことはリスク分担として妥当でないとの理由から、将来の事項については表明保証を行わないことを明確にするために、以下のような注記を行うことを要求することもある。

●将来予測に関するディスクレーマーの例

> 買主は、売主が、対象会社グループの財務実績に関する予想値又は将来予測に関する一切の表明及び保証を行わないことに異議なく同意している。

5 表明保証の範囲または除外に関する事項

(1) 概要

表明保証を規定するに際しては、各個別項目ごとに、表明保証の内容・範囲を正確に吟味・検討する必要がある。表明保証の範囲を画する際には、別紙において表明保証の除外項目を定めたり、重要性・重大性の制約、または表明保証者その他の一定の者による認識に基づく制約（「知る限り」や「知り得る限り」の留保）を規定する場合がある。

なお、契約に明記された表明保証以外については、黙示の表明または保証をしていないことを確認するため、「本契約に明示的に規定されている事項以外の事項に関しては、明示、黙示を問わず、何らの表明および保証を行わない」旨の確認文言を規定する場合もある。

(2) 重要性・重大性による除外

契約実務においては、些細な誤りを理由とする表明保証違反を避けるために、表明保証事項に、「重要な」「重要な点において」「重大な」等の限定を付したり、または、「軽微な場合を除く」旨の例外を規定したりする場合がある。さらに、これらの重要性・重大性よりもさらに範囲を限定する趣旨で、(対象会社の事業等に対して)「重大な悪影響」がある場合にのみ、表明保証違反が構成されるとの限定を付す場合もある(「重大な悪影響」に関する意義に関する議論については、**第5章Ⅱ9**を参照されたい)。

なお、重要性の判断基準について、その具体的な範囲は解釈に委ねられる場合もあるが、表明保証の項目によっては、数値基準やその他の基準を合意する場合もある。たとえば、「重要な契約」または「重要な資産」について、各契約の取引金額や資産の帳簿価額の基準額を設けることによって「重要」性の判断基準を明確にする場合がある。売主の立場からすると、表明保証の対象となる範囲が明確になることにより、開示別紙に記載すべき事項の基準が明らかとなり、また、表明保証違反の疑義が生じた場合の予見可能性が高まることとなる。

(3) 「知る限り」「知り得る限り」による除外

一般的には、表明保証違反は、売主の主観的事情によらずに成立するものと考えられている。もっとも、一般的に表明保証の内容が対象会社に関する広範な事項にわたることを考えると、表明保証を行う者からすると、その認識の範囲に表明保証を限定したいとの要請があり、その結果、「知る限り」「知り得る限り」等の限定がなされることがある。

「知る限り」「知り得る限り」の差異については、契約実務においては、「知る限り」は、(調査義務はなく)現に知っているか否か(actual knowledge)を意味しており、「知り得る限り」は現に知っていた場合のほか、一定の前提のもとで知っておくべきであった場合(constructive knowledge)も含

まれると理解されている。もっとも、「知り得る限り」に関して、実際に
どのような前提で知っておくべきであったかが不明確であるため、これら
を明確化するためにさらに詳細な定義が設けられることがある。定義例は、
下記のとおりであるが、①の定義例は、当該取引に際して合理的な調査を
行っていれば知ることができた場合を意味するのに対して、②の定義例は、
当該取引に際しての調査義務までは要請されておらず、職務を誠実に行っ
ていれば知ることができた場合のみが含まれることを意味しており、当該
取引に際しての調査義務が課されるという意味で、①の方がより買主に有
利な定義であると考えられている。

● 「知り得る限り」の定義例

① 「売主の知り得る限り」とは、対象役員が現に認識している範囲及び対象
役員が合理的な調査を行えば知ることができた範囲を意味する。
② 「売主の知り得る限り」とは、対象役員が現に認識している範囲及び対象
役員がその職務を誠実に遂行していれば知ることができた範囲を意味する。

　「知る限り」または「知り得る限り」の限定については、さらに、誰に
とって「知る限り」もしくは「知り得る限り」なのかが重要である（上記
の定義例において「対象役員」の具体的意義が問題となる）。たとえば、（特に
売主が対象会社の日々の業務を管理していない場合には）株主である売主が認
識の主体なのか、それとも対象会社の役職員（または対象会社に派遣した役
職員）も含まれるのかによって、表明保証の範囲は相当程度変わることに
なる。特に、対象会社の役職員を「知る限り」「知り得る限り」の判断対
象に含めると、クロージング後に表明保証違反が問題となった場合に、対
象会社の役職員は買主の支配下に入っているため、売主に不利に働きうる
との問題がある。
　なお、実務的には、「知る限り」「知り得る限り」の判断対象の範囲を個
人単位で特定する場合もあれば、一定のグループ（一定の職位以上の従業
員または役員、プロジェクトメンバー等）に属する者という形で特定する場
合もある。

6 開示別紙（Disclosure Schedule）

(1) 開示別紙による表明保証からの除外

　表明保証条項に違反するような事実や事象（もしくはその可能性）がすでに認識されている場合、表明保証者は、開示別紙（Disclosure Schedule）にこれらの事実等を記載することにより、表明保証の対象から除外することが行われる。一方、相手方当事者は、開示別紙に記載された事実について表明保証違反を理由とした請求等ができなくなる一方、当該事実を事前に認識することができる結果、譲渡価額に反映させるよう交渉する等の対応をとることができる。

　本章Ⅱ以降に記載のとおり、表明保証の各項目は、相互に関連し重複する場合もある。開示別紙の作成に際しては、表明保証の全項目から開示事項を包括的に除外する場合もあるが、実務的には、表明保証の個別項目と開示事項をひもづけることも多い。このように表明保証の個別項目と開示事項のひもづけを行う場合、両者の関連性を明示することが要求される場合もあれば、下記のモデル条項のように、関連性が合理的に見込まれる項目との関係では、ひもづけが明示されておらずとも、開示別紙による除外の効果が認められる場合がある。

●開示事項と表明保証の個別項目との対応関係の例

> 　売主開示書面は、参照の便宜のため別紙○（売主による表明保証事項）の該当条項毎に記載されているが、この売主開示書面の各項目は、対応関係が合理的に認められる限り、別紙○（売主による表明保証事項）の他の条項についても適用されるものとする。

　また、開示別紙の作成に際しては、表明保証者は、保守的な立場から、厳密には表明保証事項に該当しない事項であっても広範に開示別紙に記載するよう望むが、その一方、当該事項を開示別紙に記載することが他の契約条項の解釈に影響を与えることを避けたい（具体的には、売主が開示別紙に記載した事項が「重要である」と自認したとの解釈を避けたい）と考え、開示別紙について以下のような注記を付す場合もある。

80 第2部 株式譲渡契約

●開示別紙のディスクレーマーの例

> ・ 売主開示書面の各項目は、「重要な」、「重大な」、「重要な点において」その他の重要性の限定が付された売主の表明及び保証につき、当該重要性の基準を充たすものと解されてはならず、何人も、当該各項目がこの開示別紙に記載されている事実を、売主開示書面に記載されていない事項が売主の表明及び保証に違反することの主張、立証又は認定に用いてはならない。
> ・ 売主開示書面は、別紙○に定める売主の表明及び保証の例外とすることのみを目的として作成されたものであり、売主開示書面のいかなる項目も、売主が契約等又は法令等の違反その他の事項に関し、その責任、義務又は債務を認めるものではない。

　上記のほか、開示別紙のドラフティングに際しては、記載内容を抽象的なリスクの記載にとどめるか具体的な事象の記載とするかについて検討を行う必要がある。売主の立場からすると、より抽象的な記載とすることにより広範に表明保証から除外することを企図する場合もあるが、一方であまりに抽象的もしくはあいまいな記載とすると、後に紛争の原因となるおそれがあるので留意が必要である。

(2) 開示別紙のアップデート

　開示別紙については、原則として、契約締結日にその内容が確定され、株式譲渡契約書の別紙または別途の書類として締結される。

　もっとも、4(2)のとおり、表明保証は契約締結日およびクロージング日の2つの時点においてなされるところ、契約締結日からクロージング時までに状況が変化した場合には、クロージング日の表明保証に違反が生じてしまう可能性がある。そこで、表明保証を行う売主としては、売主が買主に対して通知を行うまたは開示別紙の内容をアップデートすることにより、表明保証違反（特に補償責任）については免れたいという要請がありうる。

　これに対して、買主は、売主による開示別紙のアップデートを自由に認めるとすると、契約締結日からクロージング日までの間に生じた事情を理由として、前提条件の不充足や補償請求の主張が認められないこととなり、当該期間中のリスクをそのまま負担することになってしまう。

　両者の要請を考慮した仕組みとしてはさまざまなものが考えられるが、たとえば、①売主による開示別紙のアップデートは、時間の経過による軽

微なものに限るとの制限が加えられたり、または、②売主が開示別紙をアップデートしたとしても当然に表明保証違反を治癒することとはならない（前提条件の不充足は治癒されない）が、買主が当該アップデートの内容を原因として前提条件の不充足または解除を主張できるにもかかわらず、前提条件の不充足または解除を主張せずに取引実行を選択した場合には、後に買主は当該事項を理由として補償請求を行うことができない、との仕組みとする場合もある。

7 デュー・ディリジェンスでの開示または買主の主観

(1) 開示情報の包括的な除外

　一定の事項を表明保証の対象から除外する方法として、開示済みの情報をより広範に除外したいとの要請がある場合、または契約締結に向けた時間的制約から開示別紙の作成を避けたい場合において、下記のモデル条項のように、デュー・ディリジェンスの過程で開示した情報を包括的に表明保証から除外することもある。かかる場合においても、インタビューやサイトビジット等において口頭で提供された情報も含めて広く表明保証から除外する場合（下記モデル条項①の場合）もある一方、表明保証から除外される開示情報は、バーチャルデータルームで開示された範囲に限定される場合もある（下記モデル条項②の場合）。さらに、英国系の契約実務における「Fairly Disclosed」との考え方を取り入れ、除外の範囲について、買主が当該問題・リスクについて適切な評価ができるような合理的な態様・詳細さにおいて開示がなされたか否かといったコンセプトを盛り込む場合もある（下記モデル条項②の下線部分）。

●開示済みの情報の包括的なカーブアウトの例

① 本件デュー・ディリジェンスにおいて買主に対して直接若しくは間接に提供された情報（文書、口頭その他提供方法を問わない。）に含まれる事実若しくは事由は、第○項に定める売主の表明及び保証の違反を構成しないものとする。
② 本件デュー・ディリジェンスにおいて本締結日までにバーチャルデータルームを通じて買主に対して開示された情報に含まれる事実若しくは事由（但し、バーチャルデータルームに開示された情報から合理的に認識可能な

範囲に限る。）は、第○項に定める売主の表明及び保証の違反を構成しない
ものとする。

(2) 買主の主観（サンドバッギング）

　表明保証の相手方（売主による対象会社に関する表明保証に関しては買主）
の主観的態様が表明保証の成否に影響を与えるかについては、議論がある。
この点、いわゆるアルコ事件判決（東京地判平成18年1月17日判時1920号136
頁）において、地裁判決ではあるものの、補償請求者が表明保証違反につ
いて悪意または重過失がある場合には、表明保証違反の主張が認められな
いことが示唆された（ただし、当該事件では最終的に悪意または重過失もない
として表明保証違反が認められている）。

　また、米国においても、同様に「サンドバッギング（sandbagging）」の
可否が議論される。サンドバッギング（sandbagging）とは、一般的に、買
主が表明保証違反を認識している状況で、前提条件を放棄して株式譲渡を
実行し、クロージング後に売主に対して補償請求を行うことをいう。米国
においては、（契約上明示の規定がない場合における）サンドバッギングの
可否については、各州において判断が分かれており、misrepresentation
へのreliance（依拠または信用）がないことを理由としてサンドバッギング
を認めない州と、relianceを要求せずサンドバッギングを認める州が存す
る。

　上記をふまえて、契約実務においては、下記の規定例のとおり、買主の
主観的態様（故意、重過失または過失）が表明保証の成否に与える影響を明
記する場合もある（サンドバッギングを認める場合を「プロ・サンドバッギン
グ」といい、サンドバッギングを否定する場合を「アンチ・サンドバッギング」
という）。この場合には、ドラフティングの明確性の観点からは、どの時
点での買主の主観的態様を問題としているか（多くの場合、クロージング日
時点ではなく、契約締結日における買主の主観的態様を問題とする）を明記す
ることが望ましい。

　なお、実際の契約交渉においては、サンドバッギングの成否についてい
ずれを選択するかの交渉がまとめられず、最終的には特段の規定を設けな
い場合も少なくない。なお、この場合、買主としては、上記のアルコ事件
判決の内容をふまえ、すでに認識済みまたは重過失により知らない事情に

ついては表明保証違反を主張できなくなる可能性があるため、すでに認識済みの問題については特別補償その他の仕組みにより手当てを行うことが望ましい。

●プロ・サンドバッギングの例

> 買主が売主の表明保証の違反を構成し又は構成する可能性のある事実を知り又は知り得たことは、本契約に従ってなされた売主の表明保証の効果又はそれに関連する救済手段の効果にいかなる影響を与えるものでもない。

●アンチ・サンドバッギングの例

> 第〇項の規定にかかわらず、買主が本締結日において認識しており、若しくは認識し得た事実若しくは事由は、第〇項に定める売主の表明及び保証の違反を構成しないものとする。

Ⅱ　各論

1　売主に関する事項

　売主に関する表明保証としては、売主が株式譲渡を行う法的な能力を有していること、および売主について株式譲渡の障害となることが存在しないことに加え、売主が譲渡対象となる対象会社の株式を保有していることについての表明保証が規定されることが一般的である。いずれも取引の前提となる事項であり、実務上、契約の当事者間の交渉において問題となることは多くない。

(1)　設立および存続

●設立および存続（売主が株式会社の場合）

> (1)　（設立及び存続）
> 　売主は、日本法に基づき適法かつ有効に設立され、かつ有効に存続する株式会社であり、現在行っている事業を行うために必要な権限及び権能を有している。

84　第2部　株式譲渡契約

●意思能力等（売主が自然人の場合）

(1)　（意思能力等）
　売主は、日本国に居住する意思能力及び行為能力に何らの制限のない成人した自然人である。

　この表明保証は、取引を行う前提として、売主が、法的に有効な主体として存在していることを確認するものである。売主の属性（会社、組合（ファンド）、自然人等）によって規定内容は異なり、売主が会社の場合、準拠法に従い、適法かつ有効に設立され、有効に存続しており、かつ、その事業を行う能力を有していることについて規定されることが一般的である。売主が自然人の場合は、意思能力を有していることに加え、未成年であったり、後見、保佐または補助等により行為能力が制限されていないことが表明保証の対象となる。

(2)　契約の締結および履行

●売主が株式会社の場合

(2)　（本契約の締結及び履行）
　売主は、本契約を適法かつ有効に締結し、これを履行するために必要な権限及び権能を有している。売主による本契約の締結及び履行は、その目的の範囲内の行為であり、売主は、本契約の締結及び履行に関し、法令等及び売主の定款その他の社内規則において必要とされる手続を全て履践している。

●売主が個人の場合

(2)　（本契約の締結及び履行）
　売主は、本契約を適法かつ有効に締結し、これを履行するために必要な権利能力及び行為能力を有している。

　この表明保証は、売主が、法的に有効な主体として存在していることを前提として、契約を締結および履行することについて、法的な能力を有していることを確認するものである。また、契約の締結および履行について、売主に適用される法令または定款等に手続が規定されている場合には、当該手続が履践されており障害がないことについて規定される。たとえば、

株式会社の場合、会社法または定款の規定により、契約の締結および履行について取締役会決議が必要となることがあり、その場合には、取締役会決議が行われていることが表明保証の対象に含まれることになる。なお、日本においては、代表取締役が取締役会決議を経ずに行った業務執行は、相手方が決議がないことを知り、または知りうべかりしときを除き、有効となるが（最判昭和40年9月22日民集19巻6号1656頁）、実務上は、この表明保証により必要な手続が履践されていることを確認するべきである。

(3) 強制執行可能性

> (3) （強制執行可能性）
> 　本契約は、売主により適法かつ有効に締結されており、買主により適法かつ有効に締結された場合には、売主の適法、有効かつ法的拘束力のある義務を構成し、かつ、かかる義務は、本契約の各条項に従い、売主に対して執行可能である。

　この表明保証は、契約に規定された内容が、売主の法的拘束力のある義務を構成し、売主に対して強制執行が可能であることを確認するものである。売主としては、契約の規定内容が執行可能なものであったとしても、倒産法または（売主が海外の法人等である場合等において）衡平法により制限を受けることは避けることができないため、これらの場合を例外として除外することが考えられる。

(4) 法令等との抵触の不存在

> (4) （法令等との抵触の不存在）
> 　売主による本契約の締結及び履行は、(i)売主に適用ある法令等に違反するものではなく、(ii)売主の定款その他の社内規則に違反するものではなく、(iii)売主が当事者となっている契約等について、債務不履行事由等を構成するものではなく、かつ、(iv)売主に対する司法・行政機関等の判断等に違反するものではない。

　この表明保証は、売主において、契約の締結および履行を問題なく行いうる状態にあることを確認するものである。
　(i)については、たとえば、子会社の株式を譲渡する場合であって、譲渡する株式の帳簿価額が売主の総資産額の20％超となり、かつ、対象会社の

86　第2部　株式譲渡契約

議決権の過半数を有しないことになる場合は、株式譲渡契約について株主総会決議を得る必要がある（会社法467条1項2号の2）。このような場合において、株主総会決議が得られていないとき等には、形式的にはこの表明保証に違反することになる。この点、事業譲渡に関する譲渡契約につき株主総会の承認を受けていない場合、当該譲渡契約は原則として無効であるとされており（最判昭和61年9月11日判時1215号125頁参照）、株主総会の承認を受けていない株式譲渡契約についても、同様に原則として無効であると解される。

(ii)については、たとえば、株式譲渡が定款および取締役会規程に基づき取締役会決議事項とされている場合において、取締役会決議を経ていないときは表明保証違反を構成することになる。なお、かかる株式譲渡の効力については、(2)のとおりである。

(iii)については、問題となる場合として、第三者との契約において、株式譲渡が禁止されている場合が考えられる。通常は、売主が締結している契約の違反が生じた場合でも、買主において何らかの義務が生じるわけではないと考えられるが、買主としては、間接的にでも紛争に巻き込まれることを回避するため、このような規定が設けられることがある。

(iv)については、問題になる場合として、裁判所により株式譲渡の差止めの仮処分が出されている場合等が考えられる。

(5)　許認可等の取得

(5)　（許認可等の取得）
　売主は、本契約の締結及び履行のために必要とされる許認可等を、全て適法かつ適正に取得し又は履践済みである。

この表明保証についても、売主において、契約の締結および履行を問題なく行いうる状態にあることを確認するものである。前号(i)と重複する面がある。

(6)　倒産手続等の不存在

(6)　（倒産手続等の不存在）

> 売主は、支払不能ではなく、売主に対する倒産手続等の開始の申立ては行われておらず、またかかる申立ての原因も存しない。売主は、本契約の締結及び履行に際して、売主の債権者を害する意図を有しておらず、その他不当又は不法な意図を有していない。

　株式譲渡契約の締結または実行後に、売主について破産、民事再生、会社更生等の倒産手続が開始された場合、管財人等により株式譲渡契約の締結または実行が否認されるリスクがある。そのため、買主は、かかる手続の開始の申立てが行われていないこと、およびその原因が存在しないことについて表明保証を求めるのが一般的である。

　株式譲渡取引においては、詐害行為否認（破産法160条1項、民事再生法127条1項、会社更生法86条1項）が問題となることが多い。詐害行為否認については、倒産者の詐害意思（倒産者が行為の当時に、当該行為が財産減少行為であること、および自らが実質的危機時期にあることを認識していること）および受益者の悪意が要件とされていることから、売主が詐害意思を有していないことについて表明保証させることにより、買主において、悪意がなかったことを立証する1つの要素となる。また、同様の視点から、株式譲渡価額が公正な価額であることについて、表明保証がなされる場合もある。

　なお、単に倒産手続といった場合、破産、民事再生、会社更生等の法的倒産手続以外に事業再生ADR等の私的整理手続は含まれないと解される可能性があるため、倒産手続に係る定義をドラフトする際には留意する必要がある（**第1章Ⅲ**）。

(7)　反社会的勢力

> (7)　（反社会的勢力）
> 　売主は、反社会的勢力ではない。売主と反社会的勢力との間に、直接又は間接を問わず、取引、金銭の支払い、便益の供与その他の関係又は交流はない。売主において、反社会的勢力に属する者が役員又は従業員として任用又は雇用されている事実はない。

　この表明保証は、反社会的勢力との取引を行うことを避けるため、売主

88　第2部　株式譲渡契約

が反社会的勢力ではないことを確認するものである。「反社会的勢力」の定義は、さまざまなものが利用されることがあるが、**第1章Ⅲ**のモデル条項（第1条⒄号）は、平成23年6月2日に全国銀行協会が公表した一部改正後の銀行取引約定書に盛り込む暴力団排除条項参考例をもとにする規定である。

⑻　**株式の保有等**

> ⑻　（株式に対する権利）
> 　売主は、本件株式を全て適法かつ有効に保有しており、本件株式全てにつき、株主名簿上かつ実質上の株主であり、売主以外の第三者に本件株式の全部又は一部が帰属していない。本件株式に関して負担等は存せず、買主は、本件株式譲渡により、本件株式について一切の負担等が存しない完全な権利を取得する。売主と第三者との間で、対象会社の株主としての権利（対象会社の株式の譲渡、保有、議決権の行使を含む。）に関する契約等は存しない。対象会社の株式について、訴訟等又はクレーム等は生じておらず、そのおそれもない。本件株券は、本件株式の全てを表章する有効な株券である。

　この表明保証は、売主が譲渡の対象となる対象会社の株式の権利を保有していることを確認するものである。具体的には、以下に記載の事項の表明保証により構成されることが多い。
　①　株式を適法かつ有効に保有しており、株主名簿上および実質上の株主であること
　②　株式に担保権、譲渡禁止、売買の予約等の負担が存在しないこと
　③　売主が第三者との間で株式について何らの合意（株主間契約を含む）をしていないこと
　④　株式について、訴訟等の紛争が存在しないこと
　⑤　（株券発行会社の場合）譲渡に際して交付される株券が譲渡対象となる株式を表章していること
　上記①において、株式の適法かつ有効な保有に加えて、株主名簿上の株主であることが規定されることが一般的である。株券不発行会社の株式でも振替株式でもない株式については、株主名簿の名義書換をしなければ、権利の移転を第三者に対抗することができない（会社法130条）。よって、売主が株主名簿上の株主でない場合には、二重譲渡がなされて売主におい

て株式を保有していないということもありうるため、売主が株主名簿上の株主であることを確認するものである。なお、譲渡する株式が振替株式の場合、株式の権利関係は振替機関等の振替口座簿に記載・記録され、株主名簿の名義書換は、基準日等において振替機関から会社に対して総株主通知がなされることにより行われる（社債等振替法151条、152条）ことから、売主が株式譲渡契約の締結またはクロージング時点で株主名簿上の株主でないことがある。

　上記②について、対象会社が譲渡制限会社である場合には、株式に譲渡制限に係る負担があることを除外する必要がある。また、売主の保有する対象会社の株式が売主または第三者（対象会社を含む）の借入れ等の担保に供されていることもあり、株式譲渡取引のなかでかかる借入れ等と担保をどのように処理するかに応じて規定内容を調整する必要がある（譲渡対象株式に設定された担保権の取扱いについては、**第4章Ⅴ**参照）。

　上記③について、特に対象会社に売主以外の株主が存在する場合、売主と他の株主との間で株主間契約が締結されており、株式譲渡について、当該他の株主に先買権（契約の相手方が株式を譲渡しようとする場合、優先的に株式を買い取ることができる権利）が設定されている場合や議決権の行使の方法について合意されている場合（もっとも、かかる合意があっても、株式を譲り受けただけでは、買主が売主の契約相手方に対する義務を承継するわけではない）があるため、そのような合意が存しないことを確認する趣旨である。

　なお、譲渡の対象が株式だけではなく、対象会社の新株予約権や対象会社に対する債権もあわせて譲渡される場合があるが、その場合には、譲渡対象となる新株予約権または債権の適法性・有効性、売主による保有その他の権利関係についての表明保証が規定されることになる。

2　対象会社に関する基本的な事項

(1)　設立および存続

(1)　（設立及び存続）
　対象会社グループは、いずれも日本法に基づき適法かつ有効に設立され、かつ有効に存続する株式会社であり、現在行っている事業を行うために必要な権限及び権能を有している。対象会社グループに関して、倒産手続等の開

90　第2部　株式譲渡契約

始の申立ては行われておらず、またかかる申立ての原因も存しない。

　買収の対象となる会社が適法かつ有効に設立され、有効に存続しており、事業を行うための権限および権能を有しているという最も基本的な事項の表明保証である。対象会社の基本的な事項に関する表明保証として、対象会社の定款を添付して、その内容について表明保証を求める場合もある。
　また、対象会社グループに倒産手続等の開始の申立てまたは申立ての原因が存しないことについては、別の条項で表明および保証がなされることもあるが、モデル条項においては、対象会社の存続にかかわる事由であることから、本号において表明および保証することとしている。

(2)　株式および潜在株式

(2)　（対象会社の株式等）
　対象会社の発行可能株式総数は○株であり、発行済株式総数は○株（うち自己株式は○株）であり、その全てが適法かつ有効に発行され、全額払込済みの普通株式である。対象会社は、これらの株式を除き、株式等を発行又は付与しておらず、株式等の発行又は付与に関する決議又は契約等も存しない。対象会社は、株券発行会社である。

●新株予約権に関する表明保証の例（新株予約権を発行している場合）

　対象会社が発行し、有効に存続している新株予約権及び当該新株予約権の保有者は別紙○記載のとおりである。かかる新株予約権の全ては、適法かつ有効に発行され、全額払込済みである。対象会社は、前号に定める対象会社の発行済株式○株（うち自己株式○株）及び当該新株予約権を除き、株式等を発行又は付与しておらず、株式等の発行又は付与に関する決議又は契約等も存しない。

　対象会社の発行する株式に関する表明保証であり、以下の事項についての規定が設けられることが多い。
　①　発行可能株式総数および（種類株式発行会社の場合）発行可能種類株式総数
　②　発行済株式の種類および数（自己株式の数を含む）
　③　発行済株式の有効性（全額払込済みであることを含む）

第6章　表明および保証　91

④　新株予約権、新株予約権付社債その他の潜在株式および株式発行に
係る権利または合意の有無ならびにある場合はその内容および数
⑤　（売主以外に株主、新株予約権者その他の権利者がいる場合）第三者が
保有する株式、新株予約権その他の権利の内容および数
⑥　株券発行会社であるか否かおよび（株券発行会社の場合）発行の有
無

なお、上記モデル条項における「株式等」には、新株予約権等の潜在株
式も含まれる（**第1章Ⅲ**のモデル条項（第1条(3)号）参照）。

(3)　子会社・関連会社等

---

(3)　（子会社・関連会社等）

　(ⅰ)　対象会社には、別紙5.1.2-(3)記載の会社（以下「対象会社子会社等」
という。）を除き、子会社及び関連会社は存せず、株式又は持分を保有す
る法人、組合、パートナーシップその他の事業体も存しない。

　(ⅱ)　対象会社子会社等の発行可能株式総数及び発行済株式総数は別紙
5.1.2-(3)のとおりであり、別紙5.1.2-(3)記載の対象会社子会社等の発行
済株式の全てが適法かつ有効に発行され、全額払込済みの普通株式であ
る。対象会社子会社等は、これらの株式を除き、株式等を発行又は付与
しておらず、株式等の発行又は付与に関する決議又は契約等も存しない。
対象会社子会社等は、全て株券不発行会社である。

　(ⅲ)　対象会社は、対象会社子会社等の発行済株式を全て適法かつ有効に保
有しており、当該株式全てにつき、株主名簿上かつ実質上の株主であり、
対象会社以外の第三者に当該株式の全部又は一部が帰属していない。当
該株式に関して負担等は存せず、当該株式について、訴訟等又はクレー
ム等は生じておらず、そのおそれもない。

　この表明保証は、対象会社の子会社または関連会社の資本関係等につい
て確認をするものである。

3　計算書類等

---

(4)　（計算書類）

　(ⅰ)　対象会社グループの○年3月期から○年3月期までの監査済みの貸借
対照表、損益計算書、株主資本等変動計算書及び個別注記表（以下「対

92　第2部　株式譲渡契約

象計算書類」と総称する。）は、日本（外国法人については、その設立準
拠法国）において一般に公正妥当と認められる企業会計の基準を継続的
に適用し、これに従って作成され、かつ、保存されており、各作成基準
日の時点における対象会社グループの財政状態及び各該当期間に関する
対象会社グループの経営成績をそれぞれ正確かつ適正に示している。対
象計算書類は、それぞれ対象会社グループの適法な会計帳簿と一致して
いる。

(ii)　対象会社グループは、〇年3月期の貸借対照表に記載されていないい
かなる債務（〇年4月1日以降に対象会社グループによる通常の業務の
過程において発生した債務を除く。）も負担していない。対象会社グルー
プは、保証契約若しくは保証予約の当事者ではなく、また、第三者のた
めの損失補填契約、損害担保契約その他の第三者の債務を負担し若しく
は保証する契約、又は第三者の損失を補填し若しくは担保する契約の当
事者ではない。

(5)　（重要な変更の不存在）
〇年4日1日以降、対象会社グループは、通常の業務の範囲内において業
務を行っており、対象会社グループの財政状態、経営成績、キャッシュフロー、
事業、資産、負債若しくは将来の収益計画又はそれらの見通しに重大な悪影
響を及ぼす可能性のある事由若しくは事象は発生していない。

(6)　（会計帳簿）
対象会社グループの会計帳簿は、全て、日本（外国法人については、その
設立準拠法国）において一般に公正妥当と認められる企業会計の基準に従っ
て適時に作成され、かつ、保存されており、その内容は全て正確かつ適正な
ものである。

(1)　計算書類等

　計算書類は、対象会社の財政状態や経営成績を示す基礎的な資料であり、
株式譲渡契約の当事者が対象会社の企業価値・株式価値を算定するための
重要な前提となる。そこで、算定の前提とされた財務諸表や計算書類の正
確性が表明保証の対象とされることが多い。
(i)　「計算書類」と「財務諸表」
　計算書類とは、会社法上、貸借対照表、損益計算書、株主資本等変動計

算書および個別注記表を総称するものとして定義された用語である（会社法435条2項、会社計算規則59条1項）。これらの計算書類は、会社の規模等にかかわらずすべての株式会社において作成される最も基礎的な書類であるため、株式譲渡契約における表明保証の対象とされることが多い。

また、対象会社が有価証券報告書を提出している場合には、計算書類に代えて財務諸表が表明保証の対象とされることもある。「財務諸表」とは、金融商品取引法に基づき作成される財務計算に関する書類であり、貸借対照表、損益計算書、株主資本等変動計算書およびキャッシュ・フロー計算書を意味する（財務諸表等規則1条1項）。計算書類と類似するが、根拠法令が異なり、有価証券報告書提出会社においてのみ作成される点や、キャッシュ・フロー計算書を含む点で、計算書類とは異なる（注記については、各書類に含まれるものと整理されており、実質的な違いはない）。

(ii)　対象となる計算書類等の範囲

表明保証の対象となる計算書類・財務諸表の範囲は、取引によってさまざまである。基本的な発想としては、取引の当事者が対象会社の企業価値・株式価値の算定にあたって参照した範囲の計算書類・財務諸表を表明保証の対象とすることが考えられる。

　ア　単体か連結か

計算書類や財務諸表は、いずれも単体ベースのものであるが、これらに対応する連結ベースの書類として、連結計算書類（会社法444条）や連結財務諸表（連結財務諸表規則1条1項）が作成される場合もある。この場合には、これらの連結ベース（あるいは、連結ベースと単体ベースの双方）の書類が表明保証の対象とされることが多い。他方で、連結ベースの書類が作成されていない場合でも、株式譲渡取引における企業価値・株式価値の算定にあたっては、子会社の計算書類等がその前提とされることが通常である。この場合には、対象会社の単体の計算書類等に加えて、子会社の計算書類等も表明保証の対象とされることがある。

　イ　対象期間

表明保証の対象としては、まずは、最終事業年度（決算が確定した事業年度のうち最終のもの）における計算書類等が考えられる。法定の手続を経て最終的に確定したものであり、一般に信頼性が高いと考えられるからである。また、直近のもののみならず、過去数年度（たとえば3事業年度）

94 第2部 株式譲渡契約

の計算書類等が表明保証の対象とされる場合もある。なお、これらの計算
書類等について、「監査済みの」計算書類等という表現が用いられる場合
が多いが、これは一般に、公認会計士または監査法人（会社法上の会計監
査人または金融商品取引法上の監査人）による会計監査が行われていること
を示すものと理解されており、対象会社の計算書類等についてそのような
監査が行われていない場合には（監査役による会社法上の監査が行われてい
る場合であっても）、「監査済み」という表現は用いられないことが多い。

　最終事業年度の末日からクロージングまでに長い期間が空く場合には、
その期間に係る中間的な財務書類も企業価値・株式価値の算定にあたって
参照される場合がある。この場合には、最終事業年度における計算書類等
に追加して、半期や四半期の計算書類等も表明保証の対象とすることが考
えられる。さらに、月次の業績を示す書類（月次精算表等）が企業価値・
株式価値の算定基礎とされている場合には、それらを表明保証の対象に加
えることもある。売主としては、特にこれらの中間的な財務書類について
は、その作成にあたり法定の手続を経ていないものであることもふまえ、
表明保証を行うに足りるだけの正確性が担保されているかどうか、慎重に
確認する必要がある。

⒤　表明保証の内容

　計算書類等については、まず、対象会社グループに適用される「一般に
公正妥当と認められる企業会計の基準」（Generally Accepted Accounting
Principles；GAAP）に準拠していることが表明保証の対象とされる。この
点について、GAAP を「継続的に」適用して作成されている旨の文言が付
されることもある。GAAP に従った会計処理には一定の幅がありえ、その
いずれを採用するかによって結果として計上される数値に差異が生じるこ
とがあるところ、対象期間の途中で会計処理の原則が変更されれば、複数
の計算書類等の間での比較可能性が担保されず、企業価値・株式価値の正
確な評価に困難をきたす可能性があるからである。

　なお、連結財務諸表や連結計算書類は、日本基準に代えて、国際会計基
準（IFRS）等に従って作成することが認められている場合もある（連結財
務諸表規則1条の2、会社計算規則120条等）。この場合に、「一般に公正妥当
と認められる企業会計の基準」に準拠していると整理することができるか
どうかは、必ずしも明らかではないため、対象となる連結の計算書類等が

日本基準以外の会計基準に従って作成されている場合には、当該会計基準がGAAPに含まれる旨、明記しておくことも考えられる。

上記のほか、計算書類等の記載内容の正確性・適正性が表明保証の対象とされることが一般である。この点について、売主からは、重要性による限定を付すよう求める場合もあるが、企業価値・株式価値の評価の基礎となる重要な情報であることもふまえ、買主は限定に応じないことも多い。

以上に加えて、計算書類等が対象会社グループの適法な会計帳簿と一致していることも、あわせて表明保証の対象とされることがある。このような表明保証は、会計帳簿の正確性に関する表明保証とあいまって、対象会社グループの会計実務全般の適正性を担保する意義を有しうる。

(2) 簿外債務の不存在

計算書類等に関する表明保証とあわせて、直近の計算書類等に記載されていない債務（簿外債務）が存在しないことを表明保証の対象とすることが多い。最終事業年度の計算書類等の作成基準日以降に債務が発生することもあるし、作成基準日時点で存在していても、GAAP上記載が求められておらず計算書類等には記載されていない債務もありうるところ、これらが顕在化すれば、対象会社グループの企業価値・株式価値に悪影響が生じる可能性があるからである。対象となる簿外債務の範囲は（上記のとおりGAAP上記載が求められないものもあるため）予測困難な面が否定できず、買主としては、より広く対象に含めるため、「潜在債務、保証債務、偶発債務及び不法行為責任から生じる債務を含む。」等と明記するよう求めることもある。また、法的な意味で「債務」として成立しているといえるかどうかにかかわらず、将来、債務として顕在化しうるもの（たとえば確定給付年金の引当不足）は広く表明保証の対象に含む旨を定めることもある。

他方、上記のとおり簿外債務の範囲は広くなりうるため、売主としては、一定の限定を希望することが多い。たとえば、表明保証の対象となる直近の計算書類等の作成基準日以降に通常の業務の過程において発生した債務については、表明保証の対象から除外することが考えられる。これに対して、買主からは、そのような債務であっても重大な悪影響（MAC）を生じる場合には表明保証の対象に含めるべき旨の主張がなされることもある。その他、売主としては、対象となる簿外債務を、GAAPにおいて計上・注

記を要する債務に限定するよう求めること等も考えられる。

このように、簿外債務の範囲から除外される債務の範囲については、個別事案の状況に応じて慎重な検討および交渉が行われることが多い。

なお、保証債務については、貸借対照表の注記に記載されることが通常であるが、保証契約以外にも、対象会社グループに保証と同様または類似の効果を生じさせる契約（損失補填契約等）が存しうる。これらをカバーするため、第三者の債務を負担・保証する契約や、第三者の損害を補填・担保する契約の不存在については、簿外債務の不存在に係る表明保証とあわせて特に明示的な規定が置かれることもある。

(3) 重要な変更の不存在

直近の貸借対照表の作成基準日以降における重要な変更の不存在が表明保証の対象とされることもある。買主からすれば、対象会社グループの企業価値・株式価値に悪影響を及ぼす事情変更は債務の発生に限らないため、簿外債務の不存在とは別に、重要な変更の不存在についても表明保証の対象とすることには意義がある。具体的には、MAC（**第5章Ⅱ9**）の不存在という結果のみを定める場合もあれば、重要な影響を生じるような事象（たとえば、主要取引先からの取引終了通知等）を特定し、そのような事象の不存在を定める場合もある。

直近の貸借対照表の作成基準日までに生じている事項は、基本的に貸借対照表に反映されていると考えられるため、重要な変更の不存在に係る表明保証は、それ以降の期間を対象とすることが通例的である。このうち契約締結日からクロージング日までの期間について、売主としては、契約締結後に重要な変更が生じた場合に表明保証違反に基づく補償責任を負うことを避けるため、重要な変更の不存在に係る表明保証の対象は契約締結日までとすることを求めることもある。買主は、これに応じる場合には、契約締結後に重要な変更が生じないようにするための別途の手当てとして、MACの不存在を前提条件とすること（**第5章Ⅱ9**）や、一定の行為を買主の同意なく行うことの禁止（ネガティブ・コベナンツ）、通常業務の範囲内での業務遂行義務といった誓約事項（**第7章Ⅲ1**）を定めるよう求めることが考えられる。

(4) 会計帳簿の正確性

　会社法上、株式会社は、適時に正確な会計帳簿を作成し、一定期間、これを保存しなければならない（会社法432条）。会計帳簿は、このような会社法の規定を遵守するために必要となるほか、計算書類等の作成の基礎となるものであることから、計算書類の正確性を担保する観点から、会計帳簿の正確性も表明保証の対象とされることがある。

　これに対して、売主からは、計算書類等の正確性に関する表明保証に違反がなければ、その作成の基礎となった会計帳簿に不正確な点があったとしても買主を害することはないはずであり、会計帳簿の正確性を別途表明保証する必要はないとの主張がなされることもある。また、正確性について、「重要な点において」等重要性による限定を付すよう求めることもある。

4　法令遵守

(7)（法令等の遵守）
　(i)　対象会社グループは、現在及び過去○年間において、法令等及び司法・行政機関等の判断等に違反しておらず、そのおそれもなく、かつ、かかる違反について、司法・行政機関等又はその他の第三者からクレーム等、指導、通知、命令、勧告又は調査を受けていない。
　(ii)　対象会社グループは、その事業を行うために必要な許認可等を全て適法かつ適正に取得又は履践しており、かかる許認可等の条件及び要件に違反しておらず、そのおそれもない。対象会社グループは、かかる許認可等について本件株式譲渡に際して表明保証の時点までに必要となる手続を、全て適法かつ適正に取得し又は履践済みである。さらに、かかる許認可等が対象会社グループに不利益に変更され、停止され、無効となり、取り消され、又はその更新が拒絶されることとなる事由又は事象（本件株式譲渡により生じる事由又は事象を含む。）は存せず、そのおそれもない。

（関連定義）
　・　「許認可等」とは、法令等により要求される司法・行政機関等による又は司法・行政機関等に対する許可、認可、免許、承認、同意、登録、届出、報告その他これらに類する行為又は手続をいう。

98　第2部　株式譲渡契約

- 「司法・行政機関等」とは、国内外の裁判所、仲裁人、仲裁機関、監督官庁その他の司法機関・行政機関、地方公共団体及び金融商品取引所その他の自主規制機関をいう。
- 「司法・行政機関等の判断等」とは、司法・行政機関等の判決、決定、命令、裁判上の和解、免許、許可、認可、通達、行政指導、勧告その他の判断をいう。
- 「法令等」とは、国内外の条約、法律、政令、通達、規則、命令、条例、ガイドライン、金融商品取引所その他の自主規制機関の規則その他の規制をいう。

(1)　法令等の遵守

(i)　概要

買収の対象会社が法令等に違反している場合、その是正のためのコスト等により対象会社の企業価値・株式価値に悪影響がありうるほか、買主自身のレピュテーションの悪化等、重大な影響が生じる可能性がある。そこで、対象会社グループによる法令等の遵守が表明保証の対象とされることが多い。

他の個別分野（たとえば人事労務、税務、環境等）の表明保証においても、その分野に関する法令等の遵守が規定されることが少なくないが、対象会社の企業価値・株式価値に影響しうるすべての法令等を具体的に特定することは困難であるため、キャッチオールの規定として、一般的な法令等の遵守に関する表明保証を定めることに意義がある。他方、一般的な法令等の遵守に関する表明保証に重要性の限定等が付される場合（(ii)）にも、個別分野における法令等の遵守を別に定めることで、当該分野については重要性の限定等を付さないものとする取扱いが可能となる。以上の点で、一般的な法令等の遵守と個別分野における法令等の遵守を別項目で重ねて規定することには一定の意義があるといえる。

(ii)　表明保証の内容

買主から見れば、かかる表明保証との関係では、「法令等」の定義は広い方が望ましい。そこで、条約や条例を含めることが考えられるほか、規制当局によるガイドラインや自主規制機関（金融商品取引所等）の規則といった、厳密には「法令」に含まれないような規制も広く含む旨の定義と

することが考えられる。さらに、「法令等」に加えて、「司法・行政機関等の判断等」の遵守も表明保証の対象とされることがある。また、特に、対象会社グループに外国会社が含まれる場合や、外国で事業が営まれている場合等には、外国の法令等や司法・行政機関等の判断等も含まれる旨を明示することも考えられる。最近では特に、米国の海外腐敗行為防止法（FCPA）や英国の贈賄防止法（UKBA）をはじめとする贈収賄関連法規や、不正競争防止法・独占禁止法等を明示する例もある。

　法令等や司法・行政機関等の判断等については、現在違反が治癒されていても、過去に違反があれば、罰金等の制裁が科せられる可能性が残るほか、レピュテーション上のリスクは解消しない可能性がある。そこで、現在に加えて過去の一定期間も表明保証の対象とされることがある。加えて、将来の違反のリスクに対応するため、違反となるおそれのある事由が生じていないことも、あわせて表明保証の対象とされることもある。また、違反のおそれの客観的な徴表がないことを確認するものとして、司法・行政機関等からの勧告、指導等がないことも表明保証の対象とされることもある。

　一般的な法令等や司法・行政機関等の判断等の遵守は、上記のとおりキャッチオールの性質を有するため、その適用対象が広くなりうる。そこで、売主からは、「重要な点において」等重要性による限定や、「売主の知る限り」等売主の主観に着目した限定を付すよう求めることがある。

(2)　許認可等

　対象会社グループの事業が規制業種（金融、医薬、通信等）である場合には、その事業遂行に関して許認可等が必要となることが多い。また、それ以外の業種であっても、輸出入に関する届出、工場における有資格者の確保等、一般的な許認可等を要することが少なくない。対象会社グループがその事業に必要な許認可等を得ていない場合には、当該事業の遂行を継続することができなくなる可能性があり、対象会社の企業価値・株式価値に悪影響が生じうるほか、買主のレピュテーションを害する可能性もある。そこで、必要な許認可等の取得・履践が表明保証の対象とされることが多い。

　また、許認可等については、条件や要件が付されていることがあり、そ

100 第2部 株式譲渡契約

れらに違反する場合には、許認可等の効力が失われることもある。そこで、このような事態が生じない（また、そのおそれもない）こともあわせて表明保証の対象とされることがある。

さらに、現時点では必要な許認可等が取得・履践されている場合でも、将来的に当該許認可等の不利益変更、停止、失効、取消しまたは更新拒絶といった事由が生じれば、同様に事業の継続が困難となる可能性がある。特に、支配権の異動（チェンジ・オブ・コントロール）が生じた場合に許認可等の効力が失われる旨の条件が付されている場合には、株式譲渡によって許認可等の効力が失われるおそれがある。買主としては、そのようなリスクに対応するため、これらの事由が生じるおそれがないことを表明保証の対象とするよう求めることも考えられる。

5 資産

(1) 概括的な定め方

> 対象会社グループは、その事業を行うために現在使用又は保有している資産及びその事業をクロージング後も現行の態様にて継続して行うために必要となる資産を、適法かつ有効に保有又は使用する権限を有している。当該資産について、その価値に悪影響を及ぼす可能性のある事由若しくは事象（軽微なものを除く。）、又は、対象会社グループによる現行の態様での使用を制限し若しくはその支障となる事由若しくは事象（軽微なものを除く。）は存しない。対象会社グループが保有している資産について、負担等は存しない。
>
> （関連定義）
> ・ 「負担等」とは、第三者の質権、抵当権、先取特権、留置権その他の担保権（譲渡担保及び所有権留保を含む。）、所有権、賃借権、地上権、地役権、使用借権、実施権その他の使用権、売買の予約、譲渡の約束若しくは譲渡の禁止、差押え、仮差押え、差止命令、仮処分若しくは滞納処分その他使用、譲渡、収益その他の権利行使を制限する一切の負担又は制約をいう。

資産といっても、不動産、動産、債権、知的財産権等種類もさまざまであり、またその使用形態もさまざまである。表明保証を検討するに際しては、対象会社グループがいかなる資産を保有しているか、そのうち重要な資産は何かという観点から、重点的に特定の資産について表明保証を求め

第6章　表明および保証　101

るかを検討することとなる。

　上記は、資産があまり重要ではない会社が対象会社の場合等に、比較的簡易な形で資産に関する表明保証を求める例である。使用する権限を有するとは、使用している資産について、所有している、借りている（賃借・使用貸借）、知的財産権であればライセンスを受けていることをいい、いずれかの形式で現時点で使用権限があればよいという形で表明保証を行うものである。

　これに加えて、所有する資産について、担保権が付されていないことについても表明保証を求めることが多い。

　「負担等」とは、広く定義される場合は、担保権（抵当権、質権、譲渡担保権、先取特権、留置権）だけでなく、第三者に対する使用権（賃借権、地上権、地役権、使用借権、所有権に基づく囲繞地通行権、知的財産権に関する専用実施権、通常実施権）の設定、強制執行（差押え、仮差押え、滞納処分）、オプションの設定（コールオプション、先買権）、その他所有者による使用、議決権、譲渡、収益その他の権利の制限等が含まれることがある。もっとも、対象会社の業態によっては、特に使用権の設定についてすべて摘示することが難しい場合もあろう。

　負担等に、担保権が含まれることは通常である。もっとも、たとえば雇用関係がある債権者がいる限り必ずその有するすべての資産について生じる一般先取特権（民法306条以下）や、動産や不動産の売買を行えば通常生じる動産先取特権（民法311条）、不動産先取特権（民法325条）および留置権（民法295条）のような法定担保権については、当然に生じるものとして「負担等」から除外することがある。なお、法定担保権を明示的に負担等から除外していなくとも、法定担保権が存在することをもって表明保証違反とされることは多くないであろう。

　負担等が存しないという表明保証の対象となる資産に、対象会社が賃借しているものが含まれることもある。しかし、賃借権について担保権が付されていないことの表明保証はできても、賃借権は譲渡が自由にできないことが通常なので（民法612条1項）、負担等の定義が広範に及ぶ場合は賃借権について負担等がない旨の表明保証の対象とすることが必ずしも適切でないこともある点、留意が必要である。

102 第2部 株式譲渡契約

(2) 不動産

---

(8) （不動産）

　対象会社グループは、別紙5.1.2-(9)-A に記載された全ての不動産（以下「本件所有不動産」という。）につき、有効かつ対抗要件を備えた所有権を有している。対象会社グループは、別紙5.1.2-(9)-B に記載された不動産（以下「本件賃借不動産」という。）につき、有効かつ対抗要件を備えた賃借権を有している。対象会社グループがその事業を行うために現在使用又は所有している不動産及びその事業をクロージング後も現行の態様にて継続して行うために必要となる不動産は、本件所有不動産及び本件賃借不動産以外に存しない。本件所有不動産及び本件賃借不動産に係る賃借権について、負担等は存しない。本件所有不動産又は本件賃借不動産に瑕疵（軽微なものを除く。）又はその修補に多額の費用を要するおそれがある事由又は事象は存しない。本件所有不動産の建築、開発、所有又は使用に関し、法令等は遵守されている。

　不動産が対象会社グループの重要な資産を形成していることは少なくない。不動産が重要な資産を形成している場合には、所有している不動産および賃借している不動産について、別紙で列挙することもある。ただし、対象会社グループが非常に多くの不動産を所有・賃借している場合には、これを列挙させることは多大な負担となることもあるため、避ける必要がある場合も少なくない。このような場合は、単にその事業をクロージング後も継続して行うために使用する必要がある不動産を使用する権限を有することのみを表明保証する場合のほか、所有する不動産については、たとえば貸借対照表に反映されている不動産を所有していることを表明保証する場合等がある。

　また、土地については、法令等により利用が制限されている場合がある。たとえば都市計画法により住居地域、商業地域、工業地域等に指定されその建ぺい率等が制限されており、文化財が埋蔵されていれば工事が制限されることがある。このような制限は当然に存在するため、必ずしも「負担等」によって上記のような制限がないことまで表明保証として確保されているとはいいがたい場合もある。買主としてこのような点もリスクであると考えるのであれば、別途、表明保証を設ける必要がある場合もあろう。たとえば、個別の不動産について物件概要書を売主に作成させ、この内容について表明保証を求めること等が考えられる。

第6章　表明および保証　103

　建物については、いわゆる既存不適格、すなわち、建築時には適法に建てられた建築物であって、その後、法令の改正等によって現行法に対して不適格な部分（現時点で同じ建物が建てられたならば不適法な建築物となる部分）が生じた建築物であることがある。たとえば、耐震基準については何度か改正がなされ厳格化しているため、過去に建てられた建物については現在の基準を充たさないものがある。このような建物は適法に建てられてはいるので、建築について法令を遵守しており、また必ずしも瑕疵があるとはいえないことが多い。もっとも、買主としては、建物の価値が下がる要因となるためこのような事象をとらえておきたいと考えることもある。これに対応するため、たとえば耐震基準については、昭和56年に建築基準法改正で導入された新耐震設計法基準（建築基準法20条1項に定める基準）を充たすことの表明保証を求めることがある。

　また、建物については、買主より、堅牢であること、多額の費用を必要とする修繕を要しないなど、その状態について表明保証を求めることがある。他方で、売主からはその基準があいまいであること等を理由に表明保証を限定するよう求めることがある。

　なお、不動産については土壌汚染等環境も問題となるが、環境については**10**を参照されたい。

（3）　知的財産権

(9)　（知的財産権）
　対象会社グループは、その事業を行うために現在利用している知的財産権等及びその事業をクロージング後も現行の態様にて継続して行うために必要な知的財産権等（以下「本件知的財産権等」という。）の全てについて、適法かつ有効に保有しているか、又は実施の許諾を得ている。実施の許諾を得た本件知的財産権等の実施許諾に関する契約に基づく制約及び法令等に基づき当然に課されるものを除き、本件知的財産権等について負担等は存しない。現在及び過去〇年間において、対象会社グループは、第三者の知的財産権を侵害していない。本件知的財産権等につき、第三者による侵害の事実は存せず、登録の無効、取消し若しくは権利制限を求め又は効力、権利の帰属若しくは使用権限を争う手続は開始されておらず、そのおそれもない。対象会社グループは、本件知的財産権等に関し、対象会社グループの役職員（過去の

役職員を含む。）に対して、職務発明の奨励金その他の経済上の利益を提供する義務を負っていない。

（関連定義）
・ 「知的財産権等」とは、特許権、実用新案権、意匠権、商標権、著作権（未登録のものを含む。）その他の知的財産権（その出願権及び登録申請に係る権利を含む。）、ノウハウ、ドメインネーム、コンピュータプログラム、これらに類似する権利、顧客情報、営業秘密その他の秘密情報その他一切の無形資産をいう。

　知的財産権は、対象会社によっては非常に重要な資産であることがある。たとえば製造業では特許権が、映画製作に従事する会社では著作権が会社の価値の大きな部分を占めることがある。そのような対象会社については、資産のなかでも独立して知的財産権の表明保証を設けることが少なくない。
　表明保証の対象となる「知的財産権等」には、法律で定められている特許権、実用新案権、意匠権、商標権および著作権だけではなく、不正競争防止法に基づき営業秘密として保護される範囲を超えるノウハウや、ドメインネーム、コンピュータプログラム等も含めることがある。他方、売主としては、表明保証の対象が広がりすぎないようある程度限定した内容とすることを求めることがある。
　知的財産権も、これを有するか、または第三者よりライセンスを受けてこれを利用する権限を有することが、表明保証の重要なポイントとなる。利用する権限をすべて有しているということは、他方で、第三者の知的財産権を侵害していないことも意味する。
　もっとも、対象会社によっては、競合他社どうしで類似の知的財産権を有しているため、お互いに他社の知的財産権を侵害している可能性があり、クロスライセンス契約を締結すべく交渉をしているが、いまだ締結には至れていないという状況にあるというケースも少なくない。このような場合、知的財産権の侵害は多額の損害賠償を求められる原因となるため、買主としては侵害していないことの表明保証を求めることになるが、売主としては第三者の知的財産権を侵害していないとはいえない等、悩ましい問題を生じさせることがある。

また、対象会社ではなくその親会社である売主が他の競合他社との間でクロスライセンス契約を締結しており、対象会社はその子会社として売主のクロスライセンス契約に基づくライセンスを受けているような場合、株式譲渡の後には対象会社がライセンスを受けられなくなることもある。このような状況については、株式譲渡契約の履行が契約の債務不履行事由等を構成しない旨の契約に関する表明保証で対応をすることも考えられるが、親会社によるクロスライセンス契約は必ずしも対象会社が締結している契約ではなく、形式的には表明保証の対象となっていないこともある点に留意が必要である。

特許権について、役職員がその性質上使用者の業務範囲に属し、かつ、その発明をするに至った行為がその使用者における役職員の現在または過去の職務に属する発明について特許を受けた場合、就業規則等により使用者である会社に特許を受ける権利を取得させることができる。しかし、このような職務発明については、役職員に対して相当の利益を与える必要がある（特許法35条）。そこで、対象会社が職務発明について役職員から追加的な対価を求められないこと等が表明保証の対象となることがある。

(4) 動産（機械設備等）

(10) （動産）
　対象会社グループは、その会計帳簿に計上されている機械設備その他の動産を、負担等なく、適法かつ有効に所有しており、対抗要件を具備している。対象会社グループは、その使用する機械設備その他の動産を、負担等なく、適法かつ有効に使用する権限を有している。対象会社グループがその事業をクロージング後も現行の態様にて継続して行うために使用する必要がある機械設備その他の動産は、通常の損耗を除き、多額の費用を要する修理を必要とせず、通常の業務過程において支障なく稼動しているか、現行の態様での使用に適した状態である。

動産は、不動産と比べると資産としての重要性が低く、独立して表明保証の対象となることは必ずしも多くはない。しかし、高度な機器を使用する製造業等、対象会社の事業によっては、機械設備が重要性を有するため、これについて個別に表明保証として取り上げ、特に使用に適した状態にあ

106　第2部　株式譲渡契約

ること（故障等がないこと）について表明保証を求めることがある。

　他方、売主の立場からすれば、資産の状態についての表明保証は不明確
である等の理由により、削除またはその範囲を限定的にするよう求めるこ
とになる。

(5) 動産（在庫）

⑾　（在庫）
　対象会社グループが所有する在庫は、通常の業務過程において、その目的
に応じて使用可能な状態にあり、完成品については販売可能な状態である。
対象会社グループにおける在庫の量は過剰ではなく、クロージング後に現行
の態様にて対象会社グループが事業を継続するために合理的な量である。

　動産のうち在庫についても、不動産に比べれば資産としての重要性は低
く、独立して表明保証の対象となることは必ずしも多くはない。しかし、
小売業等、対象会社の事業によっては、在庫が重要性を有することがあり、
在庫について個別に表明保証として取り上げることがある。在庫について
は、すでに古くなっており市場で販売できないにもかかわらず、いまだ在
庫として所有しているものはないか、過剰な在庫を抱えている状態にない
か等について表明保証を求めることとなる。

　他方、売主としては、表明保証の内容が不明確である等の理由により、
削除するまたはその範囲を限定的にするよう求めることになる。

(6) 債権

⑿　（債権）
　(ⅰ)　対象会社グループは、その会計帳簿に計上されている債権（以下「本
　　件債権」という。）について、負担等なく、適法かつ有効に有しており、
　　対抗要件を具備している。
　(ⅱ)　通常の業務過程において生じるものを除き、本件債権について、無効、
　　取消し、解除、相殺、時効消滅、利息制限法を含む法令等の違反、本件
　　債権の権利実行を制限する契約等その他本件債権の全部若しくは一部を
　　消滅させ、又はその行使を制限し若しくは履行を拒むいかなる法律上の
　　抗弁の原因となる事実も存しない。

第6章　表明および保証　107

> (ⅲ)　対象会社グループの有する売掛債権は、対象計算書類に計上されている引当金を除き、全て回収可能である。

　株式譲渡契約のなかで、債権について特に資産として取り上げて表明保証を求めることは必ずしも多くはないが、債権が特に重要な資産を構成するような場合等には、債権について表明保証を求めることがある。債権については、相殺により消滅すること等、抗弁が付着していることもあるため、このような事項について表明保証を求めることになる。

　そのほか、買主からは、売掛債権について、貸倒引当金が積まれている金額を除き、一定期間内に回収可能であることにつき表明保証を求めることもある。しかし、売主からは、債権の回収可能性は債務者の事情により変化するため、回収可能であることまで表明保証を行わず、引当金が十分かは計算書類に関する表明保証においてカバーされていると主張することが考えられる。また、対象会社において計上されている債権の種別によっては、引当金はあくまで債権全体に対して割合的に計上しているにすぎず、特定の債権について個別に判定して計上をしているわけでないことが、回収可能性を表明保証の対象としない理由として主張されることがある。

6　契約等

> ⑭　(契約等)
> (ⅰ)　対象会社グループが締結している契約等は、全て適法かつ有効に締結されており、各契約当事者に対して法的拘束力を有し、その条項に従い執行可能である。当該契約等について、対象会社グループ又は相手方当事者による債務不履行事由等は生じておらず、そのおそれもない。
> (ⅱ)　本件要承諾契約を除き、本契約の締結及び履行は、対象会社グループが締結している契約等について債務不履行事由等を構成するものではなく、また、そのおそれもない。
> (ⅲ)　対象会社グループと別紙5.1.2-⑭-(ⅲ)に掲げる主要取引先との取引関係は、クロージング日後も現行の態様で継続する見込みであり、取引の中止又は対象会社グループに不利益な取引条件の変更は見込まれていない。
> (ⅳ)　対象会社グループは、第三者との間で、(a)競業の禁止、独占販売権の設定、事業領域の制限その他対象会社グループがその事業を遂行するこ

108　第2部　株式譲渡契約

とを実質的に禁止若しくは制限する規定、(b)最恵国待遇、最低購入義務その他対象会社グループがその事業に関して取引の相手方を有利に取り扱うことを義務付ける規定、(c)対象会社グループが第三者のオプションその他の権利の行使に応じて特定の財産を購入する義務、第三者に対する出資義務その他第三者に対して債務（通常の業務遂行の範囲において生じるものを除く。）を負うこととなる規定、又は(d)その他対象会社グループの事業遂行に重大な悪影響を及ぼすおそれのある規定を含む契約等を締結していない。

（関連定義）
- 「クレーム等」とは、クレーム、異議、不服及び苦情をいう。
- 「契約等」とは、契約、合意、約束又は取り決め（書面か口頭か、また、明示か黙示かを問わない。）をいう。
- 「債務不履行事由等」とは、対象となる契約等に係る解除、解約、取消し、無効若しくは終了の原因となる事由、期限の利益喪失事由若しくは債務不履行事由、又は、当該契約等の相手方による通知、時間の経過若しくはその双方によりこれらの事由に該当することとなる事由をいう。

(1) 概要

　対象会社グループが締結している契約は、事業の基礎をなすものであり、企業価値の源泉であることから、その適法性・有効性等やその遵守状況に問題が生じれば、従前どおりの事業遂行が困難となり、対象会社の企業価値・株式価値に悪影響が生じうる。対象会社グループが不利な契約を締結している場合や、株式譲渡に伴って契約が解約される可能性がある場合も同様である。そこで、対象会社グループが締結している契約について、さまざまな表明保証が規定されることがある。

　表明保証の対象となる契約の範囲については、口頭の合意や黙示の合意も含む旨を定めることが多い（これを「契約等」と定義することもあり、以下ではこの用語を用いる）。また、対象会社グループが締結しているすべての契約等を対象とする場合もあるが、売主としては、対象会社の企業価値・株式価値に影響を与える可能性のある重要な契約等に限定することを求めることもある。この場合の特定方法として、欧米の契約実務においては、具体的な契約を列挙するほか、重要な契約等に該当する個別の契約類型や

取引金額による基準を定める方法が用いられることが多い。日本においても、そのような方法が用いられることがあるが、そこまではせず、「重要」や「対象会社グループの事業遂行に不可欠」といった定性的な基準により限定することもある。

(2) 表明保証の内容

(i) 契約関係の維持

契約等については、適法性・有効性のほか、法的拘束力や執行可能性が表明保証の対象とされることが通常である。また、債務不履行事由等（当事者による債務不履行や、期限の利益喪失事由、解除・解約事由等）が生じていないことも一般的に表明保証の対象とされる。加えて、かかる債務不履行事由等が生じるおそれもないことも表明保証の対象とされることがあるが、対象会社グループ以外の契約当事者（相手方当事者）による債務不履行事由等のおそれについては、売主・対象会社グループ側では把握できない場合も多いことから、売主としては、「売主の知る限り」といった限定を付すよう求めることもある。

その他、株式譲渡取引自体が債務不履行事由等となる旨の条項（チェンジ・オブ・コントロール条項等）の不存在や、主要取引先との取引関係の維持に関する表明保証が置かれることも多い。

(ii) 事業遂行に悪影響を及ぼす契約等の不存在

契約のなかには、対象会社グループに特殊な義務や責任を課すものがある。これらの契約は、法務デュー・ディリジェンスにおける確認対象となるが、売主による表明保証においても、そのような条項の不存在が対象とされることが多い。たとえば、①対象会社グループの事業遂行を制限する規定（競業禁止、独占販売権の設定、事業領域の制限等）、②対象会社グループが取引の相手方を有利に取り扱うよう義務づける規定（最恵国待遇、最低購入義務等）、③対象会社グループが特殊な支払義務を負う規定（第三者によるプット・オプション、第三者に対する出資義務等）等があるが、対象会社グループの企業価値・株式価値に悪影響を与える規定を網羅的に列挙することは容易ではないため、「その他対象会社グループの事業遂行に重大な悪影響を及ぼす規定を含む契約等」というキャッチオールの規定が置かれることもある。

110 第2部 株式譲渡契約

7 人事労務

(1) 人事労務一般

⒂ （人事労務）

(ⅰ) 本締結日までに買主に対して開示された社内規程を除き、対象会社グループの役員又は従業員に適用される労働条件に係る契約及び規則は存しない。対象会社グループの従業員のうち、買主に対して開示済みの就業規則・賃金規程その他の社内規程以外の特殊な雇用契約を対象会社グループと締結している者は存しない。

(ⅱ) 対象会社グループは、その役員又は従業員に対する報酬又は給与、その他役員又は従業員に対して支払うべき金銭等の支払義務を全て履行済みである。また、対象会社グループの役員又は従業員について、支払いの繰延べその他の理由により未払いとなっている報酬又は給与は存せず、かつ、本件株式譲渡を理由として役員又は従業員に対して賞与その他の特別な報酬は生じない。

(ⅲ) 現在及び過去○年間において、対象会社グループは、労働関連の法令等及び社内規程を遵守しており、労働基準監督署その他の労使関係に関する監督機関によって対象会社グループに対する指導、通知、命令、勧告又は調査は存しない。また、現在及び過去○年間において、対象会社グループは、労働関連の法令等に基づき要求される手続（就業規則の作成及び労使協定の締結並びにそれらの監督官庁への届出を含む。）を適法かつ適正に履践済みである。

(ⅳ) 対象会社グループにおいては労働組合が組織されておらず、また、対象会社グループの従業員は外部の労働関連の団体活動にも関与していない。

(ⅴ) 現在及び過去○年間において、対象会社グループの従業員に関して、いかなるストライキ、ピケッティング、労働停止、労働遅延、不当解雇ないし更新拒絶・リストラ、雇用差別、セクシャルハラスメント、パワーハラスメント、マタニティハラスメントその他これらに類する労働問題も存しない。また、現在及び過去○年間において、対象会社グループと従業員との間又は従業員の相互の間には、労働紛争、労働争議を含む労働問題に関する訴訟等又はクレーム等は存せず、そのおそれもない。

(ⅵ) 現在及び過去○年間において、対象会社グループの従業員には、業務上疾病その他の労働災害（但し、本締結日までに買主に対して開示され、

> かつ対象会社グループが加入済みの保険から支払われたものを除く。）は
> 存しない。

　人事労務に関する表明保証については、対象会社の人事労務に関して、偶発債務の不存在や法令遵守等を確認するために規定される。本表明保証に関しては、主に対象会社と雇用関係にある従業員（正社員のほか、契約社員その他の臨時雇用の従業員も含まれる）を対象としていることが多いが、役員についても表明保証の対象に含めることもある。

　まず、買主としては、対象会社のクロージング後の事業運営および人件費を含むコスト見積もり等を検討するために、対象会社に属する従業員の雇用条件をきちんと確認しておきたいとの要請がある。そこで、上記モデル条項(i)のように、対象会社に属する従業員の雇用条件に関連する規則および契約は、開示済みの社内規程等のほかにはないことを確認するとともに、特殊な契約（特殊なインセンティブプラン等）を締結している従業員が存しないことを表明保証の対象とすることが考えられる。なお、対象会社と雇用関係にある従業員のほか、対象会社と業務委託契約等を締結して、対象会社の事業に関与する者が存する場合には、これらの業務委託者との間の契約関係等に関する表明保証が必要かについては、別途検討が必要である。

　また、人事労務に関して対象会社において未払いの時間外労働手当てその他の未払債務が存しないことを確認するため、上記モデル条項(ii)前文のように、対象会社が従業員に対して給料その他の支払債務をすべて履行済みであることを表明保証の対象とすることが考えられる。この点、かかる人事労務に関する未払債務の不存在は、一般の簿外債務の不存在に関する表明保証でもカバーすることができる。しかし、簿外債務の不存在に関する表明保証はキャッチオール的な役割を果たすために規定があいまいになりがちであるため、表明保証違反の該当性の解釈に関して事後に疑義が生じることを避けるために、人事労務に関する未払債務の不存在について具体的な表明保証を別途設ける意義がある。

　一方、そもそも支払時期が繰り延べられている債務（退職慰労金債務等）に関しては、対象会社は債務不履行の状況には存しないため、「支払義務を履行している」との内容の表明保証の違反とはならない。もっとも、か

かる債務の存在についても、今後の対象会社の事業運営に影響を与えることになるため、表明保証として、支払時期が繰り延べられている報酬（いわゆる deferred compensation）が存しないことを確認することがある。さらには、支配権の変動を行う取引が行われた場合には対象会社の役職員に対してボーナスが支給されるとの仕組み（いわゆるエグジット・ボーナス）が導入されている場合もあることから、これらの仕組みが存しないことも表明保証の対象とされることがある（なお、実際にエグジット・ボーナスの制度が存する場合には、表明保証からは開示別紙等でカーブアウトしたうえで、譲渡代金からの減額その他の方法によって、実質的には売主が負担することにする場合がある）。

　さらに、上記モデル条項(iii)のように、人事労務に関する法令遵守に関する特別の表明保証を設ける場合もある。上記の未払債務の場合と同様、かかる表明保証は一般的な法令遵守に関する表明保証と重複しうるが、表明保証の該当性の解釈の疑義を避け、また、ディスクロージャーを促す観点から特別な表明保証が規定されることがある。また、人事労務に関しては、労働基準法のほか労働安全衛生法等の関連法規も多いことから、当該関連法規を明記する場合もあり、また、社内規程への遵守まで表明保証の範囲を拡大する場合もある。

　これに加えて、労働法規に関する違反等は、労働基準監督署や労働局などの行政機関による勧告等を契機として発覚する場合も多い。また、最終的に法令違反が存するか明らかでない場合においても、労働基準監督署や労働局からの勧告等がなされ、これに対応すること自体でコストその他の損害が生じうる。そこで、人事労務に関する法令遵守に関する表明保証においては、法令等の遵守に加え、労働基準監督署等からの勧告または指導等がないこと（およびこれらのおそれがないこと）が表明保証に加えられることがある。

　さらに、対象会社において労働組合が存する場合には、対象会社と労働組合の間には、主として労働条件や労使協議手続に関して合意がなされていることが多い。また、労働組合との合意においては、支配権を伴う取引が生じる場合には、労働組合との事前の協議等の手続を履践する旨が定められている場合やその他の労使間の特殊な合意がなされている場合もある。そこで、労働組合の存否についても、表明保証の対象とすることがある。

第 6 章　表明および保証　113

　また、労使間の紛争については、従業員の生産性やモチベーションにも影響を与え、事業活動に直接の影響を生じさせることがある。そこで、買主の立場からは、労使紛争が存在しないことに加え、労使紛争の原因となりうる事実や慣行自体の不存在を確認するため、過去の一定期間にさかのぼってストライキ、ピケッティング、労働停止、労働遅延その他類似の労働問題がなかったことや、労使紛争や法令違反の原因となるハラスメント行為等が存しないことを表明保証対象とすることを要請することが多い。

(2)　年金・福利厚生

⒃（年金）
　別紙5.1.2-⒃記載のものを除き、対象会社グループの役員及び従業員に関する福利厚生、退職金及び年金に係る制度は存しない。対象会社グループの役員及び従業員に対して適用される福利厚生、退職金及び年金に係る制度に関して、積立不足は存しない。

　本表明保証は、主に、対象会社の役職員に対して適用される福利厚生や退職金制度等を確認したうえで、買主として、対象会社の役職員に対するクロージング後の福利厚生制度の制度設計およびコスト見積もりを行い、また、クロージング時点において年金の積立不足が損しないことを売主に表明保証させ、クロージング前の期間に相当する積立不足を、クロージング後に実質的に買主が負担するような事態を防ぐ点にある。
　この点、企業が設ける私的年金である企業年金には、確定給付企業年金、厚生年金基金、確定拠出年金、その他の私的年金等があり、そのうち日本国内において加入者数が最も多い企業年金制度は、確定給付企業年金である。確定給付企業年金は、大きく分けて、「規約型」（事業主が掛金を信託銀行等の第三者に拠出することにより、年金資産の管理・運用・年金給付を行うもの）と、「基金型」（事業主と別法人である企業年金基金が年金資産の管理・運用・給付を行うもの）に分けられる。そして、確定給付企業年金においては、いずれの場合も、事業主が掛金を負担し（基金型企業年金の場合には規約に従い事業主が基金に対し掛金を拠出する義務を負う）、かつ、加入者に対する将来の給付額があらかじめ確定しているため、掛金により形成された積立金が加入者に対する給付額に満たない場合（積立不足が生じて

いる場合）には、将来顕在化しうる債務が存するのに類似した状況となる。

すなわち、クロージング時点において、①事業主または基金が負担している退職給付債務の額が、②当該時点における積立金の金額を上回る場合には、当該差額（未積立額）は、クロージング後に対象会社が掛金拠出を通じて実質的に負担することとなる。株式譲渡の買主としては、かかる未積立額はクロージング前の債務に類似するため、かかる債務を売主に負担させる（クロージング前に積立不足を解消させる）ことを目的に、上記のように対象会社の年金に係る積立不足がないことを表明保証の対象とすることが考えられる（なお、表明保証による解決のほか、未積立金相当額を譲渡価額から減額する場合もある）。

なお、対象会社が、単独で年金制度を構築しておらず、売主のグループの企業年金の一部に含まれている場合には、対象会社の年金に関する権利義務を、売主グループから離脱させたうえで、単独または買主グループの年金制度に移行させることが必要となる。かかる年金の承継に関する条項については、**第7章Ⅳ4(2)**を参照されたい。

8　公租公課

> ⒄　（公租公課）
>
> (i)　対象会社グループは、現在及び過去において、国又は地方公共団体等に対して負担すべき法人税、住民税、事業税その他の公租公課の適法かつ正確な申告を行っており、その支払いを全て支払期限までに行っており、滞納がない。対象会社グループは、提出すべき確定申告書及びその他の公租公課に関する申告書、届出書、報告書その他課税当局に対する書類（添付書類を含む。）を適時に提出しており、かつ、かかる書類は、真実かつ正確であり、税務当局によりかかる書類に関する指摘又は調整は行われておらず、そのおそれもない。対象会社グループは、源泉徴収義務を全て適法かつ適時に履行し、源泉所得税を納付している。対象会社グループと税務当局との間で何ら紛争又は見解の相違は生じておらず、そのおそれもない。
>
> (ii)　対象会社グループは、法令等に基づき必要な健康保険、年金保険、労災保険、雇用保険その他の社会保険に加入しており、かかる社会保険に関し、適法かつ適正な申請及び届出等を行っており、また、適時に社会保険料の支払いを完了している。

(1) 税務に関する表明保証の範囲

対象会社に税金の未払いが存しないことについては、他の偶発債務と同様、取引価額等の前提となるため、表明保証の対象とすることがある。また、対象会社の過去の税務申告の正確性等に関しては、法令遵守の観点でも重要であるし、かつ、今後の税務申告の前提ともなるため、これらも表明保証の対象とすることがある。

租税に関する表明保証のドラフティングにおいては、「申告」を基準にして表明保証が規定されることも多いが、この場合に、買主として懸念すべき内容がきちんとカバーされているかについては留意が必要である。

たとえば、売主が連結納税制度を導入している場合は、連結法人税について申告納税を行うのは連結親法人のみであるため、買主としては、売主が対象会社に係る連結法人税について適正に申告および納税していることも表明保証の対象とすることを検討する必要がある（なお、地方税である住民税および事業税については、連結納税制度の対象外であり、対象会社が申告納税を行うため、いずれにせよ対象会社自身の税務申告に関する表明保証は必要となる）。また、連結納税制度から対象会社が離脱するケースにおいて、クロージング後に修正申告や増額更正処分によって対象会社の個別帰属額が増額した場合、当該増額分の処理が問題となるが、増額分の個別帰属額をいったん対象会社から売主に対して支払ったうえで、上記の表明保証違反に基づき、買主から売主に対して当該増額分の補償を要求することが考えられる。

加えて、源泉所得税については、自動確定の租税であるため、申告納税とは別に、納付義務を履行していることを表明保証の対象とすべきである。

さらに、通常、税務に関する表明保証については、すでに成立している納税義務のみを対象とすることが多いため、クロージング日の属する事業年度の開始日以降、クロージング日までに発生した取引に係る法人税、住民税、事業税等について対象会社の行った税務処理については表明保証の対象となっていない点に留意が必要である。

(2) 税務に関する表明保証違反の補償期間、損害の範囲等

税務に関する表明保証の違反については、税務当局による税務調査を契機として発覚し、損害額等も明らかとなる場合が多い。そこで、税務に関

する表明保証を理由とする補償請求については、通常の表明保証違反に基づく補償期間よりも、補償期間が長く設定されることも多い。具体的には、税目ごとに税務当局による更正等が可能な期間制限が異なるため、単に、「表明保証違反に該当する事実に関する時効の終了時点（または終了後一定期間経過後）まで」を補償期間とする場合もある。また、法人税の通常の更正等が法定申告期限から5年であり、また、「偽りその他不正」がある場合の更正等の期限が7年であることから、補償期間に関しても、5年または7年等の期間とすることが交渉される場合もある（**第8章Ⅲ**）。

　また、税務に関する表明保証違反において、損害額が一義的に算定しがたい場合もある。たとえば、「対象会社の繰越欠損金の額が一定金額を下回らない。」との表明保証が規定された場合において、税務当局の否認により実際に繰越欠損金の額が少なくなったとしても、対象会社の収入等の状況によっては、納税額自体には影響を生じさせない場合がある。この場合、ただちに損害が生じたのかが明らかではないとの主張がありうる一方、将来の納税額を減少させる効果を有するという意味での繰越欠損金の資産価値は減少したとも考えられるため（他方、繰越欠損金は会社規模等により無制限に利用できるものではないので、必ず将来の納税額を減少させられるとも限らない）、買主としては、損害額のみなし規定（たとえば、繰越欠損金の減少額に相当する損害が生じたとみなす旨の規定）を設ける等、補償条項の実効性を高める手法を検討する場合もある。

(3)　健康保険等に関する表明保証

　対象会社の従業員が加入している健康保険や社会保険等に関しても、事業主としての対象会社が届出等を適正に行っていることを確認するとともに、事業主が負担すべき保険料につき未払いがないことを確認するための表明保証が規定される場合がある。

　かかる表明保証については、「公租公課等」の一部として税務に関する表明保証とともに規定される場合もあれば、人事労務または年金に関する事項とともに規定される場合もある。

第6章 表明および保証　117

9　保険

> ⒅　（保険）
> 　対象会社グループは、同種の事業を営む他社と同水準においてその事業又は資産を対象とする損害保険を付し、かつ、これを適法かつ有効に維持している。対象会社グループが締結している保険契約について、支払時期の到来した保険料は全て支払い済みである。

　対象会社の事業においては、不動産・動産等の資産に対して火災保険や運送保険を付保することが通常であり、これらは不動産・動産等が滅失等した場合には、代替的な価値を有するものである。また、PL保険等の賠償責任保険に関しても、対象会社の事業リスクを低減するものとして機能する。

　買主としては、対象会社の資産および事業に関するリスク管理の観点から、保険に関する特別の表明保証を要求する場合がある。具体的には、①対象会社において一般的な業界慣行等に照らして、対象会社が購入している保険契約の内容・範囲が十分であること、②対象会社が締結済みの保険契約が有効に存続しており、債務不履行事由や解除事由が生じていないこと（保険料の未払いがないことを含む）、③過去に保険料を請求したような保険事故が発生していないこと、等が表明保証の対象として議論される。

　なお、対象会社が売主グループのアンブレラ保険に加入しているような場合には、売主グループからの離脱に際して、かかる保険から離脱せざるをえない場合がある。このような場合には、売主の立場からは、クロージング日における保険に関する表明保証を行うことができないことに留意が必要である。

10　環境

> ⒆　（環境）
> 　対象会社グループが所有、占有又は使用する資産に関して、適用される全ての環境関連の法令等（廃棄物、土壌汚染及び水質汚濁に関するものを含む。）が遵守されており、かつ、適用ある環境基準が満たされている。対象会社グループは、司法・行政機関等又はその他の第三者から環境に関するクレー

118　第2部　株式譲渡契約

ム等、指導、通知、命令、勧告又は調査を受けておらず、そのおそれもない。

(1)　環境関連法令

　環境問題に関しては、その発見が必ずしも容易ではない一方、発覚した場合には改善等に関してコストがかかることが多いことから、環境保護に関する関心が高まっているとの社会情勢もあいまって、交渉上の重要なポイントとなることが多い。

(2)　環境デュー・ディリジェンス

　M&Aのデュー・ディリジェンスにおいては、対象会社が工場を運営している場合等においては、買主としては、クロージング日後に当該工場に関する環境問題が発覚した場合には、重大な債務が顕在化する可能性があり、また是正措置等の履行によって工場の運営方法自体にも影響を与える可能性があるため、クロージング前に環境リスクについて確認したいとの強いインセンティブが存する。そこで、デュー・ディリジェンスにおいては、いわゆるフェーズ I 調査（当該土地の使用履歴等から環境リスクを判定する調査）が行われることがしばしば存する。さらに、買主としては、土地の掘削調査等を含むフェーズ II 調査を行うことを売主に対して要求する可能性もある。しかしながら、フェーズ II 調査は一般的に数か月間の期間を要し、また、掘削等によるサンプル調査を伴い対象会社の事業運営に影響を与える可能性があるため、売主としては、フェーズ II 調査を行うことは避けたいとの意向を有することが多い。さらに、売主としては、フェーズ II 調査を行ったうえで万が一重大な環境問題が発見された場合には、自らまたは対象会社をしてこれを是正する法的または道義的な責任が生じうる一方、M&A取引自体は買主により中止されたりまたは大幅な取引価額の減額を招く可能性があるため、一般論として、フェーズ II 調査の実施は売主に不利益に作用することがある。

　以上のように、環境問題は重要な潜在債務や事業上のリスクに発展しうる問題であるものの、その存否がデュー・ディリジェンスの過程では明らかにはならないことも多いため、表明保証による売主および買主のリスク分担が重大な交渉ポイントとなることが多い。

　なお、土壌汚染その他の環境問題がすでに明らかになっている場合には、

認識済みの問題として特別補償（**第8章Ⅶ**）により解決されることもある。

(3) 環境に関する表明保証

　環境に関する表明保証としては、大要、①環境法令および環境基準の遵守、②環境に関する司法・行政機関等からの指導、命令、勧告もしくは調査（またはこれらの原因事実）の不存在、③環境に関する第三者からのクレームもしくは訴訟等（またはこれらの原因事実）の不存在、④規制物質や危険物質の使用もしくは流出の不存在、および、⑤PCB（ポリ塩化ビフェニル）廃棄物等の個別法に対応する事項が挙げられる。

　このうち、①環境法令および環境基準の遵守に関しては、買主の立場からは、環境法令においては、基準超過によりただちに是正措置等の義務または法令違反が生じるわけではない点に留意する必要がある。たとえば、土壌汚染対策法においては、基準を超過した場合にただちに措置義務が生じるわけではなく（したがって、措置義務を実施していないことが土壌汚染対策法の違反とはならない）、都道府県知事による措置命令等が出されてはじめて措置義務が生じることとなる。そこで、汚染の不存在および将来的な措置義務の不存在を確認するための表明保証としては、単に法令の遵守だけでは足りず、さらに環境基準の遵守についても表明保証の対象とすることが必要である。一方、売主の立場からは、「環境基準」のなかには、遵守すべき基準と目標の基準の双方が含まれるため、特に後者の基準の遵守については表明保証の対象とはならないことを明確化することについて検討を行う必要がある。

　買主の立場からは、環境法令および環境基準の遵守に加えて、規制物資または危険物質による汚染がないことを明示的に確認するために、対象会社がこれらの物質を一切使用または流出していないことを表明保証の対象に含めるように要求する場合もある。これに対して、売主の立場からは、対象会社の事業運営から「一切使用していない」との表明保証はそもそも応諾できない場合も考えられ、また、少なくとも、対象会社の事業内容に応じて「規制物質」または「危険物質」の範囲を明確化する必要があると主張することが考えられる。

　さらに、上記⑤のように、個別の規制に対応した表明保証が設けられる場合もある。たとえば、PCBに関して、ポリ塩化ビフェニル廃棄物の適

120 第2部 株式譲渡契約

正な処理の推進に関する特別措置法により一定期間内に廃棄が義務づけられており、かかる廃棄に費用がかかることから、このような費用が生じないことを確認するための表明保証が特に規定される場合がある。

● PCB に関する表明保証の例

> 対象会社グループが所有、占有又は使用する資産に関して、ポリ塩化ビフェニル廃棄物の適正な処理の推進に関する特別措置法その他の法令等に基づき、対象会社が処分その他の措置を行うための費用等を負担する原因は存しない。

　また、アスベストに関しても、その廃棄に関して、廃棄物の処理及び清掃に関する法律（廃棄物処理法）に基づき環境省が指定した方法に遵守する必要があり、これによるコスト負担が生じることになる。また、建物取壊し時にアスベストの使用の有無の調査が必要であり、かつ、アスベストが使用されている建築物または工作物の解体等の作業を行うときは、大気汚染防止法に基づく届出およびアスベスト飛散防止のための作業基準の遵守のほか、労働安全衛生法や廃棄物処理法等の遵守も必要となるため、過去にアスベストの使用履歴がないこと等を表明保証の対象とする場合がある。

11　紛争

> ⑳　（紛争）
> 　対象会社グループについて訴訟等は係属しておらず、訴訟等が対象会社グループに対して提起されるおそれもなく、また、対象会社グループが第三者に対して提起することを予定している訴訟等も存しない。対象会社グループは、通常の業務過程において発生するクレーム等を除き、第三者よりクレーム等を受けておらず、そのおそれもない。

　訴訟等の紛争については、すでに存在が認識され、引当金が計上されている場合には財務諸表において一定のリスクが反映されているものの、紛争に対応するための弁護士等の費用や紛争の結果の賠償金等が、財務諸表に反映されていない潜在債務となりうる。また、訴訟等の紛争の存在によ

り対象会社のレピュテーションや事業運営の方法に悪影響を与え、対象会社の事業に悪影響を与えるおそれがある。

かかる観点から、一般的に、対象会社において訴訟等の紛争が存在しないことが表明保証の対象とされる。さらに、買主の立場からは、クロージング時点に訴訟等の紛争が顕在化していない場合であっても、クロージング前の事業運営によりクロージング後に紛争が生じた場合には、これに対する防御費用や損害賠償等を売主に負担させるべく、訴訟等の紛争の「おそれがない」ことも表明保証の対象とすることを主張することがある。また、同様に、潜在的紛争の不存在を確認するため、買主は、第三者からのクレーム等が契約締結日およびクロージング日に存在しないことを表明保証の対象とすることを要求する場合がある。

なお、株式譲渡契約の締結日時点ですでに係属中の訴訟等が存する場合には、開示別紙に記載することにより上記の表明保証の対象からは除外したうえで、別途、特別補償の対象とされる場合がある（**第8章Ⅶ**）。

12　関連当事者取引等

（1）　関連当事者取引

⑵⑴　（関連当事者取引）
　対象会社グループと売主又はその子会社若しくは関連会社との間の債権債務、取引（一方が他方のためにする第三者への保証又は担保提供を含む。）又は契約等は、別紙5.1.2-⑵⑴に記載されたもの及び本件関連契約を除き、存しない。また、別紙5.1.2-⑵⑴に記載された取引又は契約等は、クロージング日までに対象会社グループに何らの金銭的支出を要せずに終了しており、クロージング日時点において、当該取引又は契約等に関して対象会社グループは何らの債務も負担していない。

契約締結日後またはクロージング後に対象会社から売主に対するキャッシュ・アウトがなされる場合、これらのキャッシュ・アウトを織り込んだうえで取引対価が設定されていなければ、実質的には売主に対して追加で取引対価を支払うに等しい状況となりうる。買主にとって想定外のキャッシュ・アウトが売主に対してなされ、または想定外の債務を対象会社が売主に対して負担しているというような事態を防ぐことを目的として、売主関係者との取引の不存在に関する表明保証が置かれる。

122　第2部　株式譲渡契約

　なお、売主関係者と対象会社の間で通常業務での取引が存する場合があり、この場合には、当該取引の継続を前提として、取引条件が独立当事者間の契約条件となっていること（すなわち、対象会社の親会社である売主に有利な条件となっていないこと）を表明保証として規定することがある。

(2)　アドバイザリーフィー

> ⑵⑵　（アドバイザリーフィー等の不存在）
> 　本件株式譲渡に関連して、対象会社グループは、売主又は対象会社グループのために行動するブローカー又はアドバイザーについて、フィーその他の支払義務を負担しておらず、そのおそれもない。

　M&Aの協議・交渉等においては、売主および買主の双方が弁護士やフィナンシャル・アドバイザー等の専門家を起用することがあり、また、場合によっては、対象会社も売主とは別にこれらの専門家を起用することがある。

　株式譲渡契約においては、通常は、契約締結等に係る費用は各当事者がそれぞれ負担することとされている（**第10章Ⅳ6**）。一方、売主がかかる売主側の専門家費用を対象会社に負担することを求める場合があり、このような場合には、買主としては当該費用を取引対価から減額する必要がある。そこで、売主側の専門家費用を対象会社が負担していないこと（仮に負担する場合には、これを開示別紙にて特定したうえで取引対価から減額することが考えられる）を確認するために、当該費用負担の不存在の表明保証が規定される。

　さらに、対象会社が独自に専門家を起用している場合にも、いわゆるトランザクション・コストとして対象会社からキャッシュ・アウトが生じることとなる。買主は、取引対価の算定の前提として、かかるコストの存否および金額を確認する必要があるため、売主の専門家費用と同様に、対象会社の専門家費用についても表明保証の対象とされることがある。

(3)　情報開示

> ⑵⑶　（情報開示）

買主又はそのアドバイザーに、売主又は対象会社グループから直接又は間接に提供された情報は、重要な点において、全て真実かつ正確であり、虚偽や誤りは存せず、また、不正確な事実又は誤解を生じさせるような情報を含んでおらず、かつ、重要な誤解を生じさせないようにするために必要となる情報で未開示のものは存しない。売主は、本契約の内容に関して買主の判断に重要な影響を及ぼす可能性のある情報を、買主又はそのアドバイザーに対して全て開示している。

　買主は、デュー・ディリジェンス等において売主から開示された情報が真実かつ正確であることを前提として、取引の検討を行い、対象会社の価値評価を行うことが通常であるところ、かかる評価・検討の前提に誤りがないことを担保するため、開示情報の真実性・正確性に係る表明保証が規定されることが多い。売主としては、デュー・ディリジェンス等においては、大量の情報を買主に開示することになるため、そのすべてについて真実性・正確性を表明保証することは困難であるとして、表明保証の対象とする情報の範囲（たとえば、インタビュー等において口頭で開示した情報は除き、書面によりバーチャルデータルームに開示された情報に限定することが考えられる）または真実性・正確性の程度について、重要性等による限定を付すことを要求するべきである。また、売主が対象会社の経営に深く関与していないような場合には、開示情報の真実性・正確性について判断することができないことを理由として、情報開示に関する表明保証は受け入れられないとの主張がなされることもある。

　また、そもそも重要な情報のすべてが買主に対して開示されていなければ、買主において正しい評価・検討を行うことができないため、対象会社の財務状態、経営成績、キャッシュ・フロー、事業、資産・負債、将来の収益計画等に重要な影響を与える可能性のある情報、または買主の投資判断に重要な影響を及ぼす可能性のある情報がすべて開示されていることについての表明保証が規定されることもある。一般に「情報開示の完全性」の表明保証と呼ばれるものである。売主としては、どの情報がこのような情報に該当するかは明確ではないことを理由に、かかる表明保証の削除を求めたり、内容を限定して、売主において該当すると考える情報はすべて開示しており、意図的に隠蔽していないことについて表明保証すること等が考えられる。

124 第2部 株式譲渡契約

情報開示に関する表明保証は、各項目の個別の表明保証においてカバーされていない事項について、キャッチオール的にカバーする効果があり、契約締結後に紛争が生じたときに問題となりやすい規定であることから、契約交渉に際して重要な論点の1つとなることが多い。

Ⅲ　買主に関する事項

1　買主の基本的事項

⑴　（設立及び存続）
　買主は、日本法に基づき適法かつ有効に設立され、かつ有効に存続する株式会社であり、現在行っている事業を行うために必要な権限及び権能を有している。

⑵　（本契約の締結及び履行）
　買主は、本契約を適法かつ有効に締結し、これを履行するために必要な権限及び権能を有している。買主による本契約の締結及び履行は、その目的の範囲内の行為であり、買主は、本契約の締結及び履行に関し、法令等及び買主の定款その他の社内規則において必要とされる手続を全て履践している。

⑶　（強制執行可能性）
　本契約は、買主により適法かつ有効に締結されており、売主により適法かつ有効に締結された場合には、買主の適法、有効かつ法的拘束力のある義務を構成し、かつ、かかる義務は、本契約の各条項に従い、買主に対して執行可能である。

⑷　（法令等との抵触の不存在）
　買主による本契約の締結及び履行は、(ⅰ)買主に適用ある法令等に違反するものではなく、(ⅱ)買主の定款その他の社内規則に違反するものではなく、(ⅲ)買主が当事者となっている契約等について、債務不履行事由等を構成するものではなく、かつ、(ⅳ)買主に対する司法・行政機関等の判断等に違反するものではない。

第6章　表明および保証　125

(5)　（許認可等の取得）

　買主は、本契約の締結及び履行のために必要とされる許認可等を、全て法令等の規定に従い、適法かつ適正に取得し又は履践済みである。

(6)　（反社会的勢力）

　買主は、反社会的勢力ではない。買主と反社会的勢力との間に、直接又は間接を問わず、取引、金銭の支払い、便益の供与その他の関係又は交流はない。買主において、反社会的勢力に属する者が役員又は従業員として任用又は雇用されている事実はない。

　買主に関する表明保証としては、設立および存続（本章Ⅱ1(1)参照）、契約の締結および履行（本章Ⅱ1(2)参照）、強制執行可能性（本章Ⅱ1(3)参照）、法令等との抵触の不存在（本章Ⅱ1(4)参照）、許認可等の取得（本章Ⅱ1(5)参照）、および反社会的勢力（本章Ⅱ1(7)参照）について、売主の表明保証と実質的に同じ内容が規定されることが一般的である。

　買主については、法令等との抵触の不存在または許認可等の取得の表明保証に関し、株式の譲受けについて届出や許可の取得等を必要とする法令等が存在する場合も多い。たとえば、買主は、独占禁止法や海外の競争法に基づき、クリアランスの取得や待機期間の経過が必要な場合があり、また、買主が日本の非居住者である場合等には、外為法に基づき、対内直接投資に係る事前届出および待機期間の経過が必要となる場合等がある。また、対象会社が銀行や保険会社等の場合には、買主が一定の割合以上の株式を取得する際は、事前に当局の認可等を受けなければならないことがある（銀行法52条の9、保険業法271条の10）。このような届出や許可の取得は、株式譲渡契約の締結時点においては完了しておらず、クロージング日までに実施することが予定されている場合も多いことから、そのような場合は、クロージング日までに必要な届出、許可等については、クロージング日においてのみ表明保証する（契約締結日においては表明保証しない）ように限定を付す必要がある。また、外為法に基づく資本取引の届出等、クロージング日後に事後的に届出が必要とされる場合もあることから、表明保証の対象をクロージングまでに必要な事項に限定することが望ましい。

2 資金調達

> (7) （資金調達）
> 買主は、本契約に基づく義務（本件譲渡価額の支払義務を含む。）を履行
> し、本件株式譲渡を完了するに足る十分な資金を有している。

　この表明保証は、主として、買主が、株式の譲受対価を支払う資金を有
していることを確認するものである。買主において買収資金を借入れによ
り調達する場合においては、株式譲渡契約の締結の時点においては、借入
れが実行されておらず買主が資金を有していないこともあるため、そのよ
うな場合、買主としては表明保証の時点を限定する（契約締結時を表明保
証の対象から除外する）必要がある。

　他方、売主としては、契約の締結時点において取引の実現可能性を確保
しておくことが望ましいことから、契約締結時点において、買主が金融機
関との間で譲渡価額の支払いに必要となる金額以上の金銭消費貸借契約を
締結していること、金銭消費貸借契約を締結していないとしても、金融機
関からコミットメント・レターを取得していること等について表明保証を
求めることがある。これに加えて、金銭消費貸借契約に基づく借入れの実
行やコミットメント・レターに基づく金銭消費貸借契約の締結の障害とな
る事由（金銭消費貸借契約またはコミットメント・レターに規定される借入実
行の前提条件を充たさないこととなる事由を含む）が存しないことについて
表明保証を求めることもある。

第7章　誓約事項

I　誓約事項の意義・機能

　誓約事項とは、買収に付随・関連して、各当事者が、相手方当事者に対して一定の行為をすることまたはしないことを約する合意である。これは、英米法系の契約において用いられるコベナンツ（covenants）の概念を日本の実務に導入したものであるが、その法的性質としては、契約上の当事者の（株式譲渡契約の主たる義務である株式の売買に係る義務以外の付随的な）義務であると考えるのが一般的である。

　このように誓約事項を契約上の付随義務と解する場合、その違反があった場合には、株式譲渡契約に補償条項が定められていなくても、民法の規定に基づき債務不履行責任（民法415条）を追及することが可能であると考えられる（補償条項の意義については、**第8章 I** 参照）。また、誓約事項の違反に基づく補償について、民法上の債務不履行責任と同様に、「債務者の責めに帰すべき事由」（同条第2文（なお、平成29年民法改正により、履行不能以外の債務不履行についても債務者の責めに帰することのできない事由による場合の免責が認められること、および債務者において、債務不履行が債務者の責めに帰することができない事由によるものであることを主張立証する必要があることについて明確化される（改正後民法415条1項ただし書）））がなければ、補償義務が生じないということにならないかが問題となるが、株式譲渡契約においては、私的自治の原則に基づきリスク分担の観点でさまざまな合意がなされており、当事者の意図するところから離れて、誓約事項の違反に過失を要するか否かを一義的に論ずることは妥当ではないと考えられる。

　クロージング前の誓約事項は、①譲渡価額やその他の契約条件の前提となった対象会社に関する状況を確保・創出すること、②取引実行のために

必要な行為がなされることを確認すること（譲渡制限会社における譲渡承認、許認可の取得等）を目的とする。①については、表明保証と共通する機能を有するものであるが、表明保証は、特定の時点（一般的には契約締結日およびクロージング日）における対象会社の状況を確認するものであるのに対し、誓約事項は、契約締結日からクロージング日までの期間を埋めるための合意として機能する点が異なる。株式譲渡契約書の作成に際しては、かかる表明保証および誓約事項の機能を理解し、両者が有機的に機能するように留意する必要がある。

　また、クロージング前の誓約事項は、通常、その違反がないこと（重要性の限定が付される場合が多い）が取引実行の前提条件となり、また、その違反が契約の解除事由（重要性の限定が付される場合が多い）となり、各規定があいまって、違反していない当事者に取引を中止する権利が付与されることになる。さらに、上記のとおり、クロージング前の誓約事項に違反した場合、補償条項に基づく補償の対象となる。

　クロージング後の誓約事項については、条項によって機能がさまざまであり、その詳細は本章Ⅳで後述する。

Ⅱ　努力義務の意義

　ある事項について、それを実施する当事者が、当該事項の実現を自ら完全にコントロールすることができない場合、当該事項の実施を当該当事者の努力義務として規定することが多い。たとえば、当局からの許認可の取得や、いわゆるチェンジ・オブ・コントロール条項が規定された契約の相手方当事者からの同意の取得については、契約当事者以外の第三者の行為によって結果が左右されるため、努力義務として規定されることが多い（これらの実現が前提条件として規定される場合はある。**第5章Ⅰ1参照**）。

　努力義務については、どの程度のことを行えば義務が履行されたことになるのかは必ずしも明らかではない。また、「最大限の努力」、「合理的な努力」、「商業上合理的な努力」、「誠実に努力」等さまざまなレベルの努力義務が規定されることがあるが、規定の仕方によって当事者の義務の内容にどの程度の差異が生じるかについて判断を示した裁判例は存在せず、その内容は明確ではない。実務上は、ある事項を実現するために、合理的に

必要な範囲を超えて経済的な支出を伴う行為、長時間を要する行為等を行う義務を負うかという点が特に問題となるが、「最大限の努力」をすると規定した場合、そのような行為を含めて行うことのできることはすべて行う旨の義務であると解釈される可能性も否定できないため、義務を負う当事者（売主である場合が多い）は、「合理的な努力」、「商業上合理的な努力」等の限定を付すことが望ましい。さらに、そのような限定を付したとしても、義務の内容が完全に明確になるわけではないため、「最大限の努力」や「合理的な努力」について定義規定を設ける場合もある。

　また、努力義務については、その内容が抽象的であるため、法的拘束力または強制執行力が認められないという議論もありうる（株主間契約に定められた上場協力義務につき、その内容が特定されていないこと等を理由に法的拘束力を否定した例として、東京地判平成25年2月15日判タ1412号228頁参照）。もっとも、個別の条項ごとに検討する必要はあるが、当事者が誓約事項として規定した以上、規定の内容、規定が設けられた趣旨等から実施すべき行為が合理的に明らかな場合には、法的拘束力または強制執行力は認められるべきである。少なくとも、努力義務が規定されているにもかかわらず、何らの行為も行われていない場合（たとえば、契約相手方の同意取得に係る努力義務が規定されている場合に、当該契約相手方に接触すらしていない場合等）には、努力義務の違反が認められる可能性が高いと考えられる。

Ⅲ　クロージング前の誓約事項

1　対象会社の運営に関する義務

第6.1条（対象会社グループの運営）
1．売主は、本締結日からクロージングまでの間、善良な管理者の注意をもって、対象会社グループをして、対象会社グループにおいて本締結日以前に行われていたのと実質的に同一かつ通常の業務の範囲において、その業務の執行並びに財産の管理及び運営を行わせるものとする。
2．売主は、前項の定めに従うほか、本締結日からクロージングまでの間、対象会社グループをして、本契約において別途明示的に予定されている行

為を行う場合及び買主の事前の書面による承諾を得た場合を除き、以下の各号に掲げる行為又はその決定を行わせないものとする。

(1) 定款、取締役会規程その他の重要な社内規程の制定、変更又は廃止

(2) 株式等の発行、処分又は付与

(3) 組織変更（会社法第5編第1章に定める組織変更をいう。）、合併、株式交換、株式移転、会社分割、事業の全部又は一部の譲渡又は譲受け、子会社の異動を伴う株式又は持分の譲渡又は譲受けその他これらに準ずる行為

(4) 自己株式の買受けその他の一切の取得

(5) 株式の分割若しくは併合又は株式若しくは新株予約権の無償割当て

(6) 株式の譲渡による取得の承認

(7) 剰余金の配当その他の処分

(8) 資本金の額又は準備金の額の増加又は減少

(9) 解散、清算又は倒産手続等の開始の申立て

(10) 事業計画又は予算の決定又は変更

(11) 新規事業の開始、既存事業の縮小、撤退又は重要な変更

(12) 事業所、支店又は店舗の開設又は廃止

(13) 会計方針の変更

(14) 1件あたりの金額が○円以上の資産の取得、売却、賃貸、賃借、担保設定その他の処分又は設備投資

(15) 1件あたりの金額が○円以上の貸付け、出資又は寄付

(16) 借入れ、社債の発行その他の資金調達行為又はこれらに関する条件の変更

(17) 保証、債務引受け、経営指導念書の差入れその他これらに準ずる債務負担行為又はそれらに関する条件の変更

(18) 1件あたりの取引金額が○円以上又は年間の取引金額が○円以上の契約等の締結、変更、修正、解約、解除又は終了

(19) 資本提携又は業務提携

(20) 通常の業務の範囲を超える売掛債権及び買掛債務の支払サイトの変更その他の取引条件の変更

(21) 役員又は重要な従業員の選任若しくは解任又は異動

(22) 役員又は従業員の賃金又は報酬の増額その他任用・雇用条件の重要な変更

(23) 役員に対する退職慰労金の支払い

(24) 訴訟等の提起若しくは手続の開始、和解その他判決によらない終了又

第 7 章　誓約事項　131

　は重要な方針の決定

　買主は、デュー・ディリジェンス等により把握した対象会社の状況を前提として、対象会社の株式価値の評価を行い、売主との間で譲渡価額を合意して株式譲渡契約を締結する。対象会社の運営に関する義務は、契約締結日からクロージングまでの間に、かかる譲渡価額の前提となった対象会社の状況を確保するための規定である。具体的には、対象会社において、契約の締結後に剰余金の配当等によりキャッシュの流出が生じたり、事業上重要な資産の第三者への譲渡や重大な債務負担の合意がなされたような場合、譲渡価額の前提が崩れてしまうため、売主において、対象会社にそのような行為を行わせないようにすることが一般的である。したがって、対象会社の運営に関する義務は、契約締結日とクロージング日の両時点で同じ内容について行う表明保証やクロージング日時点の対象会社の財務状況に基づき行う譲渡価額のクロージング調整と類似の機能を有する。

　対象会社の運営についての売主の義務として、対象会社をして、①善管注意義務をもって、②契約締結日以前と実質的に同一であって、③通常の業務の範囲内において、業務の執行および財産の管理・運営を行わせる旨の規定が置かれることが多い。①の善管注意義務は、売主の属する階層、地位、職業等において一般に要求されるだけの注意をもって、対象会社を管理する義務であると考えられる（特定物の引渡しの場合の注意義務に関する民法400条参照）。したがって、対象会社の取締役の会社に対する善管注意義務とは、一致しない場合もありうると考えられる。②および③については、日本においてはこれらに関する裁判例も存在しないため、その意味は必ずしも明確ではなく、「通常の業務」について定義規定が設けられることもある。

● 「通常の業務」の定義の例

　「通常の業務」とは、対象会社グループ各社において、日常的に行われている通常の業務であって、その時点から過去〇年間に行われていたのと実質的に同一の業務をいう。

　これに加えて、モデル条項の2項各号のように具体的な禁止事項を列挙

132 第2部 株式譲渡契約

して規定する場合も多い。このような、クロージングまでに対象会社が買主の同意なく行うことが禁止される事項を定める条項を、一般に「ネガティブ・コベナンツ」と呼ぶ。

これに対し、売主としては、何らかの事由によりクロージングが行われない可能性があることもふまえ、通常業務に支障が生じることを避けるため、一定の禁止事項について金額基準を設定したり（たとえば、5000万円以下の資産の取得については、買主の同意なく行えるようにする）、売主が買主に対して禁止事項の実施について同意を求めた場合、買主は不合理に同意を留保または遅滞しない旨を規定することがある。また、契約の締結からクロージングまでの間に実施することが予定されている事項（たとえば、一部の事業をカーブアウトしたうえで株式譲渡を行う場合における会社分割、株式譲渡に伴って辞任する取締役への退職慰労金の支払い等）については、あらかじめ明示的に除外しておく必要があるが、株式譲渡契約書上に規定が設けられる事項については、モデル条項のように「本契約において別途明示的に予定されている行為を行う場合を除き」等として包括的に除外されることが多く、その場合には、個別に列挙された禁止事項から明示的に除外する必要はない。

2 取引実行のために必要となる手続に関する義務

(1) 株式譲渡の承認

> 第6.2条（譲渡承認決議）
> 　売主は、クロージング日までに、対象会社をして、本件株式譲渡を承認する旨の取締役会決議を行わせるものとする。

対象会社が譲渡制限会社である場合、株式譲渡を対象会社に対抗するためには、定款の規定に従い、取締役会または株主総会の承認を得る必要がある。そのため、売主において、クロージング前に対象会社に譲渡承認決議を行わせることが一般的である。また、譲渡承認が得られていることが、買主の義務履行の前提条件となることが多い（**第5章Ⅱ4**）。

なお、判例上、売主が対象会社の株式のすべてを保有している場合には、取締役会の譲渡承認決議を得ずに行われた譲渡も対象会社に対する関係でも有効であるとされているが（最判平成5年3月30日民集47巻4号3439頁）、

実務上は、譲渡承認決議を行わせるのが通常である。

(2) 法令に基づき必要となる手続

> 第6.3条（法令等に基づく手続）
>
> 　買主は、クロージング日までに、本件株式譲渡に関して、(i)私的独占の禁止及び公正取引の確保に関する法律第10条第2項に基づく株式の取得に関する計画を公正取引委員会に届け出るものとし、(ii)本件株式譲渡の実行までに必要とされるその他の法令等上の手続が存する場合は、かかる手続を完了するものとし、(iii)それらの手続に待機期間が存在する場合は当該待機期間がクロージング日までに満了するよう最大限努力する。かかる手続に要する費用は買主の負担とする。

　株式譲渡に際し、法令に基づき官庁の許可の取得や届出を行うことが必要とされる場合や待機期間が定められている場合がある。上記モデル条項は、日本における独占禁止法による届出が必要となり、その他には法令に基づき必要となる手続が具体的には明らかになっていない場合の一般的な規定例である。

　(i) 独占禁止法

　買主が属する企業結合集団による対象会社に対する議決権の保有比率が20％または50％を超えることとなる株式譲渡であって、以下の届出要件のいずれも充たすものについては、買主は、公正取引委員会に対して株式の取得に関する計画を事前に届け出る必要がある（独占禁止法10条2項）。なお、「企業結合集団」とは、独占禁止法上の親会社・子会社の関係が認められる会社からなる集団である。

　① 買主が属する企業結合集団の国内売上高合計額が200億円を超えていること

　② 対象会社が属する企業結合集団の国内売上高合計額が50億円を超えていること

　届出を行った買主は、公正取引委員会の届出受理の日から30日を経過するまでの間、株式譲渡を実行することができない（独占禁止法10条8項本文）。ただし、公正取引委員会は、必要があると認める場合にはかかる待機期間を短縮することができることとされている（同項ただし書）。

　公正取引委員会は、待機期間内に、届出の対象となる株式譲渡について、

①独占禁止法上問題がないと判断するか、②より詳細な審査が必要であるとして、必要な報告、情報または資料の提出（以下、本項において「報告等」という）の要請（独占禁止法10条9項）を行うか（いわゆる「第2次審査」）、いずれかの対応をとるのが通常である。①の場合、公正取引委員会は、届出者に対し、排除措置命令を行わない旨の通知（企業結合届出規則9条）を行う。②の場合、公正取引委員会は、原則として、届出受理の日から120日を経過した日とすべての報告等を受理した日から90日を経過した日のいずれか遅い方の日までの期間、第2次審査を行うことができる。

　第2次審査において独占禁止法上問題がないと判断されれば、排除措置命令を行わない旨の通知が行われる。他方、問題があると判断される場合には、独占禁止法第8章第2節の規定に基づき意見聴取手続が行われる。

　独占禁止法上問題がある取引においては、取引の当事者において、当該問題を解消できるような措置（いわゆる「問題解消措置」。公正取引委員会が公表している「企業結合審査の手続に関する対応方針」4項においては、問題解消措置とは、「企業結合が一定の取引分野における競争を実質的に制限することとなる場合に、届出会社が一定の適切な措置を講じることにより、その問題を解消できるような措置をいう。」とされている）を実施することにより、株式譲渡が実行されることもある。ただし、問題解消措置の原則は、競争法上問題となる事業の第三者への譲渡等の構造的措置であり、問題解消措置の内容によっては、取引を行う意味が損なわれてしまうことになる。

　また、買主や対象会社のグループにおいて海外での売上げがある場合、日本以外の国においても、競争法に基づき届出等を行い、競争法上の問題がある場合には、問題解消措置を実施しなければならない場合がある。このような独占禁止法または海外の競争法に基づく手続は、株式譲渡のスケジュールに大きな影響を与える可能性があるため（たとえば、中国において届出が必要となる場合、クリアランス（取引実行について、競争法その他の法令等に基づき、承認の取得や待機期間の経過が必要となる場合において、承認取得、待機期間経過等により取引を実行することができる状態になることを、実務上クリアランスを得る等という）を得るまでに数か月を要することも少なくない）、株式譲渡を検討する際には、早い段階で届出の要否および競争法上の問題の有無について検討を行い、届出前に準備を行っておく必要がある。

第7章　誓約事項　135

　このように、株式譲渡を行うに際しては、競争法に関する一定の手続を行う必要がある可能性があることから、株式譲渡契約において、競争法上のクリアランスに係るリスクを売主と買主に分担させるための規定が置かれる場合がある。

　　ア　前提条件

　まず、株式譲渡に際して、独占禁止法その他の競争法に基づく許認可の取得または待機期間の経過が必要となる場合には、かかる許認可の取得または待機期間の経過が株式譲渡に係る義務の前提条件として規定されることが通常である（詳細については、**第5章Ⅱ3**参照）。

　　イ　クリアランスの取得に向けた努力義務

　買主において、独占禁止法その他の競争法に基づく届出等を行い、クリアランスの取得に向けた努力義務が規定されることがある。海外においても複数の国において届出等を行う必要がある案件では、届出等を行う必要のある国を列挙して、各国の手続を実施する義務が規定される場合もある。

　独占禁止法その他の競争法に基づく届出は、財務情報や市場シェアに関する情報等の対象会社に関する情報を記載する必要があるため、実務上、買主のみで届出を行うことは難しいことから、届出に関する売主の協力義務が規定されることもある。なお、国によっては、買主と売主が共同で届出等を行うことが必要となる場合もある。

　買主としては、本章Ⅱのとおり、努力義務の内容として何を行う必要があるのかについては明確ではないため、競争法上の問題がある場合に、買主において問題解消措置を実施することまで必要とされることのないように努力義務の内容を明確にしておくことが考えられる。

●買主の努力義務・売主の協力義務の例

第6.3条（法令等に基づく手続）
1．買主は、本契約の締結後実務上可能な限りすみやかに、本件株式譲渡に関してクロージング前に必要となる許認可等を取得又は履践し、待機期間がある場合には、当該待機期間を経過させ、かつ、排除措置命令等がとられないよう商業上合理的な範囲で努力するものとする。但し、買主は、当該許認可等を取得又は履践し、当該待機期間を経過させ、かつ、排除措置命令等がとられないために、買主並びに買主の子会社及び関連会社の資産、

持分又は事業の譲渡又は処分その他競争法上の問題を解消するための措置
を行う義務を負わないものとする。
2. 売主は、対象会社グループをして、買主による前項に定める義務の履行
に関し、合理的な範囲で必要な協力を行わせるものとする。

　他方、売主としては、株式譲渡契約の締結後に競争法上のクリアランス
を取得できないことが原因で株式譲渡が実行されないことになることを回
避するため、買主においてクリアランスの取得のために必要となるあらゆ
ることを実施する義務を規定することが考えられる（ヘル・オア・ハイウ
ォーター（hell or high water）条項といわれることがある）。かかる義務は、
競争法上の問題があり、問題解消措置の実施が必要となる場合には、どの
ような内容であったとしても買主においてそれを実施することを求めるも
のであるが、買主としては、問題解消措置を実施することになれば、その
こと自体により経済的な負担が生じるだけではなく、当初想定していた株
式取得による事業上の効果も得られないことになる可能性があるため、買
主にとって負担の大きい規定である。そのため、実務上は、入札案件等の
売主側に強い交渉力がある案件を除き、ヘル・オア・ハイウォーター条項
が合意されることは多くない。また、そのような無制限の義務を負うこと
ができない場合に、問題解消措置を実施する義務の範囲を明確に規定する
こともある（たとえば、一定の金額以上の価値の事業の処分を行わない旨が規
定されることもある）。

● クリアランス取得のために必要となるあらゆることを行う義務の例

2. 買主は、司法・行政機関等（公正取引委員会を含む。）から本件株式譲渡
に関連して適用ある法令等に係る問題点に関する指摘、指導、要請又は命
令等がなされた場合、クロージング日までに、当該問題点を解消し、本件
株式譲渡を実行するために必要となる一切の措置又は手段（公正取引委員
会が公表した平成23年6月14日付企業結合審査の手続に関する対応方針
（その後の改定を含む。）に定める問題解消措置その他国内外における類似
又は同種の措置を含む。）を講じるものとする。なお、かかる措置又は手段
に関連する費用は、全て買主の負担とする。

　ウ　リバース・ブレイクアップ・フィー等の違約金
　株式譲渡契約の締結を公表した後に譲渡が実行されない場合に生じる対

象会社の事業への悪影響を補填するため、競争法上のクリアランスを取得することができないことを理由に株式譲渡が実行されなかった場合に、買主が売主に対して違約金（リバース・ブレイクアップ・フィー）を支払う旨が規定されることがある。このようなリバース・ブレイクアップ・フィーの合意は、買主に対して、クリアランスの取得に向けて誠実に行動するインセンティブを与えるものである。日本においては、実務上、競争法上のクリアランスが得られないことを支払事由とするリバース・ブレイクアップ・フィーが規定されることは多くないが、米国においては、きわめて高額なリバース・ブレイクアップ・フィーの合意がなされることもある。

　また、日本の実務上は規定される例は少ないと思われるが、米国等においては、買主に対し、競争法上のクリアランスを可能な限り早期に取得し、クロージングをすみやかに実施するためのインセンティブを与えるため、契約締結後一定期間の経過後からクリアランスを取得するまでの期間について、買主が、時間の経過に応じて定まる違約金（たとえば、1日あたり○○円等）を支払う旨の規定（ティッキング・フィー）が設けられる場合もある。

エ　公正取引委員会等への対応に関する義務

　競争法上の問題がある可能性のある事案においては、公正取引委員会その他の競争法当局に対してどのようにアプローチするかが、取引実行の成否に重大な影響を与える場合がある。そのため、売主および買主が相互に情報を共有し、共通理解のもとで手続を進めることが望ましい場合があり、下記モデル条項3項は、そのような場合を想定した規定となっている。

　もっとも、価格情報、顧客情報等の競争上センシティブな情報については、ガン・ジャンピングの問題から相手方に対して共有することができないため、各当事者が合理的にセンシティブ情報に該当すると判断した情報については、相手方に対して提供しないことができるようにしておく必要がある。センシティブ情報については、競争法に関して助言を行う外部の弁護士に対してのみ提供し、当該弁護士は、当事者に対してセンシティブ情報を提供してはならない旨を規定する場合もある。

138 第2部 株式譲渡契約

●当局対応に関する規定の例

> 3. 買主は、第1項に従い司法・行政機関等に対して届出等を行おうとする場合、法令等に基づき許容される範囲において、その○営業日前までに、売主に対して当該届出等に係る書類その他の情報を提供し、当該届出等の実施後すみやかに、当該届出等の写しを交付するものとする。また、売主及び買主は、法令等に基づき許容される範囲において、本件株式譲渡に関して司法・行政機関等との間で協議を行う場合には、事前にその旨を相手方に通知し、当該協議の場に同席する機会を与えるものとし、また、司法・行政機関等との間で書面による通知又は連絡を行う場合には、事前に相手方に対して当該書面の内容を通知し、合理的な検討期間を与え、かつ、司法・行政機関等から書面による通知又は連絡を受領した場合には、すみやかに相手方に対して当該通知又は連絡の写しを交付するものとする。

　オ　費用に関する合意

　競争法上の届出の要否および問題の有無・解消に関する検討は、売主と買主の双方において行う必要があるため、かかる検討を行うための弁護士を売主と買主が共同で選定し、費用を折半することもある。また、米国において届出を行う必要がある場合には、届出費用が高額となる場合があり、かかる費用についても、売主と買主が共同で負担する旨を定めることもある。なお、日本の独占禁止法においては、買主が届出主体とされているため、買主が費用を負担することとされている場合が多い。

　(ii)　外為法

　海外の会社が日本の会社を買収する場合等のクロスボーダー取引の事案においては、株式譲渡に際して、外為法に基づく手続を実施する必要が生じる場合がある。

　外為法は、外国投資家（外為法26条1項）が、非上場会社の株式を外国投資家以外の者から取得する場合、または上場会社等の発行済株式総数の10％以上を所有することとなる株式取得を行う場合等は、対内直接投資等（同条2項）に該当し、対象会社が国の安全等の観点から定められた一定の業種に係る事業を行っているときは、外国投資家は、財務大臣および事業所管大臣に対して事前に届出を行わなければならず、原則として、届出受理日から30日間は当該届出に係る対内直接投資等を行ってはならないこととされている。ただし、財務大臣および事業所管大臣は、かかる待機期

間を短縮することができ、実務上は、短縮される場合が少なくない。財務大臣および事業所管大臣が、国の安全等に係る対内直接投資等（外為法27条3項）に該当しないかどうかを審査する必要があると認めるときは、待機期間が4か月（最長5か月）まで延長されることがある。なお、対内直接投資等については、事後報告が必要となるものもある。

　また、平成29年10月1日に改正外為法が施行され、外国投資家が他の外国投資家から国の安全を損なう事態を生ずるおそれが大きい業種として定められた一定の業種に係る非上場株式を譲受けにより取得する場合、特定取得（外為法26条3項）として、財務大臣および事業所管大臣に対する事前届出ならびに原則30日間の待機期間その他上記対内直接投資等に係る手続と類似の手続が適用される（外為法28条）。

　このように、外為法上の手続が必要となる場合には、かかる手続の履践に係る買主の義務が規定されることがある。

　(iii)　その他

　上記のほかにも、対象会社の業種によっては、株式の取得について、規制法令に基づき監督当局の事前の承認等が必要となる場合がある。たとえば、対象会社が銀行の場合、株式の取得により銀行の主要株主基準値（総株主の議決権の100分の20（財務諸表等規則8条6項2号イからホまでに掲げる要件に該当する者が当該会社の議決権の保有者である場合にあっては、100分の15））以上の数の議決権の保有者となるときには、事前に金融庁長官の認可を得る必要がある（銀行法52条の9）。また、保険会社についても、同様の規制がある（保険業法271条の10）。

(3)　契約に基づき必要となる手続

第6.4条（本件要承諾契約に係る承諾の取得等）
1．売主は、対象会社グループをして、クロージング日までに、本件要承諾契約の規定に従って本件要承諾契約の各相手方から、対象会社グループに追加的な負担をさせることなく、本件株式譲渡の実行後も当該契約を従前どおりの条件で継続させることについての書面による承諾を取得させるよう最大限努力するものとする。
2．売主は、対象会社グループが当事者となっている第三者との間の契約等について、本件株式譲渡に関して相手方への事前の通知が必要となる契約

等がある場合、対象会社グループをして、クロージング日までに、当該契約等の規定に従って当該通知を適式に行わせるものとする。

　対象会社が締結している契約において、株主の変更や経営体制の重要な変更が禁止事由、解除事由または期限の利益喪失事由として規定されている場合（いわゆるチェンジ・オブ・コントロール条項）がある。デュー・ディリジェンス等において、チェンジ・オブ・コントロール条項が規定された契約が存することが判明している場合には、買主としては、当該契約の相手方から株式譲渡について事前に同意を得ておくことが望ましい。そのため、売主が、対象会社をして、クロージング日までに、かかる同意を取得させることに関する義務が規定される場合が多い。もっとも、チェンジ・オブ・コントロール条項が規定されている契約が多数存在し、すべての契約の相手方から同意を取得することが実務上困難な場合もあるため、対象となる契約の対象会社の事業における重要性、同意取得の煩雑性等を勘案し、同意取得義務の対象とする契約の範囲を限定する場合もある。

　契約の相手方が株式譲渡に同意をしてくれるか否かは、売主がコントロールすることのできない事由であるため、同意取得という結果に係る義務ではなく、同意取得に向けた努力義務として規定されることが多い。その場合、買主としては、同意が得られずに契約の債務不履行等が生じてしまうことを回避するため、一定の契約について相手方の同意を取得できていることを買主の義務の前提条件として規定することが考えられる（**第5章Ⅱ7**）。

　また、対象会社に有利な条件で締結されている契約等については、同意の取得に際して、相手方から契約条件の見直し等の要求をされることもありうることから、売主は、対象会社をして、契約条件の変更を行わず、かつ、対象会社において経済的な負担を伴うことなく、同意を取得させなければならない旨が明示的に規定されることもある。

3　対象会社の役員に関する義務

第6.5条（役員等に関する事項）
　売主は、クロージング日までに、対象会社グループをして、辞任役員から

> クロージング日をもって対象会社グループの取締役又は監査役を辞任する旨の辞任届を取得させるものとする。

　売主から対象会社に派遣されている役員がいる場合には、株式譲渡に際して、当該派遣を終了させ役員から退任させることが多い。その場合には、売主が、対象会社をして、退任する役員からクロージング前に辞任届を取得させる義務が規定される。仮にクロージング前に退任する役員から辞任届を取得することができなかったとしても、クロージング後に買主において対象会社に株主総会を開催させて当該役員を解任することは可能であるが、クロージング後の対象会社の事業の円滑な遂行に影響が生じることを回避するため、売主側にクロージング前に辞任届を取得させる義務を課し、さらに辞任届の取得を買主の義務履行の前提条件とすることが多い（**第5章Ⅱ6**）。辞任届の内容として、辞任役員が対象会社に対して報酬その他の支払請求権を有しておらず、クロージング後に対象会社から辞任役員に対する支払いが生じないことの確認文言が規定される場合があり、辞任届のフォームが株式譲渡契約書の別紙として添付されることもある。

　買主において対象会社の株式の100％を取得する場合には、買主は、対象会社の協力がなくとも、クロージング直後に自ら対象会社の株主総会決議を行うことができるが、100％を取得せず、クロージング後も対象会社に買主以外の株主が存在する場合、株主総会を開催するためには、原則として、会社法および対象会社の定款に従って株主総会の招集手続を履践する必要があるため、買主が対象会社に役員を派遣しようとしても、クロージング後、少なくとも招集に係る期間（会社法299条1項）は派遣することができない。そのため、買主としては、売主において、クロージング日までに、対象会社をして、クロージング日に買主の派遣する取締役を選任するための株主総会を開催するための手続を実施させる旨の規定を設けておくことが望ましい。

4　対象会社の事業・権利関係等に基づく義務

(1)　売主との関係解消に関する義務

　株式譲渡の実行に伴い、対象会社は、売主の子会社ではなくなることになる。そのため、売主の子会社であることに基づく権利関係等をクロージ

142　第2部　株式譲渡契約

ング日までに解消することが望ましい場合があり、かかる解消について売主のクロージング日までの義務として規定されることがある。解消の必要がある権利関係等は、事案によってそれぞれであるが、下表に記載の事項は問題となることが多い。もっとも、かかる事項のなかには、解消または対象会社の独自の制度に移行するまでに時間を要するものや買主として売主にクロージング後も継続することを希望するものもあるため、5(1)のとおり、クロージング後に移行期間を定めて当該移行期間中はかかる権利関係を継続できることとし、当該移行期間が終了するまでに解消するように規定される場合もある。

［解消が必要となる売主との関係］

①	売主および対象会社間の役職員の出向の解消
②	対象会社から売主に対する総務、経理、法務等のバックオフィス業務の委託の解消
③	売主および対象会社間の親子ローンの解消および精算、または売主がそのグループ会社を対象に設定しているキャッシュ・マネジメント・システム（CMS）の解消および借入・預託金の精算
④	売主またはそのグループ会社の債務の担保として対象会社が行っている保証または担保提供の解消
⑤	対象会社の商号に売主の商号または商標が含まれている場合における対象会社の商号の変更およびこれに関連する営業表示、ドメイン名等の変更
⑥	対象会社が売主のシステムを利用している場合におけるシステムの分離または利用の解消
⑦	対象会社が加入する売主のグループ損害保険（いわゆるアンブレラ保険）からの離脱
⑧	売主がグループ会社を対象に提供している企業年金制度および健康保険組合からの離脱

(2)　デュー・ディリジェンスで発見された問題点の解消に関する義務

買主が株式譲渡契約の締結に先立ち実施したデュー・ディリジェンスに

おいて、対象会社に重要な問題点が発見された場合、かかる問題点が治癒することが可能なものであるときには、売主において、対象会社をしてかかる問題点をクロージング日までに解消させる旨の義務が規定されることがある。たとえば、法令に基づき必要となる届出が行われていなかった場合に届出を行うこと、買主が行っている事業について契約上の競業避止義務を合意している場合に契約相手方の同意を取得すること等がある。

　問題点のなかには治癒するのに時間がかかるものやクロージング日までに治癒できるか明らかでないものもあるため、売主としては、そのような問題点の治癒については、努力義務として規定するように交渉する必要がある。

5　関連契約の締結

(1)　移行サービス契約

第6.6条（移行サービス契約の締結）
　売主、買主及び対象会社は、クロージング日までに、大要別紙6.6の様式及び内容の移行サービス契約を締結する。

　対象会社が売主から独立して運営されていれば、単に株式を取得すれば買主は対象会社が事業を継続するために必要なすべてを取得することになるはずである。しかし、売主と対象会社が親子会社関係にあった場合等には、システム、健康保険や福利厚生、財務・法務、不動産・施設等の資産、材料供給・ライセンス等の取引について、売主と対象会社が共通のものを利用している場合も少なくない。これらのサービス等について、株式譲渡と同時に分離することができればよいが、ただちには分離できない場合は、株式譲渡後一定期間について売主は対象会社による当該サービスの利用を継続させることが必要となる。このような場合、売主と対象会社の間で、移行サービス契約（トランジション・サービス契約、TSA）が締結されることとなる。

　買主としては、移行サービス契約を締結することを、株式譲渡の前提条件として定めることにより、移行サービス契約が締結されていない状態では株式譲渡が行われないようにすることを求める（**第5章Ⅱ5**）。さらに、株式譲渡の実行までに移行サービス契約を締結することを売主と買主の義

務とすることも考えられる。

　移行サービス契約の内容について株式譲渡契約の締結までに合意することができれば、株式譲渡契約の締結後クロージングまでの間に移行サービス契約の内容について当事者間で争いが生じることはなくなるため取引の安定性が高まる。しかし、移行サービス契約によって提供されるサービスの内容は、非常に多岐にわたることもあり、また、会社のシステム、調達等の各部門との細かい調整が必要となることも少なくない。そのため、移行サービス契約の内容を株式譲渡契約の締結日までに確定させることができないことも少なくなく、その場合には、「売主及び買主が満足する内容の」移行サービス契約を締結することを前提条件としたうえで、移行サービス契約の内容を株式譲渡契約の締結後に交渉することになる。

　移行サービスは売主から対象会社に対して提供されることが多いため、売主と対象会社のみを移行サービス契約の当事者とすることも少なくない。買主が当事者とならない場合でも、買主としては移行サービス契約の内容には関心を払う必要があるため、株式譲渡契約において移行サービス契約は買主の満足する内容でなければならないことを規定する等、買主がその内容を確認する機会を確保する必要がある。

　移行サービス契約において規定すべき項目には以下のようなものがある。このうち、サービスの内容と提供期間については、実務レベルで細かな議論がなされることとなる。

[移行サービス契約のポイント]

サービス内容	
サービスレベル	株式譲渡契約時またはクロージング時と同等のレベル等
再委託の可否	再委託が禁止されるか、禁止される場合はすでに再委託している先等を例外として定めるか
サービス料	金額および支払時期
サービス提供期間・終了事由	延長または短縮について合意するか
補償	補償の上限や制限を設けるか

移行サービスは、無償で提供される場合から、実費を徴収する場合、第三者と同等の条件のサービス料の支払いを受けて有償で提供される場合等、さまざまである。このサービス料によって、サービスレベルや補償内容についても当事者の立場が変わってくることも少なくない。一般に、無償に近いほどサービスレベルは保証されず、補償請求が認められる場合も限定的となり、第三者と同等の条件に近いほどその逆になる傾向がある。

(2)　株主間契約・業務提携契約等

　買主が対象会社株式の全部を取得するのではなく、一部のみを取得する場合は、買収後の対象会社の運営や株式の取扱いについて、他の株主との間で株主間契約が締結されることがある。また、特に対象会社株式のマイノリティ部分のみを取得する場合、買主としては、対象会社との間で業務提携契約を締結することにより、買収後に共同して事業を遂行するための基礎を築いておきたいと考えることも多い。このような場合、株式譲渡契約において、株主間契約や業務提携契約の締結を当事者の義務として定めたうえ、株式譲渡の義務履行の前提条件として定めることがある。

6　買収資金のファイナンスに関する義務

第○条（ファイナンスに関する事項）
1．買主は、クロージング日の前日までに、金融機関との間で、本件株式譲渡及び本件期限前弁済に必要な資金の調達を目的とする、買主による総額金○億円の資金の借入に関する金銭消費貸借契約（以下「本件金銭消費貸借契約」という。）を締結するよう最大限努力するものとし、本件金銭消費貸借契約が締結された場合には、締結後すみやかに、その写しを売主に交付するものとする。また、買主は、クロージング日において、本件金銭消費貸借契約に定められる貸付実行の前提条件が充足されるよう最大限努力するものとし、貸付実行が妨げられることとなる作為又は不作為を行ってはならないものとする。
2．売主は、買主が、クロージング日の前日までに本件金銭消費貸借契約を締結し、クロージング日において貸付けの実行を受けるために必要となる事項について、合理的な範囲で最大限協力し、対象会社グループをして、合理的な範囲で最大限協力させるものとする。

---

146 第2部 株式譲渡契約

買主において、株式の買収資金を金融機関からの借入れや増資により外部調達する場合、買主の義務として、ファイナンスに係る契約の締結および実行に関する義務が規定されることがある。とりわけ、買主の義務の履行の前提条件としてファイナンス・アウト条項（**第5章Ⅱ8**）が規定される場合や賠償額の予定としてリバース・ブレイクアップ・フィーが規定される場合には、売主としては、かかる買主の義務を規定することにより、買主にファイナンスのための適切な行動をとらせるインセンティブを与えることが望ましい。買主としては、ファイナンスを実行するためには資金調達先の同意等が必要となるため、結果について義務を負うのではなく、努力義務として規定するようにするべきである。

他方、買主がLBOローンを利用して買収をしようとする場合、金銭消費貸借契約の締結および実行について、対象会社の協力（たとえば、ローン契約上の対象会社グループの禁止事項に関する規定のレビュー、対象会社が当事者となる担保契約および保証契約の締結および履行に関して必要となる手続の履践等）が必要になる場合もあるため、買主としては、売主が対象会社をして必要な協力をさせる義務を規定しておくことが望ましい。

7 取引保護条項

第6.7条（独占交渉義務）
1. 売主は、本締結日以降、いかなる第三者に対しても、又はいかなる第三者との間においても、直接又は間接に、本件株式譲渡と矛盾又は抵触し得る資本提携、株式譲渡、合併、会社分割、株式交換、株式移転、事業の全部又は一部の譲渡その他これらに類する取引（以下「抵触取引等」という。）に関連して、情報提供、提案、勧誘、協議、交渉又は取引の実行を一切行わず、対象会社グループをして行わせないものとする。
2. 売主は、第三者より抵触取引等に関連して提案又は勧誘が行われた場合は、直ちにその内容を買主に対して通知し、対応につき誠実に買主と協議するものとする。

株式譲渡契約の締結後においても、売主が当該契約上の義務を履行せず、第三者に対して対象会社の株式を売却してしまう可能性がある。この場合、買主は、売主に対し、売主の株式を譲渡する義務の違反を理由に損害賠償請求をすることができると考えられるが、株式を第三者に譲渡してしまっ

第7章 誓約事項 147

た後においては、買主に対する譲渡を強制することはできないと考えられる。そのような事態が生じることをできる限り防止するため、株式譲渡と矛盾または抵触する取引等について、その実行はもちろんのこと、協議や交渉またはデュー・ディリジェンスのための情報の提供等についても禁止する旨の規定（独占交渉義務）が設けられることがある。また、かかる義務の実効性を高めるため、売主において、買主に対する株式譲渡と矛盾または抵触する取引に関する提案を第三者から受領した場合等には、すみやかに買主にその内容を通知する旨の規定が設けられることもある。

　売主が買主以外の第三者に対象会社の株式を譲渡した場合において、買主に生じた損害（履行利益を含む）を立証することは容易ではないことが多いことから、売主が独占交渉義務に違反した際の違約金を合意しておくことも考えられる（ただし、かかる違約金を賠償額の予定として合意した場合には、売主の補償義務の上限を確定させることになるため、かかる合意が売主の契約への拘束力を弱める方向に働く場合もある。ブレイクアップ・フィーに関する**第9章Ⅳ**参照）。

8　その他の一般的な義務

(1)　表明保証違反・義務違反・前提条件不充足の場合の通知義務

第6.8条（通知義務）
　売主及び買主は、(i)第5章に定める自らの表明及び保証のいずれかに反する事実又は反することとなるおそれのある事実が判明した場合、(ii)自らによる本契約上の義務の違反の事実又は違反することとなるおそれのある事実が判明した場合、又は、(iii)第4章に定める相手方の義務の前提条件が充足しないおそれがあることが判明した場合には、相手方に対して、かかる内容を書面により直ちに通知するものとする。なお、当該通知は、自らによる表明及び保証又は義務の違反を治癒するものではない。

　売主に表明および保証または義務の違反があったとしても、買主において、かかる違反の事実を認識しえない場合も多いことから、違反の事実を知らずに誤って前提条件が充足されたと判断し、株式譲渡を実行してしまう可能性がある。もっとも、売主において、自らの表明および保証または義務の違反について、積極的に買主に伝えることは期待できないことから、売主に通知を行うインセンティブを与えるため、売主の通知義務が規定さ

148　第2部　株式譲渡契約

れる場合が多い。なお、売主に表明保証違反に関する通知義務の違反があっ
た場合、誓約事項の違反であるとして、表明保証違反の場合に適用される
補償の制限が適用されない可能性があるとの議論があるため、留意を要す
る（**第8章Ⅱ2**）。

(2)　買主による情報アクセス

第6.9条（情報提供等）
　売主は、本締結日からクロージングまでの間、本契約又は本件株式譲渡に
関連して買主が合理的に要請する場合、買主及びそのアドバイザーに対して、
対象会社グループの帳簿、記録、資料その他の情報を提供し、また対象会社
グループの役職員又はそのアドバイザーへのアクセスを認めるものとする。

　買主において、株式譲渡契約の締結からクロージングまでの間に対象会
社の状況を把握したり、クロージング後の対象会社の事業の売主から買主
への円滑な承継や買主グループへの統合（ポスト・マージャー・インテグレー
ション（PMI））の準備をすることを目的として、対象会社から情報を入手
することができるようにするための情報アクセスに関する規定が設けられ
ることがある。クロージングが行われるまでは対象会社は売主の子会社で
あることから、対象会社の業務に支障を生じさせない範囲でのみ認められ
る旨の限定や、株式譲渡について競争法当局のクリアランスが必要な場合
において、クリアランスの取得前におけるいわゆるガン・ジャンピングの
問題（日本では、現在のところ、ガン・ジャンピングに対して制裁が科された
事例はないが、欧米では実際に制裁が科された事例もある）が生じることを回
避するため、法令等に基づき許容される範囲でのみ認められる旨の限定が
付されることも多い。

(3)　前提条件を充足するための努力義務

第6.10条（前提条件充足義務）
　売主は第4.2条各号に定める買主による義務履行の前提条件を、買主は第
4.1条各号に定める売主による義務履行の前提条件を、クロージング日におい
て、それぞれ充足させるよう最大限努力するものとする。

第7章　誓約事項　149

　各当事者は、相手方による義務の履行の前提条件として規定された事項が充足されなかったとしても、それ自体をもって相手方に対して補償義務を負うことにはならない。そのため、クロージングの実現に向けて、各当事者がそれぞれ相手方による義務履行の前提条件を充足するための包括的な努力義務が規定されることがある。

Ⅳ　クロージング後の義務

1　概要

　株式譲渡契約は、株式を譲渡するための契約であるが、株式譲渡が完了した後にも当事者に義務（post-closing obligations）を負わせるべき場合は少なからずある。株式譲渡が完了しても売主から買主への経営の移管が完全に完了していないために移行期間を設ける場合もあり、また、株式譲渡後の対象会社の企業価値の毀損や雇用の維持等について、他方当事者に対して義務を課すべき事項もある。

　もっとも、株式譲渡の完了後にこれらの義務に違反したとしても、すでに株式譲渡は完了しているため、前提条件の不成就を理由として株式譲渡を行わないことはできず、また解除も株式譲渡後は制限または禁止されていることが多い（**第9章Ⅱ**）。よって、株式譲渡後に義務に違反した場合、当事者が行える請求は補償請求（場合によっては差止請求等の救済方法）に限られることが多い。

2　競業避止義務

第6.12条（売主の競業避止義務）
　売主は、クロージング以降、クロージング後○年を経過する日までの間、買主の事前の書面による承諾がない限り、直接又は間接に、(i)対象会社グループ各社が本締結日において行っている事業と実質的に競合する事業（以下「競合事業」という。）を行わないものとし、また、(ii)競合事業を行う会社への出資、貸付けその他の資金提供を行わず、かつ当該会社の事業に協力しないものとする。

150　第2部　株式譲渡契約

(1)　趣旨

　競業避止義務とは、株式譲渡を行った後、売主側が対象会社を通じて行っていた事業と同一または類似の事業を行わないようにさせるものである。株式を譲り受けた後に売主が対象会社と競合するようなことがあれば、対象会社の顧客を奪われる等により企業価値が毀損してしまうため、買主としてこれを防止するための規定である。

(2)　個人が売主の場合の有効性

　個人が売主である場合に、個人に競業避止義務を課すことが、職業選択の自由との関係で有効かについては議論がある。一般に従業員の退職後の競業避止義務については、①競業避止義務の目的、②在職中の従業員の地位、③転職が禁止される範囲、④代替措置の有無等に照らし、競業行為を禁止することに合理性が認められないときは、公序良俗に反するものとして有効性が否定されている。

　他方、取締役については、過去の裁判例では、①5年間の競業避止特約を無効とした事例がある一方（東京地判平成21年2月16日2009WLJPCA02168008）、②5年間の競業避止特約を有効とした事例（東京地決平成5年10月4日金判929号11頁）もある。特に②の裁判例は、株式の譲渡に伴って取締役を辞任した事例において、対象会社より競業避止義務に基づく競業禁止の仮処分を求めた事例で、その経緯と株式譲渡の対価として得た金額、取締役報酬等を総合して、比較的広範な5年間の競業避止義務を有効としている。

　最終的には合理性の判断となり、明確な線引きは難しいが、事業譲渡について同一市区町村および隣接の市区町村における20年の競業避止義務が法律に定められており（商法16条）、個人の商人が譲渡人の場合も適用があることとの対比で考えると、株式譲渡契約に定める競業避止義務の有効性も比較的広範に認められると考えられる。

(3)　競業避止義務の内容

　競業避止義務の内容としては、以下のような項目が議論される。買主としては、競業が行われた場合に対象会社の企業価値に与える影響を勘案して、できるだけ広範な義務を求め、売主としては義務の範囲をできる限り

限定することとなる。

① 時間的制約：株式譲渡後、何年間競業が禁止されるか等
② 場所的制約：日本国内か、国外も含むか等
③ 主体：売主のみが禁止されるか、直接または間接に事業を行うことも禁止されるか等
④ 禁止される事業：対象会社の営んでいる（または今後営む予定の）いずれの事業について競業が禁止されるか等
⑤ 禁止される行動：事業を営むことのみが禁止されるか、アドバイザー等としての関与や、出資、貸付け等の資金提供も禁止されるか等

　買主としては、禁止される事業には契約締結時またはクロージング時に対象会社が行っているすべての事業を含めたいと考え、さらに将来的に行おうとする事業まで含めて、できる限り広範に競業避止義務を課したいと考えることが多い。これに対して、売主としては、特に対象会社の事業が広範に及ぶ場合、禁止される事業を対象会社が主に営んでいる事業に限り、また事業の内容を文言で特定したいと考えることが多い。特に売主が広範な事業を行う大企業である場合、競業避止義務により禁止される事業は可能な限り限定したいと考えることが少なくない。また、売主グループにおいてすでに禁止される事業を行っていないか全社的に確認したうえで、もしあればこれを除外することが必要となる。

　また、禁止される行動については、買主としては、売主が直接または子会社を通じて間接的に事業を営む場合だけでなく、アドバイザーとしての関与や資金提供等の間接的な関与も禁止したいと考えることがある。他方、売主からすれば、直接・間接に事業を行う以外の行為について制限されることには抵抗を示すことも少なくない。出資については、妥協案として、下記のとおり、一定割合までの少数持分の取得については許容される旨を規定することもある。

　また、売主としては、株式譲渡後にM&Aで他社を買収・統合したような場合に、その他社が競業禁止の対象となっている事業を付随的に行っているようなときは、当該事業を継続することは許容するよう求めることがある。

152　第2部　株式譲渡契約

●競業避止義務の例外の例

> 但し、①売主又はその子会社が本件競業避止事業を行う上場会社の発行済株式総数の○％以下の株式を取得する場合、並びに、②売主又はその子会社がクロージング日以降に他の企業の買収を含む事業再編取引を行った場合において、当該買収の対象となった会社を含む事業再編取引の対象となる会社、事業又はその子会社が本件競業避止事業の全部又は一部を付随的な事業として行っており、当該事業を継続する場合はこの限りでない。

(4)　取引先等の勧誘禁止義務

　売主の競業避止義務に追加して、または競業避止義務の代わりに、売主に対して、対象会社の取引先やライセンス先を勧誘せず、これらとの関係を妨げない旨を規定することがある。売主の競業避止義務を実質的に担保する規定といえる。

3　勧誘禁止義務

> 第6.13条（勧誘禁止義務）
> 　売主は、クロージング以降、クロージング後○年を経過する日までの間、自ら又はその子会社を通じて、対象会社グループの役員又は従業員を勧誘し、対象会社グループから退職を促し、又はその他の働きかけを行わないものとする。但し、求人広告等による、これら役員又は従業員のみを対象とするものでない一般的な勧誘は本条により禁止されないものとする。

　対象会社の企業価値の重要な一部を対象会社の役職員が占めている場合、買主としては、株式譲渡後に、売主が対象会社の役職員を引き抜く行為を禁止したいと考えることが多い。そこで、売主による買主の役職員の引抜き行為を一定期間禁止する条項を設けることがある。

　さらに、役職員の売主への転職が売主の勧誘によるものかは外部から必ずしも明らかでないため、買主としては売主による対象会社の役職員の雇用そのものを禁止したいと考えることもある。もっとも、特に売主が事業会社であるような場合は、雇用活動全般に制限がかかる条項は避けたいと考えることが多い。

　ただし書として、上記のように一般的な勧誘（求人広告）は禁止されな

い旨の条項を確認的に定めることもある。もっとも、これは確認的な条項であり、このような条項を定めなくとも、求人広告そのものが対象会社グループの従業員への勧誘禁止条項に違反すると認められる事案は少ないであろう。

4 雇用・年金等に関する義務

(1) 雇用の維持に関する義務

> 買主は、クロージング後○年間、対象会社をして、対象会社の雇用する従業員を、本契約締結時点における雇用条件（就業規則、賃金・賞与制度、通勤費制度、定年制度、退職金・退職年金制度、報奨制度を含む。）にて引き続き雇用させるものとする。

　売主としては、対象会社の株式を売却するに際して、対象会社の役員や従業員の理解を得るために、株式譲渡後も対象会社の役職員の雇用を継続し、雇用条件も維持することを買主の義務とすることを求めることが多い。

　これに対し、買主としては、クロージング後の対象会社の運営ができるだけ拘束されないよう、期間の短縮、例外となる場合の規定の拡大、努力義務にすること等を求めることとなる。

　このような雇用維持義務に買主が将来違反した場合、クロージング後の義務である以上、売主としては通常、補償請求を求めることとなるが、買主が雇用維持義務に違反したことによって、売主自身が被る損害というのは証明が難しく、補償請求もきわめて限定的にしか機能しない可能性がある。

　なお、役員（取締役および監査役）については、従業員と異なりいつでも解任されうる立場であることにかんがみ、地位やその条件の維持について従業員と同様の定めを設けない場合も少なくない。

(2) 年金・健康保険

第6.11条（年金）
1. 買主は、クロージング後すみやかに、対象会社をして、○企業年金基金【注：売主の企業年金基金】と実質的に同等の水準の確定給付企業年金を新たに設立させ、○企業年金基金より対象会社の加入者に係る権利義務を移転

154　第2部　株式譲渡契約

　　させるものとする。
2．売主は、クロージング日から前項に定める移転の日までの間、対象会社
　　の加入者を○企業年金基金に継続加入させるため、対象会社を○企業年金
　　基金の実施事業所とする。買主は、クロージング日から前項に定める移転
　　の日までの間、対象会社をして、○企業年金基金に係る規約の規定に従い、
　　掛金その他の費用を負担させる。
3．売主は、第1項に定める移転に必要な協力（○労働組合【注：売主の労働
　　組合】の同意及び厚生労働大臣の承認の取得を含む。）を行うものとする。

　　売主と対象会社が親子会社関係にある場合、対象会社は売主が設けてい
る年金制度に加入していることが多い。
　　企業が設ける私的年金である企業年金のなかには、確定給付企業年金、
厚生年金基金、確定拠出年金、その他の私的年金等があり、そのうち加入
者数が最も多い企業年金制度が確定給付企業年金である。確定給付企業年
金のうち、事業主が管理・運用・給付までの責任を負うのが規約型、年金
基金が当該責任を負うのが基金型である。
　　比較的大規模な企業において実施されている基金型の確定給付企業年金
について見ると、対象会社が売主と同じ基金型確定給付企業年金を運営し
ている場合、株式譲渡が行われたとしても対象会社が加入者の年金に関す
る権利義務を移換しなければならないわけではない。しかし、売主と対象
会社の資本関係がなくなった後も同じ企業年金を運営するという関係は当
事者において望ましくないため、移換が行われることが通常である。当該
移換は、対象会社の加入者の過半数で組織する労働組合または加入者の過
半数を代表するものの同意、基金の代議員の4分の3以上の同意、および
厚生労働大臣の認可等が必要であり（確定給付企業年金法79条、確定給付企
業年金法施行令50条）、一定の時間を要するため、株式譲渡後に行われるこ
ととなる。
　　年金の移換が行われる場合、モデル条項にあるように移換に必要な手続
および移換までの費用負担等について定めることがある。また、未積立金
がある場合は、移換時の年金基金間の精算およびクロージングから移換ま
での間に退職して受給権者となった者の取扱いについて定めることがある。
　　健康保険組合についても、同様に、対象会社が売主の健康保険組合の適
用事務所である場合は、他の健康保険組合に移行させることが多い。この

場合、健康保険組合の移行手続と移行までの間の取扱いについて定めることがある。

第6.8条（健康保険）
1．買主は、クロージング以降、実務上合理的に可能な限りすみやかに、対象会社をして、対象会社の従業員について、○健康保険組合から新たな健康保険制度に移行させ、売主は、かかる移行に合理的に必要な協力を行う。
2．売主は、前項に基づく対象会社による新たな健康保険制度への移行が完了するまでの間、引き続き、対象会社の従業員を○健康保険組合に継続して加入するために合理的に必要な行為を行い、買主は、対象会社をして、これに合理的に必要となる行為を行わせる。

5　派遣役員・従業員の責任免除

　買主は、対象会社グループの過去の取締役又は監査役による、クロージング日前の対象会社グループの取締役又は監査役としての一切の作為又は不作為に関する責任（会社法第423条第1項又は第429条第1項に定める損害賠償責任を含む。）を追及しない。

　対象会社の役員（取締役および監査役）は、売主の従業員が管理のために派遣されているという場合も多い。このような場合に、株式譲渡より前に当該役員が行った行為について、株式譲渡後に責任を追及することが可能である。そこで、自らの従業員をそのようなリスクにさらしたくない売主としては、買主によるそのような責任追及を禁止するよう求めることがある。

　他方、買主としては、たとえば故意・重過失がある役員については例外とする等、責任追及が禁止される場合を制限することが考えられる。

　実際には、役員が過失により会社に損害を与えていた場合、通常、買主としては株式譲渡契約に基づく表明保証の違反を理由として売主に対して補償請求できることも多いと思われる。ただ、契約の内容や売主の財務状況によっては補償請求できない場合もある。また、役員の責任追及は、金銭的な問題以外にも、職務規律の問題ととらえられることもある。

156　第2部　株式譲渡契約

6　商号・商標等に関する義務

> 1．買主は、クロージング以降、クロージング後○か月を経過する日までに、対象会社の商号を変更する（変更後の商号には○○又はこれらと類似し若しくは誤認混同するおそれのある名称が含まれてはならない。）ものとする。
>
> 2．買主は、クロージング以降、クロージング後○か月を経過する日までに、対象会社グループをして、○○又はこれらと類似し若しくは誤認混同するおそれのある商号、商標、標章、サービスマーク、ロゴ、URL、ドメイン名その他の商品・サービス・営業等の表示の使用を廃止させるものとする。

　対象会社が売主のグループ会社として、売主の商号・商標を利用していた場合、売主としては株式譲渡後に対象会社がその利用を継続することは許容できないことが少なくない。株式譲渡前に、対象会社が売主より商標権のライセンスを受けており、これを対象会社が利用しているような場合は、株式譲渡と同時に当該ランセンスを終了させれば、対象会社は以後当該商標権を利用する権限を失う。もっとも、売主のものに類似する標章の商標権を対象会社が取得していることも少なくなく、また商標権により保護されない範囲の利用についても中止させる必要性があるため、売主としては株式譲渡契約にこの点を明記することが多い。

　他方、商号・商標を変更するためには、許認可・登記等の法律上変更が必要なものから、製品のロゴ、看板、説明書・チラシ等の配布物、名刺に至るまで、変更に時間を要することが多い。そのため、買主としては、クロージング後も一定期間は、売主の商号・商標を利用し続けることができるよう求めることが多い。また、このように一定期間延長する場合、権利関係を明確化するため、売主と対象会社との間で、商標権等に関するライセンス契約を締結することも多い。

7　売主による情報アクセス

> 　買主は、クロージング後○年間、売主の決算、会計監査及び納税のために必要な限度で売主から合理的に書面で要求された場合には、対象会社グループをして、対象会社グループの通常の営業時間内に、対象会社グループの業務に支障を生じさせない範囲で、売主及びそのアドバイザーに対し、対象会

> 社の帳簿、記録、資料その他の情報又は役員へのアクセスを認めるものとする。

　売主としては、決算、会計監査、納税等のために、株式譲渡後も対象会社の情報へのアクセスが必要となることがある。そこで、株式譲渡前の買主による対象会社への情報アクセス（本章Ⅲ8(2)）と反対に、株式譲渡後、売主による対象会社への情報アクセスを定めることがある。

　なお、株式譲渡価額を株式譲渡後に調整する場合には、売主による対象会社へのアクセスの目的に、価額調整の確認等が含まれることがある（**第3章Ⅱ3**）。

158　第2部　株式譲渡契約

第8章　補償

I　補償（総論）

第7.1条（売主による補償）
1. 売主は、買主に対して、本契約に定める自らの表明及び保証の違反又は本契約に基づく義務の違反に起因又は関連して買主が損害、損失又は費用（合理的な範囲の弁護士費用を含む。以下「損害等」と総称する。）を被った場合には、かかる損害等を賠償又は補償（以下「補償等」という。）するものとする。なお、本契約に定める売主の表明及び保証の違反又は本契約に基づく売主の義務違反に起因又は関連して対象会社グループに生じた損害等は、買主の損害等とみなす。
2. 本契約に定める売主の表明及び保証の違反に基づく補償等の額は、合計して本件譲渡価額（クロージング貸借対照表が確定する前は本件基準譲渡価額。次条第2項において同じ。）の○％を超えないものとし、また、その請求は、クロージング日から○年後の応当日までに、売主に対して書面により行わなければならないものとする。
3. 前項の規定は、(i)別紙5.1第1項及び第2項第○号乃至第○号に定める表明及び保証に違反したことを理由とする第1項に基づく補償等及び(ii)売主による表明及び保証の違反が売主の故意又は重過失による場合に行われる第1項に基づく補償等には、適用されないものとする。

1　補償とは

　「補償」（Indemnification または Indemnity）とは、ある当事者に株式譲渡契約の表明保証違反、誓約事項違反またはその他の義務違反があった場合に、当該違反による損害を填補または賠償等する旨の合意である。

　「補償」は、日本法における損害賠償に類似するものであるが、契約上、補償の方法・範囲等に関して特段の制限が合意される点で、契約違反に基

第 8 章　補償　159

づく民法上の債務不履行に基づく損害賠償（民法415条）とは異なる（なお、**第10章 I**に記載のとおり、株式譲渡契約においては、各当事者に生じた損害等の救済は、契約上明示的に定められた「補償」に限定され、民法上の債務不履行責任に基づく損害賠償請求はできないことが合意されることが多い）。

　また、表明保証違反に基づき生じた損害の回復に関しては、民法上、表明保証違反またはこれに基づく損害賠償という概念のないわが国においては、単に表明保証の規定を設けたとしても、表明保証違反に基づく金銭的救済措置の規定を明示的に定めなければ、表明保証違反を理由として金銭的救済は認められない可能性がある。そこで、補償条項は、表明保証違反に基づく金銭的救済措置を創出もしくは明確化する根拠として機能する。

2　補償条項の規定方法

(1)　補償の原因

　補償義務の原因は、一般的には、表明保証の違反および株式譲渡契約に定める義務の違反（誓約事項の違反を含む）とされていることが多い。契約書のドラフティングにおいては、補償義務の原因に応じて、補償の制限等の適用の有無を区別する場合があり、下記のとおり、補償義務の原因も書き分ける場合がある。

●補償義務の原因を書き分ける例

> 　売主は、買主に対して、<u>以下に定める事由</u>に起因して買主が損害、損失又は費用を被った場合には、かかる損害等を賠償又は補償（以下「補償等」という。）するものとする。
> 　(1)　第○条に定める売主による表明及び保証（但し、基本的表明保証を除く。）の違反
> 　(2)　売主による基本的表明保証の違反
> 　(3)　売主による誓約事項の違反

(2)　補償の相手方

　補償条項において、補償の相手方は、相手方当事者であることが多いが、それに加えて、下記のとおり、相手方当事者の役職員や対象会社を、補償義務の履行の相手方と規定する場合もある（また、これに加えて、アドバイ

160　第2部　株式譲渡契約

ザー等も補償義務の履行の相手方として規定する場合もある）。

　これらの条項については、契約当事者とは異なる法主体に生じた損害も補償の対象であることを明確にすることを目的としている。

　一方、株式譲渡契約の当事者はあくまでも売主および買主であるため、契約の原則に従えば、契約当事者ではない当事者の役職員や対象会社は、当該補償条項に基づいて、当然に自ら補償請求を行う権利を付与されることにはならないと考えられる。もっとも、契約当事者の合理的意思解釈によっては、契約当事者以外の第三者についても、違反当事者に対して直接の請求を認める旨の「第三者のためにする契約」（民法537条）とすることが企図されていると解釈される可能性もあり、この場合には、契約当事者ではない当事者の役職員や対象会社は受益の意思表示を行うことにより、違反当事者に対して直接請求を行うことも考えうる。

●補償の相手方を拡大する例

> 　売主は、本契約に定める自らの表明及び保証の違反又は本契約に基づく義務の違反に起因して買主関係者が損害、損失又は費用を被った場合には、当該買主関係者に対して、かかる損害等を賠償又は補償（以下「補償等」という。）するものとする。「買主関係者」とは、買主、（クロージング日後に限り）対象会社、並びにこれらの役員及び従業員を意味する。

(3)　対象会社に生じた損害等

　「損害等」の範囲に関連して、まず、（たとえば表明保証違反を構成するような事実に基づき）対象会社に生じた損害が、売主に対する補償の対象となるかが議論されることがある。すなわち、補償条項において、売主の表明保証または誓約事項の違反により「買主に生じた損害等」を売主が補償するものと規定した場合において、対象会社に生じた損害が「買主に生じた損害等」といえるかが問題となる。

　この点、表明保証違反に基づく請求に関する裁判例である、**第6章Ⅰ7**(2)のアルコ事件やカワカミ事件（東京地判平成19年7月26日判タ1268号192頁）においては、対象会社に生じた損害（新たに認識された資産減少・負債増加等）が、そのまま買主の損害になると認定されている。もっとも、アルコ事件においては、譲渡価額が簿価純資産を基準に算定されていること

が判断の前提されていたため、対象会社の資産減少・負債増加が「買主に生じた損害」といいやすい事案であったのに対して、その他の事案（特に、DCF法等、対象会社のキャッシュ・フローに着目した方法をベースに譲渡価額が設定されたような場合）についても、常に対象会社に生じた損害と同額が買主の損害として認定されるとは限らないと考えられる。

これらの議論をふまえて、実務的には、対象会社に生じた損害を補償等の対象とすることを明確にするとの目的から、対象会社に生じた損害等も買主に生じた損害等とみなす旨が規定される場合もある。

なお、対象会社の発行済株式の一部を取得する部分買収の取引においては、対象会社に生じた損害等をそのまま買主に生じた損害等とみなすのではなく、対象会社に生じた損害等のうち取得割合を乗じた金額に限り、買主に生じた損害等とみなすことがある。

⑷ 「損害等」の範囲および補償原因との因果関係

補償の対象となる「損害等」の範囲に関しては、（対象会社の表明保証や対象会社に関する誓約事項を理由として補償義務を負担する可能性が相対的に高い）売主の立場からは、損害等の算定方法を契約上限定したいとの要請があり、一方、買主の立場からは、かかる損害等の算定方法の限定は避けたいとの要請がある。

この点、議論の前提として、民法上の債務不履行に基づく損害賠償の範囲に関する議論を俯瞰する。まず、民法上の債務不履行に基づく損害賠償の範囲は、いわゆる「相当因果関係」の概念により画されるのが一般的な見解である。「相当因果関係」が存する損害とは、民法416条の規定によれば、「通常生ずべき損害」（いわゆる通常損害）、および、当事者がその事情を予見しまたは予見することができた範囲での「特別の事情によって生じた損害」（いわゆる特別損害）を意味する。さらに、「通常損害」とは、社会通念上、債務不履行によって一般に生じると考えられる損害を意味し、また、「特別損害」とは、当該債務不履行の場合の特有の事情によって発生した損害を意味すると考えられており、特別損害に関しては当事者が予見し、または予見可能であった場合のみ、相当因果関係の範囲内の損害と認められる。

162 第2部 株式譲渡契約

[「相当因果関係」の範囲内の損害]

	予見可能性の有無	相当因果関係に含まれるか
通常損害	あり	含まれる
	なし	含まれる
特別損害	あり	含まれる
	なし	含まれない

　さらに、通常損害または特別損害以外の損害に関する概念として、「間接損害」（Indirect Damages）「結果損害」（Consequential Damages）「拡大損害」「逸失利益」（Lost Profit）等が議論されることがある。これらの概念は、あくまでも損害の性質を概念化したものであり、相当因果関係の範囲を画する概念とは、必ずしも一致しない。

　これらの議論をふまえて、買主としては、表明保証違反または誓約事項違反に基づく補償請求の範囲を拡大することを目的として、「（違反に）起因又は関連して」生じた損害等については、すべて補償等の対象とする旨の規定を要求する場合がある。この点、「起因して」の意義に関して、相当因果関係を不要とする趣旨か（事実的因果関係で足りるとする趣旨か）、相当因果関係における相当性の判断を緩和する趣旨であるかまたは上記の相当因果関係と同義であるか等に関しては、当事者の合理的意思解釈によって必ずしも明らかではないが、「関連して」との文言については、実務的には、表明保証または誓約事項違反と損害との関係性を緩和する文言として用いられていると考えられる。

　また、上記の損害の各概念に関しても、補償請求の対象となるかを明確化するために、間接損害または結果損害等が補償の対象となることを明確にする、または、逆に、含まれないことを明確にすることもある。米国の統計等によれば、間接損害等は含まれないことを明確にしている例も一定程度存するようであるが（American Bar Association（ABA）による2014年に完了した公開会社による非公開会社の買収取引に係る統計によれば、①偶発損害（Incidental Damages）に関しては、22％が明示的に除外、4％が明示的に含み、74％が特段明記しないとされており、②結果損害に関しては、49％が明示的に除外、7％が明示的に含み、44％が特段明記しないとされており、③懲罰

的損害に関しては、78％が明示的に除外、1％が明示的に含み、21％が特段明記しないとされている）、わが国における実務感覚としては、契約上はあえて明記せずに、相当因果関係や「起因して」の解釈に委ねることとしつつ、売主は、本章Ⅱ1の補償額の上限等によりリスクヘッジを行うとの解決とすることもある。

　さらには、「損害」の算定方法に関連して、たとえば「対象会社の保有する重大な資産に瑕疵がない」との表明保証の違反による損害の算定に関して、当該資産の瑕疵を治癒等するための費用等のみが「損害」に含まれるのか、それとも、当該資産が正常に稼働することを前提として算出された株式価値または企業価値の減額分（当該資産の稼働から創出されるフリー・キャッシュ・フローをベースにDCF法により算出される株式価値の減額分、または、当該資産の稼働により生じるEBITDAのマルチプルによる算出される企業価値の減額分）まで補償の対象となるのかとの議論が生じる可能性があるため、これらの株式価値算定手法または企業価値算定手法を用いて補償額が算出されないことを明確にする場合もある。この点、上記のABAによる統計によれば、価値の減少（Diminution in Value）に関しては、17％が明示的に除外、11％が明示的に含み、72％が特段明記しないとされている。

　なお、弁護士費用に関しては、判例上、不法行為に基づく損害の場合には弁護士費用も損害に含まれると考えられているが（最判昭和44・2・27民集23巻2号441頁）、債務不履行の場合には、特約がない限り弁護士費用は損害に含まれないのが原則である（最判昭和48・10・11判時723号44頁）。そこで、補償条項における損害等の定義においても、合理的な弁護士費用が含まれることが明記されることが多い。

● 「損害」の範囲を限定する例

- ・　予見可能性の有無にかかわらず、特別損害、間接損害、逸失利益、結果損害又は懲罰的損害は含まれない。
- ・　利益、キャッシュフロー若しくはEBITDAのマルチプル又はこれらに類似する株式価値・企業価値算定手法については損害額の算定において用いない。

164　第2部　株式譲渡契約

Ⅱ　補償の限定

> 第○項の規定にもかかわらず、第○項に基づく売主の補償義務は、(i)単一の事実に基づく請求（以下「個別請求」という。）に係る損害の額が○万円以下の場合には全て免責されるものとし、(ii)かかる損害の額が○万円を超える個別請求に係る損害の合計が○万円以下の場合についても全て免責されるものとする。損害の額が○万円を超える個別請求に係る損害の額の合計が○万円を超過する場合には、売主は、当該超過額について補償を行うものとするが、売主の本契約に基づく補償額は、合計して本件譲渡価額の○％を超えないものとし、これを超えた部分について、売主は補償義務を負わないものとする。

1　補償の金額による制限

　補償の金額による制限としては、補償額の下限と上限が問題となる。

　まず、補償の下限としては、①個別事由の下限（de minimis）、および、②損害の累計額の下限（basket または floor）が検討される。①個別事由の下限（de minimis）については、主に、僅少な損害について金銭的救済の議論を行うことが煩雑であるため、補償の対象外とすることが目的である。次に、②損害の累計額の下限（basket または floor）については、下限に至った場合には（下限に至るまでの金額も含めて）当該損害の全額が補償の対象となる場合（tipping basket、threshold 等と呼ばれる）と、下限を超えた金額のみが補償の対象となる場合（deductible 等と呼ばれる）の双方の場合がある。なお、個別事由の下限（de minimis）に満たない個別事由の損害については、累計額を算定する際にも算定に含まれないとされることが多い。

　この点、売主の立場からは、補償義務の範囲を限定するため、①個別事由の下限（de minimis）、および、②累計額の下限を要求し、かつ超過額のみ補償（deductible）の仕組みとすることを要求することが考えられる。そのうえで、当該下限額を可及的に高めに設定することにより、補償義務が生じる可能性を低くすることができる。さらに、個別事由の下限（de minimis）の算定に関しては、下限に到達する可能性を低くするよう、（「一連の事実」等に範囲を広げずに）単一の事実ごとに個別に de minimis の水

準を満たすか否かを算定するよう要求することがある。

　これに対して、買主の立場からは、①個別事由の下限（de minimis）、および、②累計額の下限の双方を設定するのではなく、かかる下限は設定しないまたはいずれかのみとするように主張することが考えられる。また、仮にこれらの下限を設定するとしても、補償義務の発生可能性が過度に制限されないように、下限の金額を低く設定し、かつ、個別事由の下限（de minimis）については、単一の事実ではなく「一連の事実」を一体として下限の水準を満たすか否かの判断をする等と要求する場合もある。また、累計額の下限に関しては、全額補償（tipping basket、threshold）の仕組みとすることを要求することが多く、また、超過額のみの補償（deductible）と応諾する場合にも、下限の金額は低めに設定するように要求することが考えられる（超過額のみの補償とする場合には、下限をわずかに超過した場合には、費用倒れとなるために買主が補償請求を行う意義が少なくなるため、実質上は、下限の金額を高めているに等しい効果を生じるためである）。

　なお、本章Ⅰ 2⑷のABAによる統計によれば、累計額の下限の中央値は、超過額のみの補償（deductible）の場合には取引金額の0.50％とされており、全額の賠償（tipping basket、threshold）の場合には取引金額の0.47％とされている。

　次に、補償の上限（cap）は、違反当事者による補償の最大額であり、これを超える金額については、仮に違反があったとしても違反当事者は補償義務を負わない。対象会社に関する表明保証を行う売主の立場からすると、これにより実行後の金銭的賠償の義務の最大リスクが確定することとなるため、リスク判断のうえで重要となる。

　なお、本章Ⅰ 2⑷のABAによる統計によれば、補償の上限（cap）の中央値は、取引金額の10.0％とされている。

2　補償の金額による制限の適用除外

　これらの補償の下限や上限は、すべての表明保証の違反について統一的に設定される場合もあれば、個別項目ごとに異なる下限や上限が設定される場合もある。具体的には、売買の目的物である株式の保有そのものに関する表明保証の違反、売買実行義務自体の違反等、根本的な違反については、補償の下限もしくは上限の適用除外とされる場合も多い。また、表明

166 第2部 株式譲渡契約

保証や誓約事項の違反が意図的（willful）である場合や詐欺的行為（fraud）に該当するような場合には、補償の上限は適用されない旨が規定される場合もある。

また、誓約事項の違反に基づく補償に関しては、補償の下限もしくは上限が設定される場合もあるが、近時の実務においては、かかる制限が適用されない場合もある（なお、本章 I 2(4)の ABA による統計によれば、38％の案件については誓約事項違反に基づく補償について下限が適用されないこととされ、また、33％の案件については上限の適用において誓約事項違反がカーブアウトされている）。なお、ドラフティングとの関係では、たとえば、契約締結日およびクロージング日における法令遵守に関する表明保証および契約締結日からクロージング日までの間に法令を遵守する旨の誓約事項等の双方が規定されており、表明保証および誓約事項のいずれの違反も主張できるような場合において、表明保証違反を根拠とすれば下限もしくは上限の制限が適用されるにもかかわらず、誓約事項違反を根拠とすれば当該制限が適用されないような規定となっているケースもあり、このような規定とすることが当事者の意思に沿っているかについては、十分に確認を行うことが必要である（表明保証違反は当事者の認識等によらずに生じうるものである一方、誓約事項の違反はあくまでも義務の違反であるため、このように両者の扱いが異なること自体が不合理とはいえない）。

3　ダブル・マテリアリティ・スクレイプ

上記の補償の下限は、定量的な観点から、重要性の乏しい事由について補償による金銭的救済から除外することが目的である。この点、表明保証等に個別に設定された重要性の限定も同様の趣旨で設定される場合があるところ、重要性の重複を避けるため、損害の算定においては表明保証に付された重要性等の限定は考慮されない旨の規定が置かれることもある。

●ダブル・マテリアリティ・スクレイプの例

> 本契約の他の規定にもかかわらず、本条に基づく補償請求の対象となる損害額の算定に際しては、表明及び保証又は誓約事項において規定される「重大」、「重要」、「重大な悪影響」その他これらと同様の留保に関しては適用されないものとみなした上で、損害額の算定を行うものとする。

Ⅲ　補償の期間

> 　いずれの当事者（以下、補償を行う義務を負う当事者を「補償当事者」といい、補償を受ける当事者を「被補償当事者」という。）も、第○条に基づく補償の請求（但し、補償当事者がクロージング後の義務に違反した場合に行われる第○条に基づく補償の請求を除く。）をするにあたっては、クロージング日から○か月後の応当日までに、相手方に対して書面により、損害、その発生原因及び損害の額を特定し、かつ具体的な請求の根拠を示して請求しなければならないものとする。当該期間内に請求しない場合、補償当事者は補償を行う義務を負わないものとする。

　補償の時期（補償期間）についても、半永久的に補償が可能となるのではなく、一定の時期的制限が設定され、それ以降は補償請求は認められない旨が規定される場合がある。これにより、特に対象会社に関する表明保証を行う売主としては、長期にわたり補償のリスクを懸念する必要がなくなるとの利点がある。

　補償期間については、案件ごとにさまざまではあるが、買主としては少なくとも1回は対象会社の決算を確認できるように補償期間を設定したい（対象会社の決算手続を通じて表明保証の正確性を検証できるためである）との要望を持つことが多い。また、個別項目ごとに、売買の目的物である株式の保有そのものに関する表明保証等の基本的な表明保証の違反については補償期間の制限が適用されない旨が規定されたり、また、対象会社の偶発債務のうち税務債務等の特別な消滅時効の対象となる事項については、これらの債務の消滅時効に連動して、補償期間が設定される場合もある（税務について、**第6章Ⅱ8(2)**を参照）。

　上記に加え、補償条項においては、契約当事者がどのような手続により補償請求が行われるかが具体的に規定される場合がある。たとえば、補償請求を行う場合には、その原因や請求額の根拠等を記載した書面により請求を行うことが必要とされる場合等である。

Ⅳ　第三者請求（**Third Party Claim**）

いずれの当事者も、第三者からのクレーム、異議若しくは請求又は訴訟、仲裁その他の裁判上若しくは行政上の手続の申立て（以下「第三者請求」と総称する。）があった場合、これらに関する損害の補償を第○条第○項又は第○条第○項に基づき請求するときには、(i)直ちに当該第三者請求の内容を（書面がある場合にはその写しとともに）補償当事者に対して書面により通知しなければならず、(ii)当該第三者との協議を行った場合その他第三者請求について進捗があった場合には、直ちに補償当事者にその内容を書面にて報告しなければならない。また、補償当事者は、当該第三者請求に基づき生じる損害が補償を行う義務の対象となることを認めることを条件として、自己の費用にて、当該第三者との間の協議、交渉その他の手続を自ら進めることを選択することができる。補償当事者がかかる選択をした場合には、補償当事者は、当該第三者請求に係る手続を進める弁護士を自ら選定することができ、かつ、法令上可能な範囲で、当該第三者請求に係る手続の進行のために合理的に必要な行為（訴訟手続への補助参加、和解又は請求の認諾を含む。）を行うことができる。被補償当事者は、かかる補償当事者による第三者請求に係る手続の進行に関して、情報提供その他合理的な協力を行うものとする。なお、補償当事者が当該第三者請求に係る手続を進行する場合も、被補償当事者は、自己の費用にて、自ら及びその選定する弁護士をして、当該手続に参加することができる。

　補償請求の対象となりうる事項について第三者から請求がなされまたは紛争となるような場合の手続の詳細が規定される場合もある。このような規定は主に英米法圏で用いられる規定を参照したものであるが、その主な目的は、補償義務を負う可能性がある者に第三者との紛争等への一定の関与の機会を与えることによって、補償請求者（被補償当事者）によるモラルハザードを避ける点にある。すなわち、対象会社に関する表明保証の違反に該当する可能性がある事項について第三者と紛争が生じる場合、クロージング日後は、このような紛争は原則として買主のコントロール下で対象会社が対応を行うことになるが、買主としては、いずれにせよ売主への補償請求が可能であると考えれば、当該第三者との間で安易に和解等の解決を図る（これにより買主もしくは対象会社の損害が増え、売主による補償

の金額が増える）可能性があるためである。

　その具体的な規定としては、補償義務者（補償当事者）が担当弁護士の選解任や担当弁護士へ指示を行うことを通じて、実質的に第三者請求に係る手続をコントロールする権利を与えられることがある（ただし、補償義務者が第三者請求に係る手続をコントロールする場合には、当該第三者請求が補償義務の対象となることを認めることが条件とされる場合がある）。なお、当該第三者請求の当事者はあくまでも対象会社であるため、補償義務者である売主が「手続をコントロール」するといった場合に日本法上どのような手段が可能かについては議論があるが、民事訴訟手続への補助参加が認められる可能性もあり、また少なくとも当該手続の進行を実質的に管理する弁護士を売主が選定することにより、実質的に手続をコントロールすることが可能と考えられる。

V　その他の補償責任の制限等

○．前○項にかかわらず、本契約に基づく補償当事者の義務違反又は第○章に定める補償当事者の表明及び保証の違反によって被補償当事者に生じた損害に関して、(i)当該違反と同一の事象若しくは事由に関連して、被補償当事者が保険契約に基づく保険金又は第三者に対する損害賠償等により現に救済を受けた金額又は救済を受けることができると合理的に認められる金額、並びに、(ii)当該損害により被補償当事者（買主の場合には対象会社グループを含む。）において税額を軽減する効果を受けると合理的に認められる場合の当該軽減額については、補償当事者は第○条に定める補償義務を負わないものとする。

○．前項(i)の規定に関して、被補償当事者は、まず保険金支払義務を負う保険会社又は損害賠償等の義務を負う第三者に対して責任の追及を行った上で、次いで補償当事者に対して第○条に基づく補償の請求を行うことを要する。仮に、補償当事者による第○条に基づく補償の履行後に、被補償当事者が前項(i)又は(ii)に定める救済若しくは税額の軽減を受けた場合には、被補償当事者は、当該救済又は税額の軽減の金額を補償当事者に対してすみやかに支払うものとする。

○．被補償当事者は、第○条に基づく補償当事者の義務違反又は表明及び保証の違反に基づく補償の請求並びに前項に基づく補償の請求の対象となる

> 自らの損害を軽減するための措置をとらなければならないものとする。被
> 補償当事者がかかる措置をとらないことにより拡大した損害については、
> 補償当事者は、被補償当事者に対して第○条に基づく補償の義務を負わな
> いものとする。

　売主の立場から、補償の上限・下限・期間制限のほかにも、補償責任を
制限するための規定が提案されることがある。

　まず、補償義務の根拠となった事項と同一の事由によって、対象会社ま
たは買主が別途利益を受けた場合には、売主による補償義務を減額する旨
が規定される場合もある。

　かかる減額処理の事由としては、①買主または対象会社による保険金の
受領、②買主または対象会社による第三者からの損害賠償金の受領、③買
主または対象会社に生じたタックス・ベネフィットが考えられる。

　このうち、①保険金の受領、および、②第三者からの損害賠償金に関し
ては、補償義務の根拠と同一の事由によって買主または対象会社が別途金
銭的救済を得ているので、民法上の損益相殺と同様の考えから、売主によ
る補償義務も減額すべきとの考えに基づくものである。ドキュメンテーシ
ョンとの関係では、実際に保険金または損害賠償金を受領したときにはじ
めて補償義務の金額が減額されるとするか、それとも保険金または損害賠
償金を受領できる「見込み」があれば、補償義務の金額が減額されるもの
とするか等に関して、議論がなされる。また、買主による売主に対する補
償請求に先立って、保険金または第三者に対する損害賠償責任を追及する
必要があるかについても、交渉がなされることがある。

　③買主または対象会社に生じたタックス・ベネフィットについては、補
償義務の根拠となった事由により買主または対象会社に損失が生じた結果、
タックス・ベネフィット（すなわち、当該損失に法人実効税率を乗じた金額）
が生じた場合には、当該ベネフィットを考慮して、補償義務の金額を減額
するというものである。もっとも、タックス・ベネフィットが生じるか否
かについては、算定が困難な場合（特に、対象会社に欠損が生じているよう
な場合には、欠損金の利用制限との関係で、実際のタックス・ベネフィットの
算出は難しい）があるため、このような不確定な事由に基づく減額を認め
られるべきかが議論となる。

　さらには、買主側の義務として、損害の軽減に向けた義務（またはその

努力義務）を規定する場合もある。この点、債務不履行責任に関して債権者の損害拡大防止義務を認めた判例（最判平成21・1・19民集63巻1号97頁）が存するものの、一般的には、買主側の損害軽減義務は信義則上の義務とされるため、かかる義務が存することを明確にするために、売主の立場からは、買主の損害軽減義務の規定を設けることを要求する場合がある（仮に買主に損害軽減義務の違反がある場合には、買主の当該損害軽減義務の違反に基づく補償義務と、売主の補償義務を相殺することが企図されている）。

　また、同様の目的のため、クロージング日後の買主もしくは対象会社の行為によって発生したまたは拡大した損害に関しては、売主の補償義務の対象とはならないことを明示する場合もある。

　なお、上記に加えて、クロスボーダーの契約においては、契約締結日前の対象会社の財務諸表に計上または注記されていた負債もしくは債務に関しては、表明保証違反に基づく補償義務の対象とはならないことを明確化する場合があるが、国内の案件では、この点を明記することは必ずしも多くない。

Ⅵ　補償の税務処理

第7.4条（補償等の性質）
　売主の表明及び保証の違反による補償等並びに前条に基づく補償等は、本件譲渡価額の調整として行われるものとする。

　かかる規定は、買主において、売主により補償がなされた場合の税務上の取扱いを明確にするための規定である。

　すなわち、補償条項に基づき補償金が支払われた場合の課税関係について、補償金を支払う売主における課税関係については、売主は、補償金を支払った事業年度における損失として、損金の額に算入できると考えられる（法人税基本通達2-2-13参照）。

　これに対して、買主における課税関係についてはいくつかの考え方がある。まず、表明保証違反に基づく補償金を、損害担保契約の違反に基づく損害賠償金と考えると、法人税法上損害賠償金は益金の額に算入されるため、買主において補償金に法人税が課されるとの考え方がありうる。一方、買主は、表明保証が正しいことを前提として、対象会社株式の価値を評価

して買収価額を決定しているので、表明保証違反に基づく補償金は、あくまでも譲渡代金の一部返金としての性質も有するところ、かかる理解を前提とすれば、売主により支払われる補償金は、実質的には対象会社株式の取得価額の減額にとどまり、買主の利益ではないとも考えらえる。

　この点、株式譲渡契約において表明保証違反に基づく補償金が譲渡代金の調整であると規定していた事案に関して、国税不服審判所裁決平成18年9月8日裁決事例集72号325頁では、表明保証違反を理由に売主から買主に対して支払われた金銭を株式売買代金の返還と認定し、当該金銭が雑益として益金の額に算入されるとの課税庁の主張は退けられた。

　そこで、実務上は、かかる裁決事案も受け、買主における課税関係を明確にするために（すなわち、表明保証違反に基づく補償金が益金として課税されるのを防ぐために）、表明保証違反に基づき売主から買主に対して支払われる補償金の支払いが譲渡代金の減額として支払われる旨を明示的に規定する場合がある。

　なお、表明保証違反に基づく補償金の支払先を買主ではなく、対象会社とした場合、当該補償金を譲渡代金の減額と見ることはできないため、原則として、対象会社において受領した補償金を益金の額に算入する必要があると考えられる点には留意が必要である。

　なお、特別補償条項に関しても、表明保証違反に基づく補償条項と同様に、特別補償を受領する買主側での課税関係において、当該補償額が買主の益金の額に加算されるのではなく、対象会社株式の取得価額の減額として特別補償の額に課税されないことを目的として、特別補償の支払いが譲渡代金の減額として取り扱われる旨が契約上明記される場合もある。

Ⅶ　特別補償

第7.3条（特別補償）
　売主は、買主に対して、対象会社グループにおいて現在係属中の別紙7.3記載の訴訟（以下「特別補償事由」という。）に起因又は関連して買主又は対象会社グループが損害等（当該訴訟による賠償金又は和解金の支払債務を含む。）を被った場合には、かかる損害等を補償等するものとする。

　特別補償とは、一般的には、契約締結時点においてすでに認識された問

題に関して、特別のリスク分担を行うために特に設けられた補償を意味する。

第6章I 7(2)に記載のとおり、表明保証に関しては、裁判例において、買主が認識済みまたは重過失より知らない事情に関しては、形式的に表明保証に違反したとしても、買主は、表明保証の違反およびこれに基づく補償責任を追及できない可能性がある。そこで、買主としては、すでに認識済みの問題が顕在化した場合の金銭補償に関しては、買主の認識を根拠として金銭補償の請求の可否に疑義が生じないように、表明保証ではなく、特別の補償条項を設けたいとの要請がある。また、買主としては、すでに認識済みの問題に関しては、売主によるリスクの負担を明確に確保するため、または一般の表明保証違反とは異なるリスク分担を行うために、補償請求の制限（下限・上限・期間制限等）が適用されない（または一般的な表明保証違反に基づく補償請求とは異なる制限を設定する）仕組みとして特別補償を要求する場合がある。

一方、売主の立場においては、特別補償条項は、通常は一般的な表明保証の違反に基づく補償とは外枠での責任負担を意味するので、可能な限り避けたいとの要請がある。もっとも、売主がすでに問題点を認識している場合には、表明保証の違反（およびこれに基づく前提条件の不充足）を回避するために、かかる問題点を表明保証からカーブアウトしたいとの要請があり、その裏返しとして、買主からは、特別補償を要求される場合もある。すなわち、売主としては、すでに認識済みの問題を特段カーブアウトせずに表明保証の形でリスク負担した場合には、表明保証違反による金銭補償のリスクに加えて、前提条件が不充足となるリスクを抱えるのに対して、特別補償条項に関しては、原則として前提条件とはリンクしないため、あくまで金銭補償のみのリスクを負担することとなる。

なお、特別補償条項に関しても、**第6章II**の表明保証違反に基づく補償条項と同様に、特別補償を受領する買主側での課税関係において、当該補償額が買主の益金の額に加算されるのではなく、対象会社株式の取得価額の減額として税務上扱われることを目的として、特別補償の支払いが譲渡代金の減額として取り扱われる旨が契約上明記される場合もある。

174 第2部 株式譲渡契約

Ⅷ 表明保証保険

1 表明保証保険の概要

　これまでの補償に関する議論は、売主による表明および保証の違反に関して売主が最終的な補償責任を負う前提で議論したが、近時の実務においては、売主の補償責任に代わる（またはこれを補完する）方法として、表明保証保険の活用が議論されることがある。

　表明保証保険とは、株式譲渡契約等に規定された対象会社もしくは対象事業に関する表明保証が不正確であったこと（表明保証違反）を原因とする損害を補償するための保険である。保険の仕組みとしては、買主が保険契約者、被保険者および受取人として保険を購入する場合（この場合、買主は、表明保証違反に基づく損害の補償を直接保険会社に請求する）と、売主が保険契約者、被保険者および受取人として保険を購入する場合（この場合、表明保証違反に基づく補償請求が買主から売主に対してなされ、売主が補償義務を負う場合に、売主が保険会社に対して請求を行う）の2つの場合があるが、実務的には、買主が保険を購入する場合が一般的である。

　この点、表明保証保険の機能としては、主に、表明保証の範囲や補償の限定等について売主および買主の立場が異なる場合において、表明保証違反から生じる経済的損害のリスクを第三者である保険会社が負担することにより、売主および買主間の主張の乖離を埋めて、M&A取引を成立しやすくする機能を有するものといえる。また、買主の立場からは、特に売主がSPCである等の理由により株式譲渡の実行後の資力に疑義がある場合において、表明保証保険を購入することにより、売主に対して直接請求する場合よりも、保険会社に対して請求する方が、支払者の資力の観点から補償の実効性を確保することを目的とする場合がある。逆に、売主の立場からは、株式譲渡の実行後の買主からの補償請求を限定できることから、譲渡価額を早期に投資家への分配等に回すことを目的とする場合がある。さらには、（買主側が保険を購入する場合には）買主は、売主に対して補償請求せずに、保険会社に対して支払いを請求することとなり、買主および売主の間の紛争を避けることが可能となるため、ビジネス上の利点がある

と指摘されることもある。

本書においては、表明保証保険の仕組みの詳細は立ち入らないが、その仕組みの概要（特に、買主側が表明保証保険を購入する場合）は以下のとおりである。

まず、買主が表明保証保険を購入する場合、買主は、一定の保険料を支払うことと引換えに、一定の上限額および期間の範囲内で、売主による表明保証違反に起因して発生する経済的損害に関して、保険会社に対して保険金請求を行うことが可能となる。ここで、保険の付保対象とする表明保証の範囲は、対象会社に関する表明保証の多くが対象となりうるものの、刑事罰の対象となる事項や反社会的勢力の排除等、その性質上保険の対象とできないものがあることに加え、環境や税務に関する表明保証については、通常の表明保証保険では付保対象とはならず、特別の保険の購入が必要となるものもある。また、保険会社により支払われる保険金の範囲については、補償の対象とされる損害、損失および費用が含まれ、ここでいう費用には、補償請求について調査、和解、防御等をするために負担した合理的な費用も含まれうる。

もっとも、表明保証保険には、比較的広範な免責事項または除外事項が定められることに注意する必要がある。たとえば、表明保証保険に加入する買主において保険開始の時点で知っていた表明保証違反等は保険請求の対象とはならない。また、保険会社による保険金支払いの対象となる事項について一定の免責額が設定されることが一般的であるため、表明保証違反に起因する損害が当該免責額に満たない場合には、保険金請求が認められない。

2　表明保証保険を購入する場合の契約書作成上の留意点

それでは、表明保証保険に加入する場合、株式譲渡契約の契約条項においてはどのような考慮がなされるべきであろうか。

まず、買主が表明保証保険を購入する場合も、保険金支払いの原因は売主による表明保証違反であるため、株式譲渡契約においては引き続き売主による表明保証の規定が設けられる（また、当該表明保証は前提条件との関係でも必要である）。もっとも、表明保証の範囲に関しては、保険会社が付保の対象として応諾できるか否かによって交渉が左右されることになるた

め、売主・買主間の交渉に加えて、保険会社との交渉が重要となる。

　また、誓約事項の違反等に対する補償も残るため補償条項自体も残ることとなるが、契約上、売主による表明保証違反を理由とする買主による補償請求は、（表明保証保険の対象となる範囲では）まずは保険会社に対する保険金請求により満足されるべきであり、これについて売主に対して直接の補償請求はできない旨が規定されることになる。なお、保険会社に対する請求の方法等に関しては、あくまでも買主および保険会社の間の問題であるため、株式譲渡契約には詳細に規定されないことが一般的である。

　この点、売主としては、表明保証違反による買主からの請求を完全に免れるために、対象会社に関する表明保証違反の救済は表明保証保険に基づく保険会社に対する請求のみに限定し（いわゆるノン・リコース型）、表明保証違反に基づく買主から売主に対する補償請求を回避することをめざす場合がある。もっとも、実際には、上記のとおり、表明保証保険には付保対象とできない表明保証や免責事項があり、かつ、基礎的表明保証であっても補償の上限や下限が適用されることとなるため、売主としては、買主から売主に対する補償請求の余地を残す（表明保証保険ではカバーされない事項に関する補償や、基礎的表明保証の違反または売主の故意による違反について無限定の補償を求める等）ように主張する場合もある。

　一方、売主が表明保証保険を購入する場合には、いったん、買主は売主に対して表明保証違反に基づく補償を請求し、当該補償請求について、売主が保険会社に対して保険金を請求することとなるため、株式譲渡契約における表明保証および補償事項自体は、通常の株式譲渡契約におけるそれと大きくは変わらない。ただし、売主としては、保険会社の付保範囲等をふまえて表明保証や補償条項の交渉を行うこととなるため、買主が表明保証保険を購入する場合と同様、保険会社との間の交渉が株式譲渡契約における交渉に影響を与えることとなる。

第9章 解除 177

第9章 解除

第8.1条（解除）
1. 売主は、クロージングまでに限り、以下の各号のうちのいずれかの事由
 が発生した場合は、買主に対して書面で通知することにより、本契約を解
 除することができる。
　⑴ 第5.2条に規定される買主の表明及び保証に重要な点において違反が
　 あった場合
　⑵ 買主が本契約上の義務に重要な点において違反した場合
　⑶ 買主につき、倒産手続等の開始の申立てがなされた場合
　⑷ 売主の責めに帰すべからざる事由により、○年○月○日までに、本件
　 株式譲渡が実行されなかった場合
2. 買主は、クロージングまでに限り、以下の各号のうちいずれかの事由が
 発生した場合は、売主に対して書面で通知することにより、本契約を解除
 することができる。
　⑴ 第5.1条に規定される売主の表明及び保証に重要な点において違反が
　 あった場合
　⑵ 売主が本契約上の義務に重要な点において違反した場合
　⑶ 売主につき、倒産手続等の開始の申立てがなされた場合
　⑷ 買主の責めに帰すべからざる事由により、○年○月○日までに、本件
　 株式譲渡が実行されなかった場合
3. 本契約が本条に基づき解除された場合であっても、第7章（第7.3条を除
 く。）、本項及び第9章の規定は引き続き効力を有する。

I　解除規定の意義

　契約の締結後、相手方の契約違反や契約締結の前提となっていた事実関
係に変更が生じた場合には、契約を履行せずに終了させたい場合も生じう
る。他方、株式譲渡契約においては、株式の譲渡に係る義務以外にも当事

者間の多数の権利義務が規定されることがあり、民法に定められる債務不履行に基づく解除の規定の適用関係が明確ではない場合もある。そのため、株式譲渡契約においては、解除に係る規定が設けられることが一般的である。

Ⅱ 解除が可能な期間

　株式譲渡契約に基づき株式の譲渡が実行された場合、その後、対象会社においては、買主の傘下で役員の変更や事業の変更等、さまざまな変更が行われることになるため、株式譲渡契約を解除することにより、かかる変更を元に戻すことが困難な場合が多い。そのため、株式譲渡契約の解除は、クロージング前までに限って行うことができることとし、クロージング後は、補償請求による金銭的な処理のみを認める場合が多い。

Ⅲ 解除事由

　株式譲渡契約においては、解除事由として、①相手方に表明および保証の違反がある場合、②相手方に義務違反がある場合、③相手方について法的倒産手続が開始された場合、④一定の日（ドロップ・デッド・デイ（drop dead date）やロング・ストップ・デイ（long stop date）といわれる）までにクロージングが行われない場合が規定されることが一般的である。

　上記①および②の解除事由については、表明および保証や義務の重要な点において違反がある場合や違反により株式譲渡の実行または対象会社の事業、資産・負債、財務状況等に重大な悪影響が生じた場合のように重要性の限定が付されることが多い。これは、一度契約を締結した以上、それまでに取引の検討に要した労力や費用が無駄になったり、案件が公表された後に撤回された場合における対象会社の事業等への悪影響を考慮し、軽微な違反があっただけでは契約を解除することができないようにすることが当事者の意思に沿うとの判断に基づくものである。また、同様の趣旨から、表明および保証または義務の違反について、一定の治癒期間（たとえば、違反をしていない当事者による催告後2週間等）が設定される場合もある。

　契約書の作成に際しては、表明および保証または義務の違反がないこと

については、前提条件としても規定されることが一般的であるところ、ド
ラフティングに際しては、前提条件と解除事由の重要性の限定の内容をそ
ろえることを忘れないよう注意する必要がある。なお、表明および保証の
各条項に規定された重要性の限定との関係で、いわゆるダブル・マテリア
リティの問題が生じることについては、前提条件と同様である（**第5章Ⅱ
1(3)**参照）。

　上記③の法的倒産手続の開始については、実務上、解除事由として規定
されることが一般的であるものの、倒産制度の趣旨から、裁判所により解
除条項の効力が否定される可能性がある点は認識しておく必要がある（株
式譲渡に係るものではないが参考になる判例として、最判昭和57年3月30日民
集36巻3号484頁、最判平成20年12月16日民集62巻10号2561頁参照）。

　上記④の解除事由については、株式譲渡の前提条件が充たされないこと
によりクロージングが行われない場合において、いつまでも当事者を契約
に拘束しておくことは望ましくない場合も多いため、一定の期間をすぎて
もクロージングが行われない場合には解除を認めることとするものである。
クロージングが行われないことについて、帰責性が認められない当事者に
のみ解除権を認めることとされている場合が多い。株式譲渡について競争
法上のクリアランス等の特定の許可を得る必要のある事例において、かか
る許可の取得にどの程度の期間を要するか予想することが難しい場合等に
は、他の前提条件がすべて充たされているにもかかわらず、当該許可が得
られていないことによりクロージングが行われないときは、自動的にドロ
ップ・デッド・デイトが一定期間延長されるような規定が設けられる場合
もある。

　契約の締結日からドロップ・デッド・デイトまでの期間については、案
件の規模や内容（特に競争法上の懸念がありクリアランス取得までに長時間を
要する事案であるか）によってさまざまであるが、特別な問題のない事案
においては数か月程度に設定されていることが多いように思われる。一般
的には、売主としては、買主のほかに対象会社の買主候補が存在する可能
性がある場合には、他の買主候補への譲渡の検討を早期に行えるようにす
るため、かかる期間を短めに設定することが望ましいと考えられる。

　上記①〜④の解除事由のほか、対象会社に重大な悪影響（Material
Adverse Effect）が生じた場合や買主において買収資金のファイナンスが完

180　第2部　株式譲渡契約

了していない場合が、前提条件に加えて解除事由としても規定される場合がある。これらの事由が前提条件にのみ規定されている場合、当該事由が生じたときは、前提条件が充たされないことによりクロージングが行われず、ドロップ・デッド・デイトの到来をもって契約を解除することができることになるが、解除事由としても規定することにより、ドロップ・デッド・デイトを待つことなく、即時に契約を解除することができることになる。したがって、かかる解除事由は、買主側に有利な規定であり、売主側から削除を要請されることも多い。

Ⅳ　ブレイクアップ・フィー

1　概要

　株式譲渡契約の締結後に一定の事由が生じたことを原因として契約が解除により終了した場合において、一方当事者から他方当事者に対して違約金を支払う旨が合意される場合がある。このような違約金は、ブレイクアップ・フィーやターミネーション・フィーといわれる（なお、単にブレイクアップ・フィーという場合、売主から買主に対して支払われる違約金の意味で用いられている場合が多く、買主から売主に対して支払われる違約金は、**3**のとおり、リバース・ブレイクアップ・フィーといわれることが多い）。売主から買主に対して支払われるブレイクアップ・フィーは、売主の独占交渉義務の違反を想定して規定される場合が多い。

　ブレイクアップ・フィー条項を規定することにより、ブレイクアップ・フィーの支払義務を負うことになる当事者には、ブレイクアップ・フィーの支払いを回避するためにクロージングを実現させるインセンティブを高める効果がある一方で、ブレイクアップ・フィーの支払いを受ける当事者は、取引の検討や準備に要した費用を回収することができ、経済的な損失を軽減させることができることになる。もっとも、ブレイクアップ・フィー条項の規定の仕方によっては、ブレイクアップ・フィーを支払いさえすれば、クロージングを行う義務から逃れることができることになり、ブレイクアップ・フィーの支払義務を負うことになる当事者のクロージングを実現させるインセンティブを低くする効果を生じさせる場合もある。

なお、対象会社が上場会社である取引において、対象会社の取締役の善管注意義務との関係において、取引保護条項として、いわゆるフィデューシャリー・アウト条項とともにブレイクアップ・フィー条項が論じられることが多いが、本書では、かかる対象会社の支払うブレイクアップ・フィーについては、検討の対象としていない。

2　法的性質

民法420条3項は、「違約金は、賠償額の予定と推定する。」と定めているところ、ブレイクアップ・フィーは、必ずしも一方当事者に契約違反があり当該当事者に損害賠償義務が生じる場合にのみ支払われるものではないが、かかる規定の適用を受ける可能性がある。そのため、株式譲渡契約において特段の合意がなされていない場合、ブレイクアップ・フィーが賠償額の予定と推定され、損害の賠償を請求する当事者が、かかるブレイクアップ・フィーが賠償額の予定と異なる内容のものであることについて立証に成功しない限り、当該当事者は、ブレイクアップ・フィーのほかに損害の賠償を受けることができないおそれがある。

したがって、契約が解除された際にブレイクアップ・フィーに加え、生じた損害の賠償の請求を行えるようにしたい場合には、ブレイクアップ・フィーが違約罰であり、別途損害賠償請求を行うことが妨げられない旨を明示的に合意しておくべきである。また、ブレイクアップ・フィーを損害賠償額の予定として規定する場合についても、その旨を明確にするため、契約書に明示的に規定しておくべきである。

3　リバース・ブレイクアップ・フィー

第○条（リバース・ブレイクアップ・フィー）
1．第8.1条第1項第(4)号又は第2項第(4)号【注：ドロップ・デッド・デイトの到来による解除】に基づき売主又は買主が本契約を解除した場合であって、第4.1条【注：売主の義務の前提条件】及び第4.2条【注：買主の義務の前提条件】に定める売主及び買主の義務の前提条件（但し、(i)第4.1条第(3)号及び第4.2条第(3)号に定める前提条件【注：競争法のクリアランス取得に係る前提条件】、並びに(ii)その性質からクロージング日まで充足することができない前提条件を除く。）がいずれも充足されているか、当該前提条件により利益

182　第2部　株式譲渡契約

を受ける当事者によって放棄されている場合には、買主は、売主に対し、
本契約の解除が行われた日から○営業日以内に、金○円（以下「リバース・
ブレイクアップ・フィー」という。）を別途売主の指定する銀行口座に振込
送金する方法により支払うものとする（振込送金に要する費用は買主の負
担とする。）。
2．売主及び買主は、リバース・ブレイクアップ・フィーは違約罰として合
意されるものではなく、前項に基づきリバース・ブレイクアップ・フィー
の支払いが必要となる場合における買主の売主に対する賠償額の予定と
して合意されるものであり、前項に従い買主によりリバース・ブレイクアップ・
フィーが支払われた場合、売主は、いかなる原因又は理由にかかわらず、
買主に対し、損害等の補償等の請求を行うことができないものとする。

(1)　概要

　ブレイクアップ・フィーのうち、契約解除に際して買主から売主に対し
て支払われるものは、リバース・ブレイクアップ・フィーまたはリバース・
ターミネーション・フィーといわれる。

　リバース・ブレイクアップ・フィーは、通常のブレイクアップ・フィー
と同様に、支払いを受ける売主の立場からは、規定の仕方によっては、ク
ロージングに向けて買主の真摯な協力を得やすくし、クロージングに至る
可能性を高め、また、契約が解除された場合における取引の検討・準備等
に関して生じた費用に係る損失の補填を受けることができるというメリッ
トがある。他方で、リバース・ブレイクアップ・フィーを賠償額の予定と
して規定し、その他の損害賠償の請求を認めない場合、買主は、リバース・
ブレイクアップ・フィーを支払いさえすれば、契約を実行する義務から逃
れることができることになり、実質的に、買主に対して取引からウォーク
アウェイするオプションを与えることになることには留意が必要である。

　売主においては、対象会社を譲渡することが公表されれば、対象会社の
事業に悪影響が生じたり、対象会社が売出し中であるということが公にな
ることにより損失が生じる可能性がある。そのため、契約がクロージング
前に途中で解除された場合においては、それにより買主に生じる損害より
も売主に生じる損害の方が大きくなる場合が多いことから、リバース・ブ
レイクアップ・フィーの金額は、売主が買主に対して支払う通常のブレイ
クアップ・フィーの金額よりも高く設定されることも多い。リバース・ブ

レイクアップ・フィーの利用が普及している米国においては、リバース・ブレイクアップ・フィーの金額は、支払いの原因によって異なるが、全体として、株式価値の約4～7％とされることが多い。

(2) トリガー事由
(i) 買収資金のファイナンス

リバース・ブレイクアップ・フィーのトリガー事由（支払事由）としては、買主において、買収資金のファイナンスを行うことができなかった場合が定められることが典型的である。売主としては、買主がファイナンスを行うことができなかった場合における損害の補填を確保することができる一方で、買主としても、ファイナンスに失敗した場合の損害の補償義務の上限を確定することができる点でメリットがあるため、特にプライベート・エクイティ・ファンドによる買収案件において規定される場合が多い。

なお、このようなファイナンスの失敗を原因とするリバース・ブレイクアップ・フィー条項を規定した場合、損害の上限が確定されるため、買主がファイナンスの実行に向けて真摯に行動しないという弊害が生じうる。売主としては、買主の誓約事項としてファイナンスの実現に向けた努力義務を規定し、買主にかかる義務の違反がある場合やファイナンスが得られないことにつき買主に故意または重過失が認められる場合には、賠償額の予定としてのリバース・ブレイクアップ・フィー条項の適用を認めないこととする旨の規定を設けることが考えられる。

また、リバース・ブレイクアップ・フィーの金額を2段階に分けて設定し、買主においてファイナンスを行うことができるにもかかわらずクロージングを行わない場合には、高額なリバース・ブレイクアップ・フィーが適用されることになる規定等を定めることも考えられる。

(ii) 競争法のクリアランスの取得

リバース・ブレイクアップ・フィー条項のトリガー事由として、競争法上のクリアランスが得られないことにより契約が終了する場合が規定されることも多い。日本国内の取引においては、このような競争法に関連するリバース・ブレイクアップ・フィー条項が規定されることは多くないが、米国においては、買主において、クリアランスの取得のために必要となるあらゆること（自らの事業の売却を含む）を行う義務を負うことになるヘ

ル・オア・ハイウォーター（hell or high water）条項よりもリバース・ブレイクアップ・フィー条項が好まれることが多く、高額なリバース・ブレイクアップ・フィーが合意されることもある。

このようなリバース・ブレイクアップ・フィー条項は、売主が競争法のクリアランスの取得について買主よりも悲観的な見込みを有している場合において、売主に取引を行うよう促し、取引を成立させる可能性を高める効果を有するとされるほか、買主に対して、クリアランスの取得に向けて積極的に行動させるインセンティブを与える効果がある。

V 存続条項

契約が解除された場合においても、それまでに発生した事象に基づく補償請求権等の効力まで遡及的に取り消してしまうと当事者の意思に沿わないことになる。そのため、このような補償条項等の一定の条項については、解除により契約が終了しても効力を存続させる条項が設けられることが一般的である。具体的には、補償、ブレイクアップ・フィー、リバース・ブレイクアップ・フィー等の金銭的請求に係る規定、秘密保持義務、準拠法、管轄等の一般条項等が対象とされることが一般的である。

第10章　一般条項　185

第10章　一般条項

I　救済手段の限定（**Exclusive Remedy**）

第9.1条（救済手段の限定）
　売主又は買主が本契約に基づく義務に違反した場合又は表明及び保証に違反があった場合、売主及び買主は、第7章に定める補償等の請求及び第8章に定める解除を除き、債務不履行責任、瑕疵担保責任、不法行為責任、法定責任その他法律構成の如何を問わず、相手方に対して補償等、解除その他の権利行使をすることはできない。但し、本契約に定める義務の履行請求は妨げられない。

　株式譲渡契約で補償請求や解除について制限を定めても、それと別に民法に基づく損害賠償請求や解除請求が行われれば、契約で制限を設けた意味がなくなってしまう。そこで、特に売主の側から、補償請求や解除について契約で定める方法を除いてできない旨を定めるよう主張されることがある。

　救済手段の限定については、①補償や損害賠償等の金銭賠償に限って定める場合と、②解除等の契約終了原因についてもあわせて定める場合がある。

　救済手段の限定が、株式譲渡契約の履行請求、たとえば株式の引渡しや売買代金の支払いまで制限するものかは、契約文言の解釈になるが、多くの場合は履行請求までは制限されていないと考えられる。この点を明確にすべく、モデル条項のように、契約の履行請求は妨げられない旨を定めることもある。

　また、補償請求の場合と同様に、故意による欺罔行為があったような場合は救済手段の限定に関する条項が適用されない旨を定めることもある。ただ、補償請求の上限や期限について故意の場合の例外を定めていれば、

加えて救済手段の限定についても例外を定める意義は必ずしも大きくないであろう。

このような救済手段の限定に関する条項を定めたとしても、詐欺による取消し（民法96条）や錯誤無効（民法95条）等の民法の強行法規を排除することはできない。また、このような条項が著しく公正を欠くと認められるような場合は、公序良俗に反し無効とされる可能性もある（民法90条）。

Ⅱ　秘密保持義務・公表

1　秘密保持義務

第9.2条（秘密保持義務）
1. 売主及び買主は、本締結日から○年間、以下の各号に規定する情報を除き、本契約の締結の事実及びその内容、本件株式譲渡に関する交渉の内容並びに本件株式譲渡に関連して相手方から受領した一切の情報（以下「秘密情報」と総称する。）について、厳に秘密を保持し、これを第三者に開示又は漏洩してはならず、また、本契約の締結及び履行以外の目的に利用してはならない。
   (1) 当該情報を開示した当事者（以下「開示当事者」という。）から受領する前に当該情報を受領した当事者（以下「受領当事者」という。）が自ら適法に保有していた情報
   (2) 受領当事者が開示当事者から受領した時点で既に公知となっていた情報
   (3) 受領当事者が開示当事者から受領した後、自らの責めによらずに公知となった情報
   (4) 受領当事者が正当な権限を有する第三者から秘密保持義務を負うことなく適法に受領した情報
   (5) 受領当事者が開示当事者からの情報に基づかずに独自に開発した情報
2. 第1項にかかわらず、売主及び買主は、その親会社、子会社及び対象会社グループ、並びに自ら、親会社、子会社及び対象会社グループの役職員及びアドバイザーに対して秘密情報を開示することができる。但し、開示を受ける第三者が法令等に基づく守秘義務を負担しない場合は、少なくとも本条に定める秘密保持義務と同等の秘密保持義務を負担することを条件

第 10 章　一般条項　187

とする。
3. 第1項にかかわらず、売主及び買主は、開示当事者の書面による承諾がある場合、司法・行政機関等の判断等により適法に開示を求められた場合又は法令等により当事者又は当事者の親会社による開示が義務づけられる場合は、秘密情報を開示することができる。
4. 第1項にかかわらず、クロージングが行われた場合には、(i)売主は、クロージング日前に知得した対象会社グループに関する情報について、クロージング日以降クロージング日から○年間、買主の秘密情報として扱い、第1項に定める義務を負うものとし、(ii)買主は、対象会社グループに関する情報について、第1項に定める義務を負わない。

(1)　締結済みの秘密保持契約との関係

　M&Aを進めるうえでは、交渉を開始する前に当事者間で秘密保持契約を締結していることが多い。そこで、当初、締結した秘密保持契約を株式譲渡契約で参照したうえで、株式譲渡契約の内容を秘密情報に含めることや、対象会社に関する情報について株式譲渡後は買主が秘密保持義務を負わないとすること等の修正を行うという方法が用いられることがある。

　他方、秘密保持義務の内容については比較的一般化しており、改めて株式譲渡契約に規定しても当事者間で再度の交渉を行う必要はそれほどないこと、締結済みの秘密保持契約を参照しても、結局一部は修正しなければならないことから、株式譲渡契約で改めて秘密保持条項を定めることが実務上は多い。

(2)　秘密保持義務の例外的取扱い

　契約当事者は、通常、相手方の秘密情報について、第三者に対し開示することが禁止されるので、株式譲渡契約締結時に秘密情報の開示が予定されている先については、あらかじめ例外的に開示可能な先として定めておく必要がある。

　まず、契約当事者の弁護士、公認会計士、税理士やフィナンシャル・アドバイザー等の者を例外として定めることが多い。モデル条項では、「アドバイザー」の定義にこれらが含まれている。また、契約当事者の親会社や子会社も例外として定めることがある。もっとも、特に子会社について

は、数が多くなりすぎるのを防ぐため、個別に列挙することや、一定の理由（たとえば業務提携）のために必要な者に限るといった限定の仕方をすることもある。さらに、株式取得のための資金を金融機関から借り入れる場合や、他の事業会社と共同で投資することが予定されているような場合は、それらの金融機関や共同投資家を例外として定めることがある。

例外的な開示先に開示する場合も、当該開示先には秘密保持義務を負わせることを義務づけることが少なくない。この場合、弁護士、公認会計士、税理士等の法令上の守秘義務を負う者は契約により秘密保持義務を負わせる必要はない旨を明示することがある。他方、単に開示先に秘密保持義務を負わせるだけでなく、開示先が秘密保持義務に違反した場合は開示した契約当事者が責任を負う旨を定めることもある。

さらに、法令に基づき開示が義務づけられる場合は、秘密保持義務の例外とされることが一般的である。ここで、特に上場会社が当事者である場合は、東京証券取引所等の金融商品取引所の規則に基づく開示も含まれているかを確認する必要がある（モデル条項では3項の「司法・行政機関等の判断等」に含まれる）。また単に法令に基づき義務づけられる場合のみか、行政機関による指導等も含まれるかも確認すべきポイントとなる。また、法令等に基づき開示が義務づけられる場合も、可能な限り相手方に開示について通知することや、必要最小限の開示にとどめるよう努力すること等が定められることがある。これに関係して、特に営業秘密があるような場合は、裁判手続で開示する相手方に秘密保持を義務づける命令（Protective Order；秘密保持命令）を求める機会を与えることを規定することもあるが、日本ではまだあまり一般的ではない。法令に基づく開示について疑義が生じるような場合は、カウンセルから法令上開示が必要である旨の意見を必要とする旨を定めることも考えられる。

(3)　クロージング後の取扱い

株式譲渡が実行される前は、買主は対象会社に関する秘密情報について秘密保持義務を負う。しかし、株式譲渡が実行されれば、対象会社の支配権は売主から買主に移転するため、対象会社の情報についてどのように取り扱うかは買主が自由に決められるべきと考えることが多い。このような場合には、クロージング後は対象会社に関する秘密情報について買主は秘

第10章　一般条項　189

密保持義務を負わないこと、他方で売主は対象会社に関する秘密情報について秘密保持義務を負うことを定めることがある。

2　公表

> 第9.3条（公表）
>
> 　売主及び買主は、本契約の締結の事実及びその内容の公表の時期、方法及び内容について、別途協議の上、事前に合意するものとする。但し、司法・行政機関等の判断等により適法に開示を求められた場合又は法令等により当事者又は当事者の親会社による開示が義務づけられる場合において、事前に相手方と誠実に協議した上で合理的な範囲内で公表を行う場合はこの限りでない。

　案件に関する公表がどのような内容・タイミングで行われるかは、案件の当事者としては大きな関心事であることが多い。

　この点、通常の秘密保持義務では、秘密情報を公表しない義務も含まれ、また契約内容等案件に関する情報は秘密情報に含まれることが多いため、公表に関する条項を定めなくとも案件に関する情報を公表することは秘密保持義務に関する条項で禁止されていることが多い。

　もっとも、秘密保持義務に関する条項では、法令や取引所規則で開示が必要な場合は、例外的に開示できるとされている場合が多いため、秘密保持義務に関する条項でも案件に関する公表について相手方に制限をかけられているかは疑問も残る。

　そこで、公表する場合について別途条項を設け、案件に関する公表の内容について当事者で合意のうえで公表を行うことを定めることがある。もっとも、特に上場会社においては、法令等に基づき開示が必要となることも多く、法令等により本当に開示が必要にもかかわらずこれを禁止することも難しいため、法令等により開示が必要な場合については、事前に十分公表内容について協議することを求めるのにとどめることも少なくない。

Ⅲ　準拠法・管轄

第9.4条（準拠法・管轄）

190　第2部　株式譲渡契約

> 1．本契約は、日本法に準拠し、これに従って解釈される。
> 2．本契約に関する一切の紛争については、東京地方裁判所を第一審の専属
> 　的合意管轄裁判所とする。

1　準拠法

　契約の準拠法は、契約に定めなければ、契約当時、契約に最も密接な関係がある地の法によることとなる（法の適用に関する通則法8条1項）。しかし、どの国・地域の法律が適用されるかわからなければ契約解釈が不安定となるため、特に当事者に日本以外の者がいるような場合は、準拠法を定めておくことが一般的である。

　日本では、契約で自由に準拠法を選択することができ、契約に定めた準拠法が適用されることとなる（法の適用に関する通則法7条）。

　もっとも、株式譲渡契約において、たとえば外国の株式を譲渡するような場合、日本法を準拠法として定めても、当該外国における株式譲渡の手続を履践しなければ、株式譲渡自体は効力が生じなかったり、対象会社に対して対抗できないことはある。よって、契約の準拠法を対象会社の設立準拠法とするか否かにかかわらず、設立準拠法上、株式譲渡が有効に実行できるかは確認する必要がある。

　実務上、国内案件では、日本法を準拠法とすることが一般である。他方、複数の国をまたがって契約交渉が行われるときに、準拠法をどうするかは交渉により決せられる。契約の準拠法を、対象会社の設立準拠法とすることも少なくないが、契約を交渉する担当者の観点から、その者が慣れ親しんでいる国の法律を契約の準拠法とすることもある。

　準拠法の定めで「抵触法を除く。」と定められることがある。これは準拠法として定めた法律の抵触法に従うと当該法域が準拠法でなくなるような自体を避けるために規定されるものであるが、日本の法の適用に関する通則法では、契約に定めた準拠法が適用されるため、日本でこのような条項を定める意味は乏しい。

2　管轄

(1)　裁判と仲裁の相違

　日本では裁判所に対する信頼が厚いこともあり、仲裁はまだそれほど一

般的ではない。しかし、契約当事者が複数の国にまたがる場合、裁判では他国での強制執行ができない場合があるが、仲裁はニューヨーク条約（外国仲裁判断の承認及び執行に関する条約）により同条約加盟国における強制執行が確保されている点が最も大きなメリットとして挙げられる。また、仲裁はその内容について非公開とすることができること、三審制の裁判所に比して仲裁判断は1回限りなので迅速な判断が可能であること、英語を言語として選択できることもメリットとして挙げられる。他方、仲裁判断には不服が申し立てられないことはデメリットとして機能することもあり、また仲裁は費用が裁判に比して非常に高額となることも実務上は大きなデメリットとして挙げられる。

　仲裁にはICCのような仲裁機関が手続を管理する機関仲裁と、そのような仲裁機関の関与がないアドホック仲裁があるが、私人間の場合、第三者的な立場から仲裁機関が手続の進行を管理してくれる機関仲裁が選択されることが多い。

　仲裁とする場合は、以下のような条項を定めることとなる。

●仲裁を選択する場合の例

> 　この契約から又はこの契約に関連して、当事者の間に生ずることがあるすべての紛争、論争又は意見の相違は、一般社団法人日本商事仲裁協会の商事仲裁規則に従って、東京都において仲裁により最終的に解決されるものとする。

　また、当事者は、仲裁人の数、仲裁人の選任方法および仲裁手続に用いる言語についても合意を行うことができる。仲裁人の数は、手続の公平性を考えて3名とするのが一般的であるが、1名の場合に比して費用がかかってしまう点は留意が必要である。

●仲裁人の人数等について合意する例

> 　仲裁人の数は、3名とし、1名は仲裁を申し立てた当事者が仲裁申立書において指名し、もう1名は他方当事者が指名し、仲裁廷の長となる第三仲裁人は、他の2名の仲裁人が共同して指名する。仲裁の言語は、英語とする。

192　第2部　株式譲渡契約

その他、仲裁手続の前に交渉や調停を経ることを規定しておくこともある。この場合、書面で相手方に通知した後、一定の期間（たとえば45日）以内に紛争が解決されない場合は、仲裁により解決されるといったことを規定することとなる。

(2)　国内案件における管轄の選択

裁判を選択する場合、特に国内案件（国内当事者間で国内の会社を譲渡する案件）では、当事者としては裁判を担当する者がいる地（本社機能がある地等）を管轄として定めたいと考えることが多い。また、株式譲渡契約に関する紛争については、その専門性から、商事部を有する東京・大阪等の都市部の地方裁判所を管轄とすることが考えられる。最終的には当事者間の交渉により決せられることとなる。

管轄に関する合意は、書面または電磁的記録によって行えば、専属的管轄に反しない限り、有効である（民事訴訟法11条）。

裁判所は、訴訟の目的の価額が140万円を超えない請求については、地方裁判所ではなく簡易裁判所で提起する必要があり（裁判所法33条1項1号）、地方裁判所か簡易裁判所かを当事者は選択できない。もっとも、株式譲渡契約で140万円を超えない請求を行うことは想定されないことも多く、そのため合意管轄を単に「東京地方裁判所」等と定めることも実務上は多い。

なお、専属的管轄を合意できない場合に、訴えを提起する際に相手方の本店所在地を管轄地とするとの合意を行うことがある。しかし、お互いに訴えを提起すると少なくとも一時的に裁判が複数の裁判所に係属することになってしまうため、あまり望ましい条項とはいえない。特に国際的な案件では紛争を複雑化させるおそれがある。

また、専属的管轄に合意できない場合に、非専属的管轄のみ合意することがあるが、同様に複数の裁判所に係属することとなるおそれがある。

(3)　国際案件における管轄の選択

国際案件においては、判断機関の信頼性・迅速性、当事者の負担、信頼できる弁護士の確保、相手方の地での執行の可否等をふまえて、最終的には交渉により管轄を決めることになる。国際的案件では、上記のとおり、

第10章　一般条項　193

ニューヨーク条約加盟国における執行が確保されていること、言語を選択できることから、仲裁のメリットは比較的大きい。

　日本では、国際管轄に関する合意も原則として有効である（民事訴訟法3条の7）。日本の管轄については、日本で裁判を行うことが当事者間の公平、裁判の適正・迅速を期するという理念に反する特段の事情があると認められる場合には、わが国の国際裁判管轄が否定されることがあるが（最判平成9年11月11日民集51巻10号4055頁）、株式譲渡契約について企業間で代理人を立てて交渉を行ったような場面で否定されることは稀であろう。

　また、外国の裁判所にのみ訴えを提起することができる旨を合意した場合は、その裁判所が法律上または事実上裁判権を行うことができる限り、有効であり、そのような場合は国内で訴えを提起することができない。

Ⅳ　譲渡禁止・修正・完全合意

1　譲渡禁止

第9.5条（譲渡等の禁止）
　売主及び買主は、相手方の事前の書面による承諾を得ない限り、本契約上の地位又は本契約に基づく権利義務の全部又は一部について、第三者に対する譲渡、移転、承継、担保提供その他の方法による処分をしてはならない。

　株式譲渡に限らず、契約上の地位は、相手方の承諾がなければ移転させることはできないと従前より解釈されており、平成29年民法改正により明確化される（改正後民法539条の2）。よって、契約上の地位は相手方の承諾なく譲渡できないことは、契約に規定するまでもなく明らかだが、①契約上の地位を相手方の承諾なく移転できるのが原則である法制の国もあるため、承諾なく移転できないことを明確化する意味があること、②契約上の地位の移転だけでなく、合併や会社分割による承継に際しても相手方の承諾を必要と定めることには意味があること等から、株式譲渡契約では規定されることも多い。

　株式譲渡後の合併があらかじめわかっている状況では、合併による譲渡を例外としてあらかじめ契約で定めておくべきである。

194 第2部 株式譲渡契約

また、契約に基づく債権については、相手方の承諾がなくとも譲渡できるのが原則であるが、契約で譲渡禁止をした場合は、譲渡できず、ただ善意または重過失の相手方には対抗できない（民法466条）。平成29年民法改正により、契約で債権の譲渡を禁止した場合でも、当事者間では有効であり、ただ善意または重過失の譲受人に対しては債務の履行を拒むことができるとの規定となる（改正後民法466条2項以下）。株式譲渡契約でも、契約上の地位の移転だけではなく、株式譲渡契約に基づく権利および義務の移転についても禁止する旨を定めることが少なくなく、その場合は、株式譲渡契約に基づく債権については譲渡禁止特約がなされたこととなる。

たとえば買主が金融機関から株式取得代金を借り入れる場合は、金融機関に対して株式譲渡契約上の債権を担保提供することがある。このような場合、当該金融機関に対する担保提供と担保実行による譲渡については、債権譲渡の禁止の例外である旨を定める必要がある。

2 変更・修正

第9.6条（本契約の変更・権利の放棄）
1. 本契約は、売主及び買主が書面により合意した場合にのみ変更又は修正することができる。
2. 本契約に基づく権利の放棄は、書面によってのみ行うことができる。本契約に基づく権利の不行使又は行使の遅滞は、当該権利の放棄と解されてはならない。

契約の修正には契約当事者全員の合意が必要であるが、そのことを契約条項として明確化するとともに、「書面による」合意によってのみ契約の変更および修正ができるとすることがある。契約の変更または修正が行われたか否かを明確にするための条項である。

同様に、契約上の権利の放棄についても、書面により行った場合にのみ有効と定め、放棄をしたか否かを明確にするよう定めることがある。

3 分離可能性

第9.7条（分離可能性）

第10章　一般条項　195

> 　本契約の一部の条項が無効、違法又は執行不能となった場合においても、その他の条項の有効性、適法性及び執行可能性はいかなる意味においても損なわれることなく、また、影響を受けないものとする。

　契約の条項の一部が、たとえば公序良俗に反し無効である場合に、残りの条項まですべて無効となると契約当事者にとって不都合であるため、一部の条項が無効であっても他の条項は有効である旨定めた条項である。一般に分離可能性（Severability）に関する条項と呼ばれるものである。

　このような条項がどこまで有効かは疑義もあるが、実際に契約条項の一部が無効であるとされた場合に、できる限り他の条項は有効であると解釈しようとする際の一助にはなると思われる。

4　完全合意

> 第9.8条（完全合意）
> 　本契約は、本件株式譲渡を含む本契約で定める事項に関する当事者間の完全なる合意を構成するものであり、本契約の締結前にかかる事項に関して売主及び買主との間で交わされた一切の契約等は、本締結日をもって全て失効する。

　株式譲渡契約の締結に至るまでには、当事者間でさまざまな条件について協議され提案されることが多い。しかし、そのすべてについて合意したか否かが後から争われることは、紛争をより複雑化させる可能性がある。このような状況を避けるため、契約当事者間では株式譲渡契約に規定していることのみが合意事項であり、それ以外に合意事項がないことを定めるのが完全合意条項である。このような条項は、一般には有効であると解されている（東京地判平成18年12月25日判時1964号106頁）。

　もし株式譲渡契約以外に、契約当事者間の契約で存続させたいものがある場合には、明示的にこれを完全合意条項の対象から除外する旨を定める必要がある。

　上記のような完全合意条項を定めていたとしても、契約条項を合理的に解釈するに際して、契約交渉上のやりとりが参照されることは否定されない。この点、契約条項の解釈をするためにも、契約条項以外の資料を参照

してはならないとして、証拠方法までも制限する条項もまれに見られ、このような条項も有効と解されている（東京地判平成7年12月13日判タ938号160頁）。もっとも、日本国内の交渉で証拠方法まで排除する条項を設けることは多くない。

5　通知

第9.9条（通知）
　本契約に従い、売主及び買主が行う通知、請求その他一切の連絡は、以下の通知先宛てに、配達証明付郵便、ファクシミリ送信又は電子メール送信のいずれかの方法により、書面を送付することにより行い、その効力は相手方に到達した時（配達証明付郵便については到達した時又は到達すべき時）に発生する。但し、以下の通知先は、売主又は買主が本条に定める方法により通知先を変更する旨を通知することによりこれを変更することができる。

（売主）
　住　　　　　　　所：
　宛　　　　　　　先：
　電　　　　　　　話：
　F　　A　　X：
　e-mail アドレス：

（買主）
　所　　　在　　　地：
　宛　　　　　　　先：
　電　　　　　　　話：
　F　　A　　X：
　e-mail アドレス：

　相手方に対する通知先を明示することで、通知がなされたか否かの紛争を回避するため、通知先を規定することが多く行われる。

　通知の方法としては、郵便、クーリエ、ファクシミリ送信や電子メールが挙げられることがある。電子メールについては簡便性から近年増加傾向にあるものの、通知の確実性との関係であえて通知方法に含めないことも少なくない。

第10章　一般条項　197

　通知先を規定した場合、定められた通知方法により通知が到達したとき
に通知されたものとされる。通知が到達したときに通知されたものとされ
るのは、民法97条に定める到達主義の原則と同じであるが、さらに、通知
が到達しなくとも通知先に通知を発して通知に通常要する期間を経過すれ
ば、通知が到達したとみなす旨の規定を設けることもある。もっとも、到
達のみなし規定は、配達証明付郵便等の比較的到達が確実に行われるであ
ろう手段を用いた場合にのみ適用されるとすることが多い。

　通知先は、相手方に通知することにより変更できると定めることも多い。
上記のように通知が到達したとみなす旨の規定を設ける場合は、特に変更
の規定を設ける意味がある。

　通知先には、単に会社名だけでなく担当部署名等も記載されることが多
く、さらに担当者名まで記載することもある。なるべく特定した方が通知
がなされたが会社内で誰も認識できないという状況は避けられるが、担当
部署名や担当者が変更されれば、毎回、通知先の変更の通知を行わなけれ
ばならないこととなるため、特に担当者名まで記載することは慎重になる
方がよいであろう。

　通知先だけでなく、たとえば法律事務所をコピーの送付先として指定す
ることがある。米国ではコピーの送付先を記載することは一般的であり、
コピーの送付先にも送付しなければ通知したとみなされないと解されてい
る。日本ではコピーの送付先を指定することはまだそれほど多くない。

　外国当事者との案件では、通知に際しての言語も規定されることがある。

6　費用負担

第9.10条（費用負担）
　売主及び買主は、本契約に別途明確に定める場合を除き、本契約の締結及
び履行に関連してそれぞれに発生する費用については、各自これを負担する。

　契約の交渉やデュー・ディリジェンスのために、弁護士、公認会計士、
税理士、フィナンシャル・アドバイザー等の専門家にかかった費用は、通
常、その専門家を雇った当事者が負担する。上記モデル条項はそのことを
確認的に規定しているものである。

　これに対して、独占禁止法上の手続に要する費用、特に世界各地で手続

198　第2部　株式譲渡契約

を行う場合の費用については、当事者間で折半する旨を規定することもある（**第7章Ⅲ2(2)(i)オ**）。また、価額調整の場面で最終的に監査法人等に評価を依頼する費用（**第3章Ⅱ3**）や、支払いを行う場合の手数料（**第4章Ⅲ2(1)**）等についても、契約で別途定めることがある。

7　言語

第9.11条（言語）
　本契約は、日本語により作成され、締結されるものとする。本契約が日本語以外の言語に翻訳された場合も、当該翻訳は本契約の解釈に影響しない。

　日本国内の当事者間の案件であれば規定されることは多くないが、外国の当事者が含まれる場合や、親会社が外国会社であるため翻訳が作成されている場合には、言語について規定されることがある。なお、いかに正確な翻訳であっても翻訳が原文とまったく同じ意味になることはなく、紛争を混乱させることになるので、複数の言語をいずれも正文とするようなことはすべきでない。

8　第三者の権利

第9.12条（第三者の権利）
　本契約は、第三者のためにする契約と解されてはならず、売主又は買主以外の第三者は、本契約に基づきいかなる権利も主張することができない。

　契約においては、売主と買主という契約当事者の権利義務を定めるだけではなく、たとえば対象会社の従業員の雇用を維持する等、契約当事者以外についても定めを設けることがある。このような条項について、「第三者のためにする契約」（民法537条）と解されてしまうと、第三者が債務者に対して利益を享受する意思を表示すれば、当該第三者が契約上の権利を有することとなる。このようなことを避けるため第三者の権利について条項を設けることがある。

9 誠実協議

第9.13条（誠実協議）
　売主及び買主は、本契約の条項の解釈に関して疑義が生じた事項及び本契約に定めのない事項については、誠実に協議の上解決する。

　日本の株式譲渡契約では、最後に誠実協議に関する条項を定めるのが一般的である。もっとも、法的にはこの条項の違反を主張することは難しく、また通常はこの条項が契約の解釈に影響を与えることもない。

10 署名欄

　本契約の締結を証するため、本契約書2通を作成し、各当事者が各1通を保有する。

　契約の締結については、株式譲渡契約については原本を2部作成し、それぞれの当事者が1部ずつ保有することが多い。株式譲渡契約には印紙税がかからないが、金銭消費貸借契約のように多額の印紙税がかかる契約については、あえて原本は1部とし、残りの当事者は写しを保有するとすることによって、印紙税を節約することがある。

　契約の締結については、紙で用意して押印またはサインをする方法のほか、近年はサインページを PDF にして電子メールで交換することをもって締結したと考える方法も多くとられている。電子メールを用いる方法について、あえて契約条項に規定することもあるが、日本法上はいかなる方法の合意も有効であるため、契約条項に規定せずに電子メールを用いることも多い。

第3部

事業譲渡契約

第1章　事業買収に係る契約

I　事業買収型の類型

　第3部では、企業が営む事業の一部を買収する場合の基本的な契約形態である事業譲渡契約について、株式譲渡契約に関する**第2部**の解説ではカバーされていない部分に絞ってモデル条項を示しながら解説をする。

　企業が営む事業の一部の買収を、本書では「事業買収型の取引」と呼ぶ。事業買収型の取引においては、大きくは次の3種類のストラクチャーが用いられることが多い。

　①　事業譲渡

　事業譲渡は、権利義務を1つひとつ個別に買主に対して承継する取引の集合体であり、契約、債務および労働者を承継させるためには、その相手方（契約の相手方、債権者および労働者）の個別の承諾を常に必要とする。売主から買主に対して直接に事業譲渡を行い、買主が売主に対価となる現金を支払うというこの形態は、事業買収型の取引の基本といえる。

　②　（直接）吸収分割

　売主と買主の間で吸収分割契約を締結し、売主から買主に吸収分割契約に基づき権利義務を承継させ、買主も吸収分割契約に基づき直接に売主に対して対価となる現金を支払う形態である。事業譲渡と異なり、会社分割では、契約は相手方の同意を得ずに承継させることができ、労働者については、承継する事業に主として従事する労働者は同じ雇用条件で同意なく承継会社に承継することができる。また、債務についても、債権者に対して通知・公告を行い、会社分割について異議を述べる機会を与える必要はあるが（債権者保護手続）、債権者が異議を述べなければ、債務は分割計画・分割契約に従って自動的に承継される。

　特に契約や労働者をそのままの条件で承継する場合には、有用な方法と

いえる。

[吸収分割]

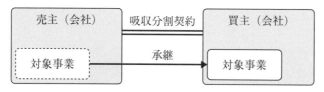

③　会社分割＋株式譲渡

　上記①や②のように、売主と買主の間で直接に権利義務の承継を行うのではなく、売主がその子会社に対して一度権利義務を承継させたうえで、当該子会社の株式を買主に対して譲渡するという方法が用いられることが少なからずある。面倒な権利義務の承継や許認可の取得といった手続について、売主側で完了させることを買主が希望する場合や、売主と買主の従業員の雇用条件が異なるため、譲渡対象となる事業を買主が別会社で保有することを希望する場合等に用いられることがある。

[会社分割＋株式譲渡]

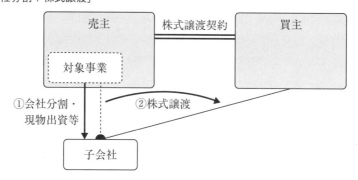

Ⅱ　事業買収型の特徴

　事業買収型の場合、企業が営む事業の一部を買収することができるのが特徴である。事業譲渡であっても、会社分割であっても、買主は契約に定

めた権利・義務（資産・負債）を承継することができ、いわゆるチェリーピッキング（よい資産だけを承継すること）ができる。

　会社分割では、会社法の制定時に、承継の対象はそれ自体が事業としての内容を備えているものでなければならないという解釈を採用しないこととし、承継対象に事業性を要求しないこととしている。これにより、当事者が合意をした権利・義務のみを承継することが可能となった。

　もっとも、例外的に、事業譲渡の譲受人・会社分割の承継会社が、譲渡人・分割会社の義務について責任を負う場合として、①譲渡人や分割会社が、承継されない債務の債権者を害することを知って譲渡した場合における詐害行為取消権・否認権（会社法23条の2、759条4項、761条4項、764条4項、766条4項、民法424条、破産法160条以下等）や第二次納税義務（国税徴収法38条、39条）と、②譲受会社が商号を続用した場合が挙げられる（会社法22条1項）。

　①詐害行為取消権・否認権の行使には、通常、承継されない債権者を害することを譲渡人・分割会社および譲受人・承継会社のいずれも知っていたことが必要である。特に、譲渡人・分割会社が債務超過であるような場合には注意する必要がある。

　②商号続用については、商号のほか、ゴルフクラブの名称を続用する場合にも類推適用される（最判平成16年2月20日民集58巻2号367頁）。また、会社法22条2項は免責の登記を行えば譲受人は免責される旨を定めるが、過払金返還請求において、このような主張が信義則に反し許されないとする裁判例（東京地判平成16年7月26日金判1231号42頁）があることには留意する必要がある。

Ⅲ　事業買収型の取引における契約

　事業買収型の取引に係る契約も、一定の事業を買収するということ自体は株式譲渡と同じであるため、基本的には、株式譲渡契約と同様の構成をとることが多い。すなわち、事業買収型の取引でも、表明保証、誓約事項、前提条件、補償等の条項が設けられ、その内容についても、株式譲渡契約と共通する部分が多い。

　他方、事業買収型の取引は、株式譲渡と比較すると、以下のような特徴

206　第3部　事業譲渡契約

がある。

①　譲渡対象が、多様な権利義務の集合体であり、その特定が必ずしも容易ではない

②　譲渡対象が、株式という譲渡が容易なものではなく、特に契約や債務については原則として相手方の同意が必要なものである

③　これまで1つの会社として営まれていた事業を分割することとなるため、両方の事業に共通する機能や共通して用いられてきた資産・契約等の取扱いが問題となる。また、買主としては譲り受けた後ただちに事業が行える状態にあるのかの確証を得る必要がある

④　会社の事業の一部のみを買収するため、買主が希望する権利義務のみを譲渡対象とすること（チェリーピッキング）が可能であり、不必要な潜在債務等を譲り受けることを排除することが可能である

　第3部では、**第2部**で株式譲渡契約について解説したことを受けて、事業買収に関する契約特有の条項に焦点を当てて解説する。

　なお、事業譲渡や会社分割については、会社法上の手続との関係で、契約の建付けに配慮を要する場合がある。すなわち、いずれの場合でも、原則として、株主総会決議による契約の承認が必要とされ（会社法467条、783条、795条、804条）、また、契約や計画の内容の概要が株主総会参考書類の記載事項とされている（会社法施行規則87条2号、90条2号、92条2号）。そこで、実務上、以下で解説するような詳細な規定を盛り込んだ契約書を株主総会決議の対象とすることを避けるため、株主総会決議の対象とする事項を定めた定型的な契約とは別に、取引条件の詳細を定めた契約（いわゆる「法定外契約」）を締結するといった対応がとられる場合がある。

第2章 譲渡対象の確定

第2.2条（資産の譲渡）

1. 本件事業譲渡により、売主は、本契約の規定に従い、クロージング日を
   もって、次項に定める承継対象資産を負担等なく買主に譲り渡し、買主は
   これを譲り受ける。

2. 本契約において「承継対象資産」とは、クロージング日時点において存
   在し、売主が承継対象事業のみに関して有する以下の資産をいう。

   (1) 現預金○円

   (2) 流動資産
      製品、仕掛品、原材料、前渡金、仮払金、前払費用等に係る資産を含
      む全ての流動資産。但し、現預金、売掛金債権、受取手形、電子記録
      債権、未収入金を除く。

   (3) 固定資産
      土地、建物、設備、構築物、機械、装置、車両運搬具、工具、器具、
      備品、リース資産等に係る資産を含む全ての固定資産。

   (4) 知的財産権
      特許権、実用新案権、意匠権、商標権、著作権、特許を受ける権利、
      実用新案登録を受ける権利、意匠登録を受ける権利、商標登録出願に
      より生じた権利、及び不正競争防止法に基づく保護の対象となる商品
      等表示、商品の形態又は営業秘密、ソフトウェア、ノウハウ並びに外
      国法に基づく権利であってこれらに相当するもの等を含む全ての知的
      財産権等。

   (5) その他の資産
      売主が承継対象事業のみに関して有する一切の資産。但し、前記(1)乃
      至(4)に定めるものを除く。

第2.3条（債務の承継）

1. 本件事業譲渡により、売主は、本契約の規定に従い、クロージング日を
   もって、次項に定める承継対象債務を買主に承継させ、買主はこれを免責

208　第3部　事業譲渡契約

的に引き受ける。但し、承継対象債務について、債権者の承諾が得られなかった場合、買主は、当該債権者に対する当該承継対象債務を重畳的債務引受け（売主及び買主間における買主の負担部分は全部とする。）の方法により承継し、売主がクロージング日以降に当該承継対象債務について履行その他の負担をした場合には、売主は、買主に対し、負担した額の全額を求償することができるものとする。

2．本契約において「承継対象債務」とは、クロージング日時点において存在し、売主が承継対象事業のみに関して負担する以下の債務をいう。

　⑴　流動負債

　　　未払賞与、未払費用、リース債務、未払金等に係る債務を含む全ての流動負債。但し、借入金債務その他の有利子負債、買掛金債務、支払手形、電子記録債務及び預り金に係る債務を除く。

　⑵　固定負債

　　　預り保証金、リース債務、長期未払金等に係る債務を含む全ての固定負債。但し、借入金債務その他の有利子負債、退職給付債務及び資産除去債務を除く。

3．売主及び買主は、買主が、承継対象債務及び次条に基づき売主から買主に承継される債務を除き、クロージングより前に生じた事由に起因又は関連して発生する売主の債務（偶発債務及び簿外債務を含む。）を一切引き受けないことを確認する。

第2.4条（契約上の地位の承継）

1．本件事業譲渡により、売主は、本契約の規定に従い、クロージング日をもって、次項に定める承継対象契約の契約上の地位及びそれに基づく権利義務（クロージングより前に発生済みの金銭債権及び金銭債務並びにクロージングまでに売主が製造又は販売した製品に係る金銭債務を除く。）を買主に移転し、買主はこれを承継する。但し、かかる契約上の地位の承継に関して当該承継対象契約の相手方当事者が同意することを条件とする。

2．本契約において「承継対象契約」とは、クロージング日時点において存在し、売主が承継対象事業のみに関して締結している以下の契約等をいう。

　⑴　売買契約、業務委託契約、製造委託契約、リース契約、ライセンス契約。

　⑵　その他の承継対象事業のみに関する一切の契約等（承継対象従業員に係る雇用契約を除く。）。

Ⅰ　概要

　事業買収型の取引においては、シンプルな株式譲渡の場合と異なり、一定の資産、負債、契約その他の権利義務のみを取引対象とする（通常は一定の事業にひもづくものが取引対象とされる）ため、これらの譲渡対象を明確にすることが重要となる。事業譲渡を用いる取引の場合には、契約上、譲渡対象となる権利義務が規定され、また、会社分割を用いる取引の場合には、新設分割計画または吸収分割契約において承継対象権利義務の明細が規定される。

　この点、譲渡対象を明確にするためには、個別の資産、債務、契約等を契約上詳細に列記することが本来は望ましいとも思われる（以下、譲渡または承継の対象となる資産、債務および契約を、それぞれ「承継対象資産」「承継対象債務」「承継対象契約」という）。しかしながら、ある事業の権利義務をすべて個別に列記することはそもそも現実的ではない場合も多く、また、M&Aにおいてはゴーイング・コンサーン（継続企業）の事業を譲渡対象とするため、権利義務が日々変動することが通常である。したがって、事業買収型の取引においても、譲渡対象となる権利義務に関しては、特に重要なものは個別列挙する場合もあるが、上記モデル条項第2.2条2項(5)号の「その他の資産」のように、ある程度概括的な記載によるキャッチオール規定を含む場合が通常である。

　以上をふまえ、以下においては、事業買収型の取引における譲渡対象の特定において、特に実務上問題となるポイントについて検討を行う。

Ⅱ　承継対象資産等の特定方法

1　特定の程度

　買主の立場においては、譲渡対象となる事業（以下「承継対象事業」という）において特に重要な資産（不動産や固定資産のほか、特許権その他の知的財産権を含む）や契約が存する場合には、これらの重要な資産や契約が譲渡もしくは承継されることを明確にするため、譲渡対象として、これら

を明示するように要請することが考えられる。また、買主は、承継対象事業に関連する資産および契約等については、もれなく譲渡対象にしたいとの要請があり、かつ、承継対象事業に必要な資産および契約等をすべて把握するのが難しい立場にあるため、譲渡対象にもれがないようにするため、「その他、承継対象事業に関連する資産及び契約」等のキャッチオール条項を規定することが考えられる。なお、買主として、承継対象事業に十分な資産および契約が譲渡もしくは承継されることを確認するための1つの手段として、いわゆる資産等の十分性・網羅性に関する表明保証を求めることがある（**第6章Ⅰ**参照）。

　なお、不動産や知的財産権等の権利の移転に際して登記または登録が必要である場合には、登記または登録のために、譲渡または承継の対象となる不動産や知的財産権等を具体的に特定する必要が生じる。この点、実務的には、（不動産については最終契約にて譲渡または承継の対象となるものを具体的に特定することも多いが）最終契約では概括的な記載にとどめたうえで、別途登記または登録用の簡易な書類を作成し、そのなかで不動産や知的財産権等を特定することも多い。

2　他の事業と共用されている資産・契約の取扱い

　かかる承継対象資産・契約の特定に関しては、承継対象事業と他の事業に共用されている資産や契約の取扱いが論点となることがある。すなわち、たとえば、承継対象事業と他の事業にて共通の資産や契約が存する場合において、これらが譲渡対象となるかが問題となり、売主の立場からは、共用する資産や契約が意図せずに譲渡もしくは承継の対象となることを防ぐために、「承継対象事業『のみ』に関連する資産・契約」等の文言により、承継対象事業に関連するものの、他の事業にも関連する資産・契約については譲渡対象とはならないような規定とする場合もある。これに対して、買主の立場からは、「承継対象事業『のみ』に関連する」では、他の事業に少しでも関連する資産・契約は譲渡対象には含まれないとの解釈がなされるおそれがあるため、「『主として』承継対象事業に関連する」等の文言によって、譲渡対象の範囲を拡大するように提案を行う場合もある。

3 会計・税務上の資産・負債

　主に事業譲渡ではなく会社分割との関係の論点として、実務上は、会社分割の新設分割計画や吸収分割契約における承継対象資産として「前払費用」や「繰延資産」、または、承継対象負債として「前受金」や「引当金」等の会計・税務上の資産・負債が記載されることがある。かかる会計・税務上の資産・負債は、あくまで会計・税務上の処理の結果として認識されるものであり、これに対応する法律上の資産・負債が存在するわけではない。そして、かかる会計・税務上の資産・負債は、会社分割に際しても、会社計算規則および企業結合会計基準または税務上の諸関連規定により処理されることとなり、本来は、分割計画での定めには左右されないと考えられている。したがって、法的には、かかる会計・税務上の資産・負債は承継対象資産または承継対象債務として、新設分割計画または吸収分割契約において規定する必要は存しないが、実務的には、念のための確認規定としてこれらを承継対象資産または承継対象債務として記載することがある。

Ⅲ　債務の承継等

　債務の承継に関しては、基本的には、事業譲渡契約、新設分割計画、または吸収分割契約において承継対象とされたもののみが買主に対して承継される。もっとも、買主の立場からは、承継対象事業に関連しない債務について買主が責任を負担しないことを明確にするために、「承継対象外債務」との概念を設け、承継対象事業に関連しない債務を「承継対象外債務」に該当することとし、承継対象外債務は買主に対して承継されないことを明示したうえで、万が一買主が承継対象外債務に関して何らかの損害等を被った場合（承継対象外債務に関して買主を相手方とする訴訟等が提起され、防御費用がかかった場合等が考えられる）には、当該損害等について売主に対して特別補償を請求できるとの仕組みを設ける場合もある。

　さらに、買主の立場からは、かかる「承継対象外債務」に、クロージング日前の承継対象事業に関して生じた偶発債務等を含めることとし、これらの偶発債務の承継を遮断するとともに、何らかの理由で買主がかかる偶

212　第3部　事業譲渡契約

発債務等に関して損害等を被った場合には、売主に対して無制限の特別補
償を請求できる権利を確保するように求める場合がある。これに対して、
売主の立場からは、かかる承継対象外債務に基づく特別補償が、承継対象
事業に関する表明保証の違反に基づく補償請求に対する制限の抜け道（補
償の下限や上限の抜け道）とならないように留意が必要である。

●承継対象外債務の定義例

> 「承継対象外債務」とは、(i)承継対象事業に関連しない債務、及び、(ii)本契
> 約の別紙「本承継対象権利義務明細表」に記載されている債務を除く一切の
> 有利子負債、偶発債務、簿外債務その他の債務（当該債務の原因事実の発生
> 時期を問わない。）をいう。

　なお、上記モデル条項第2.3条3項においては、同様の問題意識から、
クロージングより前に生じた事由に起因または関連する偶発債務等は買主
に対して承継されないことを明確化している。もっとも、瑕疵修補義務等
の金銭債務以外の債務（作為義務）はクロージング後に売主が履行するこ
とができないため、買主に対して承継させたうえで、別途特別補償条項に
より実質的に売主が費用負担することとしている。

第3章　譲渡価額　213

第3章　譲渡価額

第2.6条（譲渡価額）
　本事業の譲渡の対価（以下「譲渡価額」という。）は、金○円（消費税・地方消費税別）とする。

Ⅰ　概要

　事業買収型の取引においては、譲渡対象となる個別の資産ごとに対価を決定するのではなく、譲渡対象全体に対する対価を設定するのが原則である。

　もっとも、事業譲渡に関しては、消費税法においては、事業に含まれる個々の資産の譲渡として取り扱われ、非課税とされる土地、有価証券等の譲渡を除き、消費税の課税取引となる。そして、事業譲渡による譲渡資産のなかに課税資産と非課税資産が含まれている場合には、消費税の算定のため、事業譲渡契約等において、事業譲渡の対価の額を課税資産と非課税資産に区分する場合もある。

　また、海外の事業譲渡契約においても、各種資産の取得税等の計算のため、譲渡対価を各資産に配賦するための方法を合意する場合もある（なお、合意の方法としては、売主および買主がそれぞれ独自に対価の配賦を決めることもあれば、売主および買主が配賦に関して合意するためのプロセスが規定される場合もある）。

Ⅱ　価額調整の可否

　事業買収型の取引においても、シンプルな株式譲渡の場合と同様、対価が定められることとなる。対価は、取引の形態に応じて、事業譲渡の対価、吸収分割における現金対価、または一度会社分割をした後に株式を譲渡す

214　第3部　事業譲渡契約

る場合は当該株式譲渡の対価として定められる。

　もっとも、現金対価の会社分割の場合には、対価の数（額）またはその算定方法が法定記載事項とされる等、対価について会社法上一定のルールが存するため、組織再編の対価の調整方法を検討する際には、株式譲渡契約におけるのとは異なる配慮を要する場合がある。

　すなわち、組織再編における対価の交付義務は効力発生日に現実化すると考えられており、これを厳格に解すれば、効力発生日において対価の具体的な金額が確定していなければならず、クロージング日の資産等の状況に応じてクロージング日（効力発生日）の後に最終的な対価の金額が確定するような仕組み（いわゆるクロージング調整）は認められないとも考えられる。しかしながら、いわゆるクロージング調整が設定される場合も、クロージング日（効力発生日）の時点で対価の算定方法は確定しており、クロージング日（効力発生日）時点で各当事者が認識するには至っていないものの客観的には最終的な対価を確定することができる状況にある（すなわち、クロージング日時点ですべての情報を取得することができる状況にあれば、クロージング日時点において最終的な対価を確定することができる）ため、実務的には、組織再編において、いわゆるクロージング調整と同様の仕組みを用いることも可能との解釈を前提にクロージング調整を設定している場合もある。具体的には、株式譲渡契約の場合と同様に、クロージング日（効力発生日）において、組織再編の対価としての金銭が仮払いされ、その後にクロージング日時点の運転資本や純資産等の確定手続を経たうえで、あらかじめ合意された算式に従って最終的な対価が決定され、対価の精算がなされることとなる。

　これに対して、アーンアウト（効力発生日後の業績等に応じた調整）については、クロージング日後の事情に基づいて行われることになるため、組織再編の対価の確定時期との関係が特に問題となる。アーンアウトのように、クロージング日（効力発生日）後一定期間の業績等に応じて権利内容（交付される金銭の額や株式の数）が変動するような仕組みとした場合には、クロージング日（効力発生日）時点では最終的な対価を確定することができる状況にはないため、組織再編の対価の定めとして規定するのは難しいと考えられる。

Ⅲ　特殊な価額調整

　事業買収型の取引においては、株式譲渡のように、ある会社をそのまま買収する場合と異なり、権利義務の移転に関して第三者の承諾や許認可の取得等が必要となる結果、取引全体のクロージングがなされたとしても、一部の権利義務が買主に対して移転していないとの状況がありうる。

　この場合、買主としては、本来企図した権利義務の承継がなされなかったことを理由として、譲渡価額の減額調整を求める場合がある。たとえば、取引契約や取引口座の移転を伴う事業譲渡において、取引契約や取引口座の移転が実現しない場合に、一定の算式に基づいて減額調整がなされるような場合がある。

　ただし、譲渡対象の価値が容易に算定できるような場合はともかく、そうでなければ、譲渡価額の減額調整についてあらかじめ算式を定めることは容易でない場合が多い。そのような場合は、本章Ⅱに記載のように、譲渡価額の調整について協議することのみを規定することもある。

●取引先の不承継に基づく減額調整の例

> 　クロージング日までに、別紙○に定める本重要取引先から本件取引による契約の承継について同意が取得できない場合（以下、「非承継取引先」という。）、譲渡価額から、非承継取引先ごとに別紙○に定める金額【注：非承継取引先ごとに減額する金額をあらかじめ定める。】を減額するものとする。

216 第3部 事業譲渡契約

第4章 クロージング

第3.2条（クロージング手続）

1. 売主は、クロージング日において、買主による本件譲渡価額の支払いと引換えに、買主に対し、本件事業譲渡（次条に従った承継対象資産の引渡し及び移転を含む。）を行うとともに、以下の各号の書類を引き渡す。

   (1) 承継対象資産の譲渡に係る登記又は登録の申請に係る必要書類（登記又は登録に係る買主に対する委任状を含む。）

   (2) 本件承継対象契約承諾書の原本

   (3) 承継対象契約（本件承継対象契約承諾書が取得されたものに限る。）に係る契約書の原本

   (4) 転籍同意に係る同意書の原本

   (5) 転籍同意をした承継対象従業員に係る雇用契約書の原本

   (6) 承継対象事業に関する会計帳簿の全て

   (7) ○○

2. 買主は、クロージング日において、売主による本件事業譲渡及び前項に掲げる書類の引渡しと引換えに、売主に対し、本件譲渡価額を支払う。

3. 前項に定める買主による売主に対する本件譲渡価額の支払いは、売主がクロージング日の○営業日前までに買主に対して通知する売主の銀行口座に振込送金する方法により行うものとし、振込手数料は買主が負担する。

第3.3条（承継対象資産の移転手続）

1. 売主は、クロージング日において、承継対象資産を買主に引き渡すものとし、買主はこれを受領するものとする。これらの承継対象資産についての危険は、売主の責めに帰すべきものを除き、当該引渡しにより、売主より買主に移転するものとする。なお、承継対象資産のうち第三者が占有するものの引渡しは、指図による占有移転の方法によるものとする。

2. 承継対象資産の移転手続に必要な費用は買主が負担するものとし、売主が支弁したものについては、クロージング日後30日以内に買主より売主に支払うものとする。

I　概要

　株式譲渡による M&A 取引においては原則としてクロージングとして株式の譲渡と対価の支払いを行えば足りるので手続は比較的容易なのに対して、事業買収型の取引においては、クロージングに際して、承継対象権利義務（すなわち、資産、負債および債務ならびに契約等）を移転もしくは承継させるための手続を行う必要があるため、クロージングの手続は複雑となる。

　なお、最終契約のドキュメンテーションとの関係では、以下の事項のすべてが「クロージング」の章に規定されるとは限らず、誓約事項等として規定されることもあるが、本書においては、議論をわかりやすくするために本章でまとめて述べる。

II　プレ・クロージングの実施

　事業買収型の取引においては、下記のとおり個別に承継対象権利義務の移転・承継の手続が必要となり、許認可や第三者の同意の取得状況等によっては、クロージング日においてすべての承継対象権利義務の移転・承継が可能な状況となっているかが明らかでない場合もある。**第5章**に記載のとおりすべての承継対象権利義務が移転・承継できずとも取引自体は実行される場合が多いが、承継対象権利義務のうち移転・承継の実行が前提条件となっているものに関する移転・承継の条件が充たされていない場合には、クロージング日自体を延期する必要が生じる場合もある。

　そこで、事業買収型の取引においては、株式譲渡取引と比べて、プレ・クロージングを実施し、前提条件の充足状況を事前に確認する必要性が高いともいえる。特に、吸収分割に関しては、効力発生日が到来すれば法令に従って自動的にその効力が生じてしまうこととなり、効力発生日を変更するためには公告等の手続を行う必要がある（会社法790条2項）ため、最終契約においては、かかる効力発生日を変更するための公告等の手続の履践が可能なタイムライン（たとえば、効力発生日の7営業日前の日）にてプレ・クロージングおよび前提条件の確認を行い、仮に前提条件が充足され

218　第3部　事業譲渡契約

ていない場合には、吸収分割の効力発生日の変更のための手続を行う旨が
定められる場合もある。

Ⅲ　資産の承継等

　資産の承継等に関しては、事業譲渡であれ会社分割であれ、原則として、
第三者の同意等を取得することなく、当事者間において移転・承継させる
ことができるのが原則である。もっとも、当該資産に関する第三者との契
約上、資産の移転・承継に関して第三者の同意等の取得が必要となる場合
には、契約違反を避けるために第三者の同意を取得する必要が存する場合
がある。

　一方、特許権、実用新案権、意匠権、商標権等その権利の成立のために
登録を要する知的財産権については、権利移転の登録が権利移転の効力発
生要件となっている。そこで、事業譲渡による権利の移転について、登録
を行わなければ、その効力が生じない点に留意が必要である。他方、会社
分割等の一般承継に関しては登録がなくとも権利移転の効力が生じるもの
とされているが（特許法98条1項1号かっこ書等）、登録を行っておかなけ
れば対抗要件を具備できていないため、会社分割後に分割会社がこれを第
三者に譲渡し、譲受人が先に権利の移転の登録を行ったような場合には、
結果として分割承継会社が権利を喪失することとなりうる。

　また、不動産や債権等の移転・承継に関しても、対抗要件を具備しなけ
れば、同一の資産について権利を取得した第三者に対抗できないため、対
抗要件（たとえば、不動産等の移転・承継に関する所有権移転登記、債権の譲
渡等に関する通知・承諾もしくは債権譲渡登記等）を具備する必要がある。
したがって、最終契約においては、承継対象権利義務に含まれる資産の承
継等のほか、かかる効力発生要件または対抗要件を具備するための手続の
履践やこれに関する費用の負担についても規定がなされることとなる。

　さらには、海外に所在にする資産その他の海外法が適用される資産に関
しては、海外の準拠法に基づき、当該資産の承継等について、許認可・登
録その他の手続の履践が必要となる場合がある。この点、法の適用に関す
る通則法13条2項においては、動産または不動産に係る権利の得喪は目的
物の所在地法によるとされていることから、事業譲渡により当該海外資産

を譲渡する場合には、現地法上の許認可・登録等の手続が履践されなければ、権利の移転の効果も生じないと解されるおそれがある。さらに、会社分割においても、見解に争いはあるものの、上記の法の適用に関する通則法の定めに従って、（現地法上の許認可・登録等の手続が履践されなければ）会社分割の効力として当然に海外資産が承継されたことにはならないとの見解も存する。したがって、最終契約においては、かかる海外準拠法上の手続の履践、および、クロージング日時点でかかる手続が終了していなかった場合の取扱いについて規定がなされることがある。

Ⅳ　債務の承継等

　事業譲渡においては、個別の債務については、いわゆる債務引受けの方法により、譲渡人から譲受人に対して承継される。この点、債務引受けの方法として、いわゆる重畳的債務引受けの方法（債務を承継する者が当該債務を免れず、債務を承継する者と連帯して債務を負担することとする方法）については、債権者の同意を取得せずに可能であるが、いわゆる免責的債務引受け（債務を承継する者が当該債務を免れ、債務を承継する者のみが以後債務者となる方法）については、債権者の同意が必要である。

　一方、会社分割においては、債権者の個別の同意を取得せずに、会社法上の効果として、分割会社から分割承継会社に対して債務を承継させることができる（ただし、当該債務の原因となった契約において相手方当事者の同意なしに債務承継を行うことを禁止する旨の規定が存する場合には、契約違反となりうる）。そして、会社分割においては、承継対象債務については原則として免責的に分割会社から分割承継会社に対して承継されることとなるが、新設分割計画または吸収分割契約において重畳的債務引受けの方法によることを特に定めた場合には、重畳的債務引受けの方法によることも可能である。この点、会社分割においては債権者保護手続（債権者に対して通知・公告を行い、異議を述べる機会を与える手続）を履践する必要があるところ、免責的債務引受けの方法により分割会社から分割承継会社に対して承継される債務の債権者は、債権者保護手続の対象となる一方、重畳的債務引受けの方法により分割会社から分割承継会社に対して承継される債務の債権者は、債権者保護手続の対象とはならない。

220　第3部　事業譲渡契約

事業買収型の取引においては、通常、売主は承継対象事業に関する債務から免れたいとの要請があるため、上記の免責的債務引受けの方法により、債権者（第三者）との関係でも、法的に債務免除されることを望むことがある。一方、免責的債務引受けについては上記のとおり相手方当事者の同意や債権者保護手続の負担から、取引の安定性を害する可能性がある。そこで、事業買収型の取引においては、これらの諸要素を勘案したうえで、免責的債務引受けの方法により債務承継するか、重畳的債務引受けの方法により債務承継するかが議論され、最終契約において規定されることとなる。

なお、重畳的債務引受けの方法により債務承継する場合も、売主および買主の間では債務を承継することが同意されている以上、仮に債権者から売主に対して債務履行が請求され、売主がこれに応じた場合も、買主に対してこれを求償または補償請求できるとの仕組みを契約上明記することが多い。

V　契約の承継等

1　相手方当事者の同意の取得

会社分割においては、原則として、契約の相手方当事者の同意の有無にかかわらず契約を承継会社・設立会社に承継させることができるものの、当該契約において契約の承継について相手方当事者の同意が必要とされている場合（契約の承継が要承諾事項、禁止事項、解除事由または期限の利益喪失事由等とされている場合）には、当該契約の違反等を避けるために、当該同意が取得できなければ、会社分割による承継の対象から除外されることが規定されている場合がある。また、事業譲渡においては、日本法を準拠法とする契約については、原則として相手方当事者の同意がなければ、これを買主に移転することができない。

この点、事業買収型の取引は、多くの契約の承継が含まれていることが多いが、すべての契約の承継に関する相手方当事者の同意がなければ、取引全体のクロージングがなされないとすると取引の安定性が阻害される。

そこで、実務的には、相手方当事者の同意取得を前提条件とすべきよう

な特に重要な契約を除き、個別契約の承継について相手方当事者の明示の同意を取得しなくとも、取引全体をクロージングすることも多い。

この場合、契約の相手方当事者に対して取引の実行に関して通知を行ったものの、相手方当事者から異議がなされなかった場合には、相手方当事者により黙示の同意がなされた（したがって法的には有効に契約承継がなされた）と整理を行う場合もある。また、仮に相手方当事者の同意が取得できないため契約の承継ができない場合にも、2のような措置をとることにより、売主および買主の間では、実質的に契約承継がなされた場合と同様の経済的効果が生じるような措置をとることが合意される場合もある。

2　契約の承継等ができない場合の取扱い

取引契約の承継等について相手方当事者の同意が取得できない場合には、相手方当事者が買主との取引に一切応じる意図がない場合も存する一方、相手方当事者における手続（取引口座開設のための手続を含む）に時間がかかるために、クロージング日までに同意取得できない場合もある。この場合、売主および買主の間では、クロージング日付で売主から買主に対して実質的に契約承継がなされたのと同等の経済的効果が生じるよう、たとえば、相手方当事者での手続が完了するまでの間は、売主が買主に代わって取引当事者となり、マージン等をとらずに取引をそのまま買主に横流しすることで、実質的には契約承継が実現されたような効果をめざす場合も存する。なお、このようにクロージング日までに契約の承継等ができない場合の取扱いについては、**第7章Ⅲ**を参照されたい。

Ⅵ　その他の権利義務の承継

1　許認可の承継

承継対象権利義務において許認可が承継される旨が規定される場合があるが、事業譲渡または会社分割により許認可が承継できるかについては、当該許認可の根拠法令の規定によると考えられる。

2 訴訟の承継

　事業譲渡または会社分割により譲渡人または分割会社が消滅するわけではないので、これらの取引は、民事訴訟の中断事由とはならない（民事訴訟法124条）。

　一方、訴訟の目的となっている権利または義務が譲受人または承継会社に承継された場合は、当該譲受人または承継会社は、参加承継の申立てをし（民事訴訟法49条）、または相手方の訴訟引受けの申立てにより（民事訴訟法50条）、当事者となることができる。譲受人または承継会社が参加承継または引受承継により訴訟に参加した場合には、譲渡人または分割会社は、相手方の承諾を得て訴訟から脱退することができる（民事訴訟法48条）。

第5章 前提条件

第4.1条（売主による義務履行の前提条件）

　売主は、以下の各号の事由が全て充足されていることを前提条件として、第3.2条第1項に定める義務を履行する。なお、売主は、その任意の裁量により、かかる条件の全部又は一部を放棄して第3.2条第1項に定める義務を履行することができる。但し、かかる条件の全部又は一部の放棄によっても、第7章に基づく買主に対する補償等の請求が妨げられるものではない。

　⑴　本締結日及びクロージング日において、第5.2条第1項に定める買主の表明及び保証が重要な点において真実かつ正確であること。

　⑵　買主が、本契約に基づきクロージングまでに履行又は遵守すべき事項を重要な点において履行又は遵守していること。

　⑶　本件事業譲渡に関してクロージング前に必要となる許認可等（私的独占の禁止及び公正取引の確保に関する法律（昭和22年法律第54号）第16条第2項に基づく公正取引委員会に対する事業等の譲受けに関する計画の届出を含む。以下同じ。）が取得又は履践され、法定の待機期間が経過し、かつ、司法・行政機関等（公正取引委員会を含む。）により、排除措置命令の発令又は排除措置命令に係る手続の係属（事前通知の送付又は同法第16条第3項により準用される同法第10条第9項に定める報告等を要請する文書の送付を含む。）等、本件事業譲渡の実行を妨げる措置又は手続（以下「排除措置命令等」と総称する。）がとられていないこと。

第4.2条（買主による義務履行の前提条件）

　買主は、以下の各号の事由が全て充足されていることを前提条件として、第3.2条第2項に定める義務を履行する。なお、買主は、その任意の裁量により、かかる条件の全部又は一部を放棄して第3.2条第2項に定める義務を履行することができる。但し、かかる条件の全部又は一部の放棄によっても、第7章に基づく売主に対する補償等の請求が妨げられるものではない。

　⑴　本締結日及びクロージング日において（但し、時期を明記しているものについては当該時点において）、第5.1条第1項に定める売主の表明及

224 第3部 事業譲渡契約

び保証が重要な点において真実かつ正確であること。

(2) 売主が、本契約に基づきクロージングまでに履行又は遵守すべき事項を重要な点において履行又は遵守していること。

(3) 本件事業譲渡に関してクロージング前に必要となる許認可等が取得又は履践され、法定の待機期間が経過しており、かつ、司法・行政機関等（公正取引委員会を含む。）により排除措置命令等がとられていないこと。

(4) 法令等の規定に従い、売主の株主総会において、本契約を承認する旨の決議がなされており、その他本件事業譲渡の実行について、会社法その他の法令等に基づきクロージングまでに実施すべき手続が全て適法かつ有効に履践されていること。

(5) 本件関連契約が、いずれも適法かつ有効に締結され、かつ有効に存続しており、本件関連契約について買主以外の当事者による違反がないこと。

(6) 買主において、クロージング日以降に承継対象事業を遂行するために必要な許認可等を取得していること。

(7) 売主において、承継対象契約の各相手方から、承継対象契約に係る契約上の地位を売主から買主へ承継すること、及び本件事業譲渡の実行後も承継対象契約を従前どおりの条件で継続させることについての書面による承諾を取得していること。

(8) 買主において、第6.4条に従い、別紙6.4に記載の者との間で買主が合理的に満足する内容の契約が締結されていること。

(9) 売主において、承継対象従業員のうちクロージング日以降に買主が承継対象事業を支障なく運営するために必要かつ十分と買主が合理的に判断するものから、買主への転籍に関する書面による同意を取得していること。

(10) 買主において、本件譲渡価額の支払いに必要な資金の調達が完了していること。

(11) 承継対象事業の財務状態、経営成績、キャッシュフロー、資産、負債若しくは将来の収益計画又はそれらの見通しに重大な悪影響を及ぼす可能性のある事由又は事象が発生又は判明しておらず、そのおそれもないこと。

(12) 以下に定める書面を買主が受領していること。

　(i) 本件事業譲渡を承認した売主の取締役会議事録の写し（対象会社の代表取締役による原本証明が付されたもの）

　(ii) 本契約を承認した売主の株主総会議事録の写し（対象会社の代表取

締役による原本証明が付されたもの）

　(iii)　別紙4.2-⑿の様式及び内容による前提条件充足証明書

　(iv)　上記のほか、買主が合理的に要請する書面

　事業買収型の取引においては、事業の切出しに伴い資産、債務、契約および従業員の帰属主体に変更が生じるため、第三者（共有特許の共有者、承継債務の債権者、契約の相手方、従業員等）の承諾の取得が必要であったり、許認可の新規取得が必要になる等、株式譲渡と比較して、契約当事者において結果をコントロールすることができないことが多く生じる。そのため、事業買収型の取引において前提条件をどのように規定するかは重要なポイントとなるが、基本的には、株式譲渡契約において検討した事項と同様に考えることができ、これらの第三者の承諾取得や許認可の取得等が買主のクロージングに係る義務の前提条件とされることが多い。実務上は、承継のために承諾が必要となる契約の相手方や転籍させたい従業員のすべてから承諾を取得できていない場合であっても、一定の割合以上の者や承継対象事業にとって特に重要な者から承諾を取得できている場合には、前提条件が充足されることとされていることも多い。この点、クロージングまでに必要な承諾が得られない場合の対応について、契約上に規定が設けられる場合もある（**第7章Ⅲ**参照）。

　会社分割または事業譲渡については、会社法にその手続が規定されており、一定の場合には、売主および／または買主において、会社分割または事業譲渡に係る契約または計画について株主総会において特別決議による承認を得る必要があるほか、株式買取請求に係る手続、債権者保護手続等を履践する必要がある場合がある（会社法に基づく手続については、**第7章Ⅱ1**参照）。また、会社分割については、労働契約承継法等に定められる従業員の保護に関する手続を履践する必要がある（なお、事業譲渡についても、「事業譲渡又は合併を行うに当たって会社等が留意すべき事項に関する指針」（平成28年厚生労働省告示第318号）が適用される。従業員の保護に関する手続については、**第7章Ⅱ2**参照）。したがって、事業買収型の取引に係る契約においては、これらの会社法その他の法令等に基づきクロージングまでに行う必要のある手続が適法かつ有効に履践されていることが前提条件として規定されることがある。

　また、クロージング前に承継対象事業を会社分割により承継会社に切り

226　第3部　事業譲渡契約

出したうえ、承継会社の株式を譲渡する場合には、切出しのための会社分割が会社法その他の法令等に従って適法に効力が生じていることを前提条件として規定することになる。

　事業譲渡または会社分割についても独占禁止法に基づき一定の場合には公正取引委員会に対する事前届出が必要となる（独占禁止法16条、15条の2）。事業譲渡または会社分割に係る事前届出の要件は、株式譲渡の場合とは異なるため留意を要する（事業譲渡または会社分割に関する独占禁止法に基づく手続については、**第7章Ⅱ3**参照）。

　第4章Ⅲのとおり、事業譲渡または会社分割に際しては、資産の移転等に関して登記または登録が必要となることから、かかる登記または登録の申請に必要となる書類を売主から買主に対する交付書類として規定し、かかる書類の交付を前提条件として規定することもある。なお、これらの書類の交付は、クロージングの手続として規定される場合もある（モデル条項第3.2条1項参照）。

第6章　表明および保証

I　概要

　事業買収型の取引においては、事業を構成する個別の資産、負債その他の権利関係が承継対象となるため、それらの資産や負債について、株式譲渡契約以上に詳細な表明保証が規定されることが多い。

　また、特に、事業の一部が承継される場合には、特有の検討事項も存する。第1に、売主の表明保証の対象範囲は、売主の事業全体ではなく、承継対象事業に限定されることが一般的である。この観点から、たとえば、資産、負債、契約等については、承継対象に含まれるもののみを表明保証の対象としたり、法令遵守、紛争等については、「承継対象事業に関し」といった限定を付すこと等が考えられる。

　もっとも、表明保証の内容によっては、実務上、承継対象とそれ以外の切分けが容易でなく、結局、より広い範囲（たとえば売主の事業全体）が対象とされることもある。たとえば、計算書類等については、承継対象事業のみに関するプロフォーマ（試算）の計算書類が作成され、表明保証の対象とされることがあるが、このような計算書類は、あくまで試算によるものであり、監査を経た正式なものでもないため、それだけでは表明保証の対象として十分でない場合もある。そのような場合には、売主全体の計算書類が表明保証の対象とされることもある。

　また、簿外債務が承継対象外とされる場合には、もし簿外債務が存在しても、契約上、買主に承継されないことになるため、売主の表明保証として、簿外債務の不存在に関する条項を定める必要はないとの考え方もありうる。もっとも、承継対象事業に関して簿外債務が存する場合には、（契約上は承継対象外とされていたとしても）事実上、買主が何らかの責任を負担したり、承継対象事業に悪影響が生じることも考えられるため、買主か

228　第3部　事業譲渡契約

らは、承継対象事業に関する簿外債務の不存在について表明保証を求めることもある。

　第2に、承継対象となる資産、契約等が、承継対象事業を従前どおり継続するにあたって必要なものを網羅しているかどうか（十分性・網羅性）については、買主側で判断することは難しく、売主側の方がより判断しやすい立場にあることが多い。そこで、これを確保するための表明保証が規定されることも多い。

Ⅱ　モデル条項

　以下では、事業買収の場合に株式譲渡の場合とは異なる考慮を要することが多い事項を中心に、個別の表明保証事項についてモデル条項を記載する（事業買収の場合に特に留意を要する部分に下線を付している）。

○（法令等の遵守）
　(i)　売主は、現在及び過去○年間において、承継対象事業に関して適用ある法令等及び司法・行政機関等の判断等に違反しておらず、そのおそれもなく、かつ、かかる違反について、司法・行政機関等又はその他の第三者からクレーム等、指導、通知、命令、勧告又は調査を受けていない。
　(ii)　売主は、承継対象事業を行うために必要な許認可等を全て適法かつ適正に取得又は履践しており、かかる許認可等の条件及び要件に違反しておらず、そのおそれもない。売主は、かかる許認可等について本件事業譲渡に際して表明保証の時点までに必要となる手続を、全て適法かつ適正に取得し又は履践済みである。さらに、かかる許認可等が売主に不利益に変更され、停止され、無効となり、取り消され、又はその更新が拒絶されることとなる事由又は事象（本件事業譲渡により生じる事由又は事象を含む。）は存在せず、そのおそれもない。

○（計算書類）
　(i)　売主の○年3月期から○年3月期までの監査済みの貸借対照表、損益計算書、株主資本等変動計算書及び個別注記表（以下「対象計算書類」と総称する。）は、日本において一般に公正妥当と認められる企業会計の基準を継続的に適用し、これに従って作成され、かつ、保存されており、各作成基準日の時点における売主の財政状態及び各該当期間に関する売

主の経営成績をそれぞれ正確かつ適正に示している。対象計算書類は、それぞれ売主の適法な会計帳簿と一致している。

(ii) 承継対象事業の○年３月期から○年３月期までの貸借対照表及び損益計算書（以下「カーブアウト計算書類」と総称する。）は、日本において一般に公正妥当と認められる企業会計の基準を継続的に適用し、これに従って作成されており、対象計算書類及び売主が内部管理の目的で適正に維持・管理する会計情報を基礎として、［承継対象事業に関する財務情報を合理的に切り分けて／別添○の前提に従って］作成されたものであり、各作成基準日の時点における承継対象事業の財政状態及び経営成績をそれぞれ正確かつ適正に示している。カーブアウト計算書類は、それぞれ承継対象事業に関する適法な会計帳簿と一致している。

(iii) 売主は、承継対象事業に関して、○年３月期の貸借対照表に記載されていないいかなる債務（○年４月１日以降に売主による通常の業務の過程において発生したもの及び本契約に基づくものを除く。）も負担していない。売主は、承継対象事業に関して、保証契約若しくは保証予約の当事者ではなく、また、第三者のための損失補填契約、損害担保契約その他の第三者の債務を負担し若しくは保証する契約、又は第三者の損失を補填し若しくは担保する契約の当事者ではない。

○（承継対象資産）

(i) 売主は、承継対象資産を適法かつ有効に保有又は使用する権限を有している。承継対象資産は、いずれも、通常の使用による損耗を除き、通常の業務遂行の過程において支障なく稼働しているか、本締結日以前と同様の態様での使用に適した状態にある。承継対象資産について、その価値に悪影響を及ぼす可能性のある事由若しくは事象（軽微なものを除く。）、又は、売主による現行の態様での使用を制限し若しくはその支障となる事由若しくは事象（軽微なものを除く。）は存しない。承継対象資産について、負担等は存しない。

(ii) クロージング後、承継対象事業を本締結日以前と同様の態様で円滑に営むために必要となる重要な資産は、承継対象資産以外に存しない。

○（承継対象契約）

(i) 承継対象契約は、全て適法かつ有効に締結されており、各契約当事者に対して法的拘束力を有し、その条項に従い執行可能である。承継対象契約について、売主又は相手方当事者による債務不履行事由等は生じて

230　第3部　事業譲渡契約

　　おらず、そのおそれもない。
(ii)　承継対象契約は、(a)競業の禁止、独占販売権の設定、事業領域の制限その他売主がその事業（承継対象事業を含むがこれに限られない。以下本(ii)において同じ。）を遂行することを実質的に禁止若しくは制限する規定、(b)最恵国待遇、最低購入義務その他売主がその事業に関して取引の相手方を有利に取り扱うことを義務付ける規定、(c)売主が第三者のオプションその他の権利の行使に応じて特定の財産を購入する義務、第三者に対する出資義務その他第三者に対して債務（通常の業務遂行の範囲において生じるものを除く。）を負うこととなる規定、又は(d)その他売主の事業遂行に重大な悪影響を及ぼすおそれのある規定を含んでいない。
(iii)　クロージング後、承継対象事業を本締結日以前と同様の態様で円滑に営むために必要となる重要な契約等は、承継対象契約以外に存しない。

　以上のほか、事業譲渡については、グループ間譲渡や無償・低廉譲渡といった要件が充足される場合には、買主が売主に代わって一定の範囲で国税を納付する義務（第二次納税義務）を負う場合がある。そこで、そのような要件を充たすものでないこと等を売主の表明保証として定めることも考えられる。

●第二次納税義務に関する表明保証の例

　本件事業譲渡に起因又は関連して、買主が売主の負担する租税債務に係る第二次納税義務を負担することはなく、そのおそれもないこと。なお、「第二次納税義務」とは、事業の譲渡人が納税義務を履行せず、税務当局において滞納処分を執行してもなお徴収すべき額に満たないと判断された場合に国税徴収法第38条若しくは第39条又は地方税法第11条の7若しくは第11条の8に基づいて譲受人に課される納税義務を意味する。

Ⅲ　会社分割と株式譲渡を組み合わせた取引の場合

　会社分割と株式譲渡を組み合わせた取引（第1章Ⅰの③）の場合には、株式譲渡契約において、実質的に上記と同様の考慮を要することとなる。さらに、会社分割の適法性・有効性、承継対象の資産、負債、契約等が適法かつ有効に対象会社に承継されていることを売主の表明保証に含めるこ

とも考えられる。また、会社法759条4項は、吸収分割会社に対する残存債権者を害することを知って行われた吸収分割（いわゆる詐害的会社分割）の場合に、残存債権者が対象会社に対して債務の履行を請求することを認めている。そこで、対象会社がそのような履行請求に基づく義務を負担しておらず、そのおそれもないことを売主の表明保証に含めることも考えられる。

●吸収分割の効力に関する表明保証の例

(i) クロージング日において、会社法その他の法令等に基づきクロージング日までに履践すべき本件吸収分割に係る手続は、全て適法かつ有効に履践されており、本件吸収分割は適法かつ有効にその効力を生じている。本件吸収分割について、吸収分割無効の訴えその他本件吸収分割の効力を争う訴訟その他の法的手続は係属しておらず、そのおそれもない。

(ii) 本件吸収分割により、承継対象資産、承継対象債務並びに承継対象契約に係る契約上の地位及びそれに基づく権利義務は、適法かつ有効に対象会社に承継されている。対象会社は、承継対象債務及び承継対象契約に基づく義務以外の債務、義務又は責任（会社法第759条第4項に基づく残存債権者に対する履行義務を含む。）を負っておらず、そのおそれもない。

232　第3部　事業譲渡契約

第7章　誓約事項

I　概要

　事業買収型の取引においては、誓約事項（コベナンツ）として、事業の切出しに伴って実施が必要となる事項（たとえば、契約相手方の同意取得、許認可の取得等）を規定する必要がある点が株式譲渡の場合と異なる。この点を除けば、基本的には、株式譲渡契約において誓約事項として規定される事項と同様の事項（たとえば、契約締結日からクロージング日までの承継対象事業の運営に関する義務、取引実行のために必要となる手続を履践する義務等）が誓約事項として規定されることが多い。以下では、事業買収型の取引において特徴的な事項について解説する。

II　法令に基づき必要となる事項

第6.2条（法令に基づき必要となる手続）
1．買主は、本契約の締結後実務上可能な限りすみやかに、本件事業譲渡に関してクロージング前に必要となる許認可等を取得又は履践し、待機期間がある場合には、当該待機期間を経過させ、かつ、排除措置命令等がとられないよう商業上合理的な範囲で努力するものとする。但し、買主は、当該許認可等を取得又は履践し、当該待機期間を経過させ、かつ、排除措置命令等がとられないために、買主並びに買主の子会社及び関連会社の資産、持分又は事業の譲渡又は処分その他競争法上の問題を解消するための措置を行う義務を負わないものとする。
2．売主は、(i)○年○月○日までに、株主総会を開催し、本契約について会社法第467条第1項に定める株主の承認を得られるよう最大限努力し、(ii)クロージングまでに、その他本件事業譲渡について会社法その他の法令等

に基づき売主においてクロージングまでに行う必要のある事項を会社法その他の法令等に従い適法かつ有効に実施し、かつ、(iii)買主による前項に定める義務の履行に関し、合理的な範囲で必要な協力を行うものとする。

1　会社法に基づき必要となる手続

(1)　事業譲渡

(i)　株主総会決議による承認

事業譲渡を行う場合、売主においては、当該事業譲渡が、①事業の全部の譲渡、または、②事業の重要な一部の譲渡に該当するときは、事業譲渡契約について、売主の株主総会において特別決議による承認を得なければならない（会社法467条1項1号・2号）。「事業の重要な一部の譲渡」とは、当該譲渡により譲り渡す資産の帳簿価額が売主の総資産額として法務省令（会社法施行規則134条）で定める方法により算定される額の20％（これを下回る割合を定款で定めた場合にあっては、その割合）以上となる譲渡を意味する。

そのため、事業譲渡契約において、株主総会決議を得ることに関する売主の義務が規定されることがあるが、株主の承認を得られるか否かは、売主がコントロールできない場合もあるため、そのような場合は、努力義務として規定されることが一般的である。

また、買主においても、事業譲渡が売主の「事業の全部の譲受け」にあたり、かつ、対価として交付する財産の帳簿価額の合計額が、買主である会社の純資産額として法務省令（会社法施行規則137条）で定める方法により算定される額に対する割合が20％を超えるときは、事業譲渡契約について、買主の株主総会において特別決議による承認を得なければならない（会社法467条1項3号、468条2項。なお、同条3項も参照）。

ただし、売主または買主において、契約の相手方および相手方が発行済株式の全部を有する会社その他これに準ずるものとして法務省令（会社法施行規則136条）で定める法人が自らの総株主の議決権の90％以上を保有する場合には、当該売主または買主における株主総会における承認は不要となる（会社法468条1項）。

(ii)　反対株主の株式買取請求に関する手続

会社が事業の全部の譲渡（会社法467条1項1号）、重要な一部の譲渡（同

234　第3部　事業譲渡契約

項2号）または他の会社の事業の全部の譲受け（同項3号。ただし、株主総会決議が必要な場合に限る）を行う場合、①株主総会に先立って事業譲渡等に反対する旨を会社に対して通知し、かつ、当該株主総会において当該事業譲渡等に反対した株主、または、②株主総会において議決権を行使することができない株主は、一定の例外（会社法469条1項各号）に該当する場合を除き、会社に対して自己の有する株式を公正な価格で買い取ることを請求することができる（同項）。

　事業譲渡等をしようとする会社は、効力発生日の20日前までに、その株主（会社法468条1項に定める特別支配会社を除く）に対して、事業譲渡等をする旨を通知し（会社法469条3項）、または公告（事業譲渡等をする会社が公開会社の場合または株主総会決議によって事業譲渡等に係る契約の承認を受けた場合に限る。同条4項）をする必要がある。株主は、効力発生日の20日前から効力発生日の前日までの間に、株式買取請求を行うことができる（同条5項）。なお、株式買取請求権の行使期間は、総株主の同意により短縮できると解されている。

　したがって、事業譲渡契約においては、売主または買主において、反対株主の株式買取請求に係る手続を適法に履践することを誓約事項として規定することがある。

(2)　会社分割

(i)　株主総会決議による承認

　事業買収型の取引において会社分割を利用する場合、原則として、分割会社および（吸収分割の場合）承継会社において、吸収分割契約または新設分割計画について、株主総会において特別決議による承認を得る必要がある。

　もっとも、下記の表に記載の簡易分割または略式分割に該当する場合には、該当する会社における株主総会決議による承認は原則として不要となる。

[簡易分割および略式分割の要件]

	簡易分割	略式分割
分割会社	承継させる資産の帳簿価格の合計額が分割会社の総資産額として法務省令で定める方法により算定される額の20％を超えないとき（会社法784条2項、805条）	承継会社が特別支配会社（ある会社の総株主の議決権の90％以上を他の会社および当該他の会社が発行済株式の全部を有する会社その他これに準ずるものとして法務省令（会社法施行規則136条）で定める法人が有している場合における当該他の会社）であるとき（会社法784条1項）
承継会社	分割に際して交付する承継会社の株式の数に1株当たり純資産額を乗じて得た額、および分割に際して交付する承継会社の社債その他の財産の帳簿価額の合計額が承継会社の純資産額として法務省令（会社法施行規則196条）で定める方法により算定される額の20％を超えないとき（会社法796条2項）ただし、承継会社に分割差損が計上される場合、または承継会社が全株式譲渡制限会社であって株式を交付する場合を除く（会社法796条2項ただし書）	分割会社が特別支配会社であるとき（会社法796条1項）ただし、承継会社が全株式譲渡制限会社であって株式を交付する場合を除く（会社法796条1項ただし書）

　これらの株主総会決議による承認が必要となる場合には、事業の承継に係る契約において、売主または買主における当該承認を得ることに向けた努力義務が誓約事項として規定されることがある。

　(ii)　その他の会社法に基づく手続

　会社分割については、会社法において以下の手続に関する規定が定められている。

　①　分割契約・計画の内容、分割対価に関する事項、当事会社の計算書

類、承継する債務の履行の見込み等を記載する事前開示書類の備置き（会社法782条、794条、803条）

② 株主総会決議による分割契約・計画の承認（会社法783条、795条、804条）

③ 反対株主による株式買取請求に関する手続（会社法785条、797条、806条）

④ 新株予約権の買取請求に関する手続（会社法787条、808条）

⑤ 債権者保護に関する手続（会社法789条、799条、810条）

⑥ 承継した権利義務に関する事項等を記載する事後開示書類の備置き（会社法791条、801条、811条、815条）

　事業の承継に係る契約においては、これらの手続を適法に履践する当事者の義務が誓約事項として規定されることになるが、「会社法その他の法令等に基づきクロージングまでに必要となる事項を会社法その他適用ある法令等に従い適法かつ有効に実施する。」というように包括的な規定が置かれることが多い。

2　労働契約承継法等に基づき必要となる手続

　事業買収型の取引において会社分割が利用される場合、労働契約については、原則として各従業員の同意を必要とせずに分割会社から承継会社に承継させることができるが、かかる従業員の利益は、労働契約承継法により保護されている。労働契約承継法においては、以下の手続等が規定されている。

① 労働者の理解と協力を得るための措置（労働契約承継法7条）

② 労働者との協議（商法等の一部を改正する法律（平成12年法律第90号）附則5条）

③ 労働者・労働組合への通知（労働契約承継法2条）

④ 労働者の異議権（労働契約承継法4条、5条）

　そのため、事業承継に係る契約においては、売主において、これらの手続を適法かつ有効に履践する義務が規定されることが多い。

　他方、事業買収型の取引において事業譲渡が利用される場合、労働契約の承継については、原則として個別の従業員の同意が必要となるため、従業員の利益の保護のための法令は存しない。もっとも、事業譲渡等を行うにあたり、ⅰ労働契約の承継に必要な労働者の真意による承諾を得ること、

ⅱ労働者全体および使用者との間での納得性を高めること等により、事業譲渡等の円滑な実施や、労働者の保護の助けになることを目的として、「事業譲渡又は合併を行うに当たって会社等が留意すべき事項に関する指針」（平成28年厚生労働省告示第318号）が定められている。

3　独占禁止法その他の競争法に基づき必要となる手続

　事業譲渡または会社分割については、以下のとおり、一定の要件を充たす場合には、公正取引委員会に対する事前届出が必要となり、30日間（ただし、公正取引委員会は、当該期間を短縮することができる）の待機期間が定められている。そのため、買主の義務として、事前届出の実施に係る義務、および排除措置命令が行われずに待機期間を満了させることに向けた努力義務が規定されることがある。かかる届出の準備等については、売主側の協力が必要となるため、売主の協力義務が規定されることもある。

　また、承継する事業の内容によっては、日本以外の国または地域における競争法に基づく手続を履践することが必要となる場合もある。日本その他の国における競争法に関連する契約上の取決めについては、株式譲渡の場合と基本的に同じである（**第2部第7章Ⅲ2(2)(ⅰ)参照**）。

(1)　事業譲渡

　事業譲渡については、①買主の国内売上高合計額が200億円を超え、かつ、②譲受け対象の事業または事業上の固定資産に係る国内売上高が30億円を超える場合には、独占禁止法に基づき公正取引委員会に対して事業等の譲受けに関する計画の事前届出を行う必要がある（独占禁止法16条2項）。ただし、事業譲渡の当事者のいずれもが同一の企業結合集団に属する場合には、届出は不要となる。

　上記届出要件の「国内売上高合計額」とは、その会社の国内売上高と当該会社が属する企業結合集団の国内売上高を公正取引委員会規則で定める方法により合計した額をいう。また、「企業結合集団」とは、会社および当該会社の子会社ならびに当該会社の親会社であって他の会社の子会社でないものおよび当該親会社の子会社（当該会社および当該会社の子会社を除く）からなる集団をいう。

　事業譲渡の届出要件は、株式譲渡の場合と金額要件が異なっている点に

238　第3部　事業譲渡契約

は留意が必要である。また、公正取引委員会に対するかかる届出後、30日
間（ただし、公正取引委員会は、当該期間を短縮することができる）の待機期
間があること等その他の手続等については、株式譲渡の場合と同様である
（**第2部第7章Ⅲ2(2)(i)参照**）。

(2)　会社分割

　吸収分割により売主から買主に事業の全部または重要な一部を承継させ
ようとする場合、以下の要件のいずれかに該当する場合には、公正取引委
員会に対して吸収分割に関する計画の事前届出を行う必要がある（独占禁
止法15条の2第3項）。ただし、吸収分割の当事者のいずれもが同一の企業
結合集団に属している場合には、届出は不要となる。

事業の全部の承継の場合

①　ⅰ分割会社に係る国内売上高合計額が200億円を超え、かつ、ⅱ承継会社
　　に係る国内売上高合計額が50億円を超えるとき
②　ⅰ分割会社に係る国内売上高合計額が50億円を超え、かつ、ⅱ承継会社
　　に係る国内売上高合計額が200億円を超えるとき

事業の重要な一部の承継の場合

①　ⅰ分割会社の分割の対象部分に係る国内売上高合計額が100億円を超え、
　　かつ、ⅱ承継会社に係る国内売上高合計額が50億円を超えるとき
②　ⅰ分割会社の分割の対象部分に係る国内売上高合計額が30億円を超え、
　　かつ、ⅱ承継会社に係る国内売上高合計額が200億円を超えるとき

　公正取引委員会に対するかかる届出後、30日間（ただし、公正取引委員会は、
当該期間を短縮することができる）の待機期間があること等その他の手続等
については、株式譲渡の場合と同様である（**第2部第7章Ⅲ2(2)(i)参照**）。
　売主側で事前に承継対象となる事業を会社分割により切り出したうえ、
当該事業を承継した会社の株式を買主に譲渡する事業買収型の取引につい
ては、公正取引委員会に対する会社分割に係る事前届出は、分割の当事者
がいずれも同一の企業結合集団に属している場合には不要となるため、会
社分割についての届出は不要となり、売主から買主に対して株式を譲渡す

第 7 章　誓約事項　239

る際に株式譲渡に関して届出が必要となることが多い。

Ⅲ　契約上の地位の承継に関する義務

第6.3条（承継対象契約に係る承諾取得等）
1. 売主は、クロージング日までに、各承継対象契約の相手方から、契約条
件を変更することなく、当該承継対象契約における売主の契約上の地位及
びそれに基づく権利義務を、クロージング日をもって買主に承継させるた
めに必要となる書面による承諾（買主が合理的に満足する様式及び内容に
よるものとし、以下「本件承継対象契約承諾書」と総称する。）を取得する
よう最大限努力するものとする。

　事業譲渡により売主から買主に対して契約上の地位を承継するためには、
契約の相手方の承諾が必要となる。そのため、事業譲渡契約においては、
売主の誓約事項として、承継対象契約の相手方から契約上の地位の承継に
ついての承諾を取得することに向けた努力義務が規定されることが一般的
である。会社分割については、会社分割による権利義務の承継は一般承継
であるため、原則として、契約相手方の同意なしに分割会社から承継会社
に契約上の地位は承継される。もっとも、実務上、契約において契約上の
地位または契約に基づく権利義務の第三者への承継が禁止されていること
が多く、会社分割による承継によって契約違反とならないように契約相手
方の同意が必要となることが多い。したがって、会社分割を利用した事業
買収型の取引においても、承継対象契約の相手方から契約上の地位の承継
についての承諾の取得に向けた努力義務が規定されることが多い。

　もっとも、売主において契約の相手方の承諾を取得できるか否かは当該
契約の相手方の意向によることから、クロージングまでにすべての承継対
象契約の相手方から承諾を取得できないことを想定したさまざまな規定が
置かれることがある。たとえば、①一定数以上の相手方の承諾を取得でき
ていることを前提条件とする場合、②相手方の承諾を取得できなかった契
約を承継対象契約から除外する旨を規定する場合、③相手方の承諾を取得
できなかった契約の数および内容に応じて譲渡価額を調整する旨を規定す
る場合、④クロージング後も売主が一定期間引き続き相手方の承諾を取得
するよう努力する旨を規定する場合等がある。また、承継対象事業にとっ

240　第3部　事業譲渡契約

て重要な契約の相手方の承諾が取得できなかった場合、承継対象事業の運営に重大な影響が生じることも考えられるため、そのような場合には、形式的には事業譲渡または会社分割前の法的関係を前提としつつ、実質的に当該契約が売主から買主に承継されたような状況を創出することが合意されることもある（たとえば、仕入契約の相手方の承諾が取得できなかった場合、売主が当該仕入契約に基づき仕入れを行ったうえで買主に引き渡し、仕入代金は買主が負担するといった合意等が考えられる）。

　また、売主において継続的に取引を行っている取引先であっても、発注書等により取引を行っており長期の契約を締結していない取引先が存在することも少なくない。そのような場合、売主から買主に契約を承継させることができないため、当該取引先がクロージング後、クロージング前と実質的に同等の条件により買主との間で取引を継続することに向けた売主の義務が規定されることがある。

●相手方の承諾が取得できなかった場合に譲渡価額の調整について協議する例

> 2．前項に従った売主の努力にもかかわらず、クロージング日までに本件承継対象契約承諾書を取得することができなかった承継対象契約が存在する場合、売主及び買主は、本件譲渡価額の減額について誠実に協議するものとする。なお、本項の規定は、買主が第○条第○項に定める前提条件の不充足を理由として本件事業譲渡の実行を拒むことを妨げるものではない。

●相手方の承諾が取得できなかった場合にクロージング後も協力を求める例

> 2．前項に従った売主の努力にもかかわらず、クロージング日までに本件承継対象契約承諾書を取得することができなかった承継対象契約が存在する場合、売主は、クロージング日以降も、買主と協議の上、当該承継対象契約のうち買主が指定するものの相手方から、当該承継対象契約における売主の契約上の地位及びこれに基づく権利義務を買主に承継させるために必要となる書面による承諾（買主が合理的に満足する様式及び内容によるものとする。）を取得するよう最大限努力するものとする。買主は、当該承継対象契約のうち本項に従い相手方の承諾が取得された契約について、当該承諾の取得の時をもって売主の契約上の地位及びこれに基づく権利義務を承継するものとする。

●相手方の承諾が取得できなかった場合に承継された場合と実質的に同様の結
　果となるようにする例

> 3．前項に定める場合には、クロージング日以降前項に従い相手方の承諾が
> 　取得されるまでの間、(i)買主は、当該承継対象契約に基づく売主の義務の
> 　履行を引き受け、自らの費用負担で履行するものとし、(ii)売主は、当該承
> 　継対象契約に基づき相手方から受領した対価（役務の提供を含む。）を自ら
> 　の費用負担で買主に交付又は提供するものとする。

　理論的に事業譲渡または会社分割により契約上の地位を承継するために
は契約の相手方の承諾を取得する必要があるといっても、売主に対して、
すべての承継対象契約の相手方から一律に承諾を取得することを求められ
ない場合がある。たとえば、承継対象となる契約が多数にのぼる場合、す
べての契約の相手方から承諾を取得することを求めることは効率的ではな
いため、契約の相手方に対し、クロージングをもって契約上の地位が売主
から買主に承継されることに加え、一定期間内に当該承継について異議を
申し出ない場合には当該承継について承諾したものとみなすこと等を記載
した通知を送付することとし、契約の相手方からの承諾の取得までは求め
ない場合がある。契約の相手方が一定期間内に承継について異議を述べな
いことにより承継について承諾したことになるわけではないが、そのよう
な場合には異議を申し出なかった相手方が承継についてその後に異議を申
し出てくる可能性は相応に低いと考えられるため、実務上の対応として売
主と買主の間で合意されることがある。また、多くの一般顧客に対してサー
ビスを提供する事業の譲渡を行う場合においては、膨大な数の顧客との契
約があり、1つひとつの契約の重要性はそれほど高くないことも少なくな
い。そのような場合には、下記のモデル条項のように顧客に対して事業譲
渡が行われ、クロージングをもってサービスの提供者が売主から買主に変
更される旨の通知を行う売主の義務等が規定されることもある。

　また、実務上、取引先において、事業譲渡または会社分割により契約が
売主から買主に承継されたことを認識せず、売主に対して契約の履行を求
めてくるような場合も存することから、クロージング後一定期間、売主の
ウェブサイト等において、事業譲渡が行われたこと等を掲載する売主の義
務が規定されることもある。

242　第3部　事業譲渡契約

●契約が多数ある場合の例

> ○. 売主は、本締結日後すみやかに、別紙○記載のサービスの加入者に対し、当該サービスについて、クロージング日をもって、売主による提供が終了し、買主が提供することについて、買主が事前に承認した様式及び内容による通知書を発送するものとする。当該サービスの加入者からかかる提供者の変更等について異議の申出があった場合、売主は、すみやかに買主に通知の上、クロージング日までに当該加入者から売主の当該サービスに係る契約上の地位及びこれに基づく権利義務の買主への承継について、書面による承諾（買主が合理的に満足する様式及び内容によるものとする。）を取得するよう最大限努力するものとする。

　第2章Ⅱ2のとおり、事業買収型の取引を行う場合、売主において承継対象となる事業と承継対象とならない事業を共通して1つの契約で締結しており、承継対象事業の運営のために必要な契約であっても、承継対象とならない事業においてクロージング後も引き続き当該契約が必要であるため、売主から買主に承継することのできない契約があることがある。そのような場合には、買主において、売主が締結している契約と実質的に同じ内容の契約を新たに締結する必要があり、かかる新契約の締結に向けて売主の協力義務が規定されることも多い。

●一部の契約について新たに契約を締結する例

> 第6.4条（新契約の締結）
> 　買主は、クロージング日までに、売主が承継対象事業に関して締結している別紙6.4記載の契約の相手方との間で、当該契約の目的事項に関する新たな契約（買主が合理的に満足する様式及び内容によるものとする。）を締結することができるよう、合理的な範囲で努力するものとし、売主はこれに最大限協力するものとする。

Ⅳ　従業員の承継

> 第6.5条（従業員の承継に関する手続）
> 1. 買主は、本締結日以降すみやかに、承継対象従業員に対し、クロージング日から、本締結日時点における条件と実質的に同水準の条件により、買

主において雇用することを申し込むものとし、売主は、クロージング日の前日までに、承継対象従業員の全員から、かかる買主による申込みに応じて売主から買主へ転籍するために必要となる書面による同意（以下「転籍同意」という。）を取得するよう最大限努力するものとする。

2．前項に従った売主の努力にもかかわらず、承継対象従業員の全て又は一部から転籍同意を取得することができなかった場合、売主は、転籍同意を取得できなかった承継対象従業員を買主に対して出向させるものとする。なお、売主から買主に対して出向する売主の従業員に係る賃金その他の費用は、買主の負担とする。

　事業買収型の取引については、事業譲渡を利用する場合と会社分割を利用する場合で従業員の承継の手続が異なる。事業譲渡の場合には、承継対象となる従業員の労働契約の使用者としての地位を売主から買主に承継させる方法（転籍）と、売主との労働契約を解約し、同時に買主との間で労働契約を締結する方法（再雇用）があるが、いずれの方法による場合でも原則として個別の従業員の同意が必要となる。そのため、クロージングまでの売主の義務として、承継対象の従業員から同意を得る努力義務が規定されることが多い。また、一部の従業員から同意を取得できない場合、買主において譲り受けた事業を運営していくことが困難になる場合もあり、一定の従業員について、クロージングから一定期間、売主から買主に対して出向させる義務が規定されることもある。なお、事業譲渡については、平成28年9月1日より、「事業譲渡又は合併を行うに当たって会社等が留意すべき事項に関する指針」（平成28年厚生労働省告示第318号）が適用される。

　会社分割を利用して事業買収型の取引を行う場合、会社分割においては、事業譲渡と異なり、個別の従業員の同意を得ることなく、分割会社から承継会社または新設会社に労働契約を承継することができるが、労働契約承継法および商法等の一部を改正する法律（平成12年法律第90号）を遵守する必要がある。そのため、事業の承継に係る契約において、売主の義務として、法律に定められる手続を適切に履践することが定められることがある。なお、「分割会社及び承継会社等が講ずべき当該分割会社が締結している労働契約及び労働協約の承継に関する措置の適切な実施を図るための指針」（平成12年労働省告示第127号）が、平成28年8月17日をもって改正さ

れ（同年9月1日施行）、会社分割による承継対象事業に従事する従業員について会社分割の対象とすることなく転籍合意により分割会社から承継会社もしくは新設会社に承継させる場合、または分割会社から承継会社もしくは新設会社に出向させる場合について、労働契約承継法2条の通知や商法等の一部を改正する法律（平成12年法律第90号）附則5条の協議等の手続を省略できないこと等が明記されている。

V　許認可の取得

第6.6条（許認可の取得）

　売主及び買主は、買主がクロージング日以降に承継対象事業を営むために必要な許認可等を売主から買主に対して承継し、又は買主において新たに取得するために必要となる手続を、相互に協力して履践するものとする。

　事業買収型の取引における承継対象事業が許認可を必要とする事業である場合、クロージング日以降に事業の承継を受ける会社が当該事業を営むためには、クロージング日までに当該会社において当該許認可を保有していることが必要になる。事業譲渡または会社分割により事業を他の会社に承継させる場合、原則として、事業を承継させる会社において保有する許認可を事業の承継を受ける会社に承継することはできないが、当該許認可の根拠法令において承継を認める規定がある場合があり、その場合は、当該根拠法令に定められた手続を履践する必要がある。根拠法令において許認可の承継が認められていない場合には、事業の承継を受ける会社において、新たに許認可の取得が必要となり、クロージング（事業の承継の完了）前に取得が可能な場合とクロージング後でなければ取得できない場合がある。

　許認可の承継または新規取得については、売主または買主の一方のみの行為により行うことが難しい場合が多いため、モデル条項においては、売主と買主が相互に協力して必要な手続を行うものとしているが、売主または買主のいずれかが主体となり、許認可の承継または新規取得に向けた努力義務を規定するとともに、他方当事者による協力義務を規定する場合もある。

第7章　誓約事項　245

VI　クロージング後の精算

第6.12条（クロージング後の精算）
1. (i)売主は、クロージング後において、第三者から承継対象資産に含まれる債権に係る支払いを受けた場合には、直ちに買主にその旨を通知し、(ii)買主は、クロージング後において、承継対象事業に関し、第三者に対して承継対象債務に含まれない売主の債務を履行した場合には、直ちに売主にその旨を通知する。これらの場合、売主は、(i)売主が当該第三者から受領した金額又は(ii)買主が当該第三者に対して支払った金額を、買主が別途指定する金融機関の口座に振込送金するものとする（振込手数料は売主が負担する。）。
2. (i)買主は、クロージング後において、承継対象事業に関し、第三者から承継対象資産に含まれない売主の債権に係る支払いを受けた場合には、直ちに売主にその旨を通知し、(ii)売主は、クロージング後において、第三者に対して承継対象債務を履行した場合には、直ちに買主にその旨を通知する。これらの場合、買主は、(i)買主が当該第三者から受領した金額又は(ii)売主が当該第三者に対して支払った金額を、売主が別途指定する金融機関の口座に振込送金するものとする（振込手数料は買主が負担する。）。

　事業譲渡や会社分割により事業の一部を買主に承継する場合、売主と買主の間の契約において承継対象を定めていたとしても、取引先等の売掛金の債務者や買掛金の債権者が、クロージング後に、かかる契約の内容を知らずに売主に対して買主に承継された売掛金の支払いや買掛債務の弁済の要求を行ってくる場合、買主に対して買主に承継されていない買掛債務の弁済の要求や売掛金の支払いを行ってくる場合等がある。そのような場合、実務上、取引先等との関係を考慮して、すでに債権または債務が売主から買主に承継されたこと、売主から買主に承継されていないこと等を理由として、かかる要求を拒絶することが難しいことがある。このような場合には、売主と買主の間で事後的に精算を行う必要があるため、売主と買主の間の事業の承継に係る契約においては、かかる精算の手続を合意しておくことが多い。

　なお、買主が承継対象債務以外の売主の債務を負担した場合、本来、負担すべきではない債務を負担したことになるため、買主は売主に対して不

246　第3部　事業譲渡契約

当利得返還請求等を行うことができることになるが、モデル条項の第1項
は、そのような状況において、当事者間で精算を行うことを想定した規定
となっている。かかる規定のほか、買主が承継対象債務以外の売主の債務
を負担した場合に、買主が売主に対して補償請求を行うことができるよう
に補償条項が規定される場合もある（**第2章Ⅲ**参照）。

●公租公課等の精算に関する規定の例

第6.13条（公租公課等の精算）
　売主及び買主は、承継対象資産に課せられる公租公課、保険料、公共料金
その他賦課金等（以下「賦課金等」という。）については、宛名・名義の如何
にかかわらず、クロージング日をもって区分し、クロージング日の前日まで
の期間に対応する部分を売主の負担とし、クロージング日以降の期間に対応
する部分を買主の負担として、クロージング日において精算する。但し、本
条に従って精算されるべき賦課金等のうちクロージング日においてその金額
が未確定のものについては、金額が確定次第、売主及び買主間ですみやかに
精算を行うものとする。なお、公租公課の精算のための賦課期間の起算日は
1月1日とする。

　また、事業買収型の取引においては、一定の公租公課や公共料金等につ
いて、クロージング後に売主と買主の間で精算が必要となる場合がある。

　固定資産税および都市計画税については、毎年1月1日現在における
「固定資産課税台帳」に固定資産の所有者として登録されている者が納税
義務者となる。1年の途中で事業譲渡等により不動産が譲渡される場合、
固定資産税および都市計画税は、クロージング日をもって区分し、1年を
単位として日割計算により精算されることが一般的である。その際、賦課
期間について、1月1日を起算日として12月31日までの1年間とする考え
方と、4月1日を起算日として翌年3月31日までの1年間とする考え方が
あり、いずれを採用するかによって売主および買主の負担額が異なってく
ることから、契約書上、明記しておくことが望ましい。

　また、保険料や電気代、ガス代といった公共料金等については、クロー
ジング日時点では金額が確定していないこともあることから、確定後すみ
やかに精算する旨が規定されることもある。

Ⅶ 追加的協力（**Further Assurance**）

第6.14条（追加的協力）
　売主及び買主は、クロージング後において、相手方の合理的な要請に従い、相手方の費用負担により、本契約において企図されている本件事業譲渡の目的を達成するために合理的に必要となる事項（情報の提供、書類の作成・交付、資産の譲渡・引渡し、債務の承継又は契約の締結を含む。）を行うとともに、相手方に対して合理的に必要な協力を行うものとする。

　事業譲渡や会社分割により売主の事業の一部を買主に承継する場合、契約において承継対象の資産、債務、契約および従業員を特定する必要がある。買主において承継対象事業のデュー・ディリジェンスを行った場合であっても、承継対象とすべき資産、契約等を完全に理解し、もれなくすべてを特定することは難しい場合が多く、また、売主においても、契約の締結時までに、有機的に結合している事業の切分けを完了させることが難しい場合も多い。そのため、事業譲渡契約や会社分割により事業をカーブアウトしたうえで行う株式譲渡に係る契約においては、契約において企図している取引を実現するために合理的に必要となる資産、契約等が承継対象に含まれていないことや実施する必要のある手続が実施されていないことがクロージング後に判明した場合には、かかる事項をクロージング後に追加的に実施することを合意しておくことがある。もっとも、かかる合意は抽象的な内容にならざるをえないため、実際にそのような事態が判明した場合には、改めて売主と買主が協議し合意のうえで進める必要がある場合も多い。

Ⅷ 競業避止義務

　事業買収型の取引に係る契約においても、株式譲渡契約と同様に、売主が、クロージング後の一定期間、承継対象事業について競業避止義務を負う場合がある。この点、会社法は、事業を譲渡した会社は、当事者の別段の意思表示がない限り、同一の市町村（特別区を含む）の区域内およびこ

れに隣接する市町村（特別区を含む）の区域内においては、その事業を譲渡した日から20年間、同一の事業を行ってはならないこととする（会社法21条1項）。また、会社法は、譲渡会社が同一の事業を行わない旨の特約をした場合には、その特約は、その事業を譲渡した日から30年の期間に限り、その効力を有することとし（同条2項）、さらに、譲渡会社は、不正の競争の目的をもって同一の事業を行ってはならないこととしている（同条3項）。したがって、売主において競業避止義務を負わないようにするためには、事業譲渡契約において、同条1項の規定にかかわらず、売主が競業避止義務を負わないことを明示的に規定しておく必要がある。なお、事業譲渡契約で競業避止義務を排除している場合においても、売主は、不正の競争の目的をもって同一の事業を行ってはならない義務（同条3項）を負う。

　また、会社分割については、会社法に分割会社の競業避止義務に関する規定は定められていないが、事業譲渡に関する規定が類推適用されるとする見解がある。そのため、実務上は、売主（分割会社）において競業避止義務を負わないこととする場合には、吸収分割契約または新設分割計画において、その旨の規定を設けることになる。

　売主が、会社法21条1項に定める競業避止義務の内容と異なる競業避止義務を負う場合については、**第2部第7章Ⅳ2**を参照されたい。

●競業避止義務を負わない場合の例

第○条（競業避止義務）
　売主は、会社法その他の法令等の規定にかかわらず、対象会社に対し、いかなる競業避止義務も負わないものとする。

第8章 補償・一般条項

Ⅰ 補償

　事業買収型の取引における補償条項は、基本的には株式譲渡契約と同様である。なお、株式譲渡契約では対象会社に生じた損害が株式を譲り受けた買主の損害にあたるかという点が問題となりうるのに対して、事業譲渡契約では買主が承継対象事業を譲り受けて保有することになるので、そのような問題は生じえない。

　また、事業買収型の取引の契約における補償条項についても、補償の金額や期間に制限が設けられることが多い。**第2章Ⅲ**のとおり、売主と買主の間で合意された承継対象債務以外の売主の債務について買主が履行等せざるをえない場合がある。このような場合には、売主が買主に生じた損害のすべてを補償することを明確にするため、通常の補償条項とは別に制限のない特別補償条項を設けることもある。

　なお、**巻末資料3**の事業譲渡契約書第7.3条は、クロージングまでに売主が製造または販売した製品に関して生じた責任は買主に承継しないことを前提としつつ、事業譲渡が完了した後に売主において修補等の対応が困難であることが通常であることから、修補等の義務は買主に承継することとし（**巻末資料3**の事業譲渡業契約書第2.4条1項参照）、買主が当該義務を履行した場合に、売主に買主に生じた費用等を補償させることとするものである。

250　第3部　事業譲渡契約

II　一般条項

1　費用負担

> 第9.10条（費用負担）
> 1．売主から買主に対する承継対象資産の承継に係る登記、登録その他の費用は買主の負担とし、本契約に関して生じる印紙税は売主及び買主がそれぞれその半額を負担する。
> 2．売主及び買主は、前項に定める場合その他本契約に別途明確に定める場合を除き、本契約の締結及び履行に関連してそれぞれに発生する費用については、各自これを負担する。

　事業買収型の取引において会社分割が利用される場合、会社分割に係る登記が必要となり、かかる登記に関して登録免許税が課される。吸収分割における承継会社および新設分割における新設会社においては、増加する資本金の額に応じた金額の登録免許税が課される。

　会社分割に際しては、これらの商業登記以外にも、分割に伴って分割会社から承継会社に承継される不動産等の資産の移転について、対抗要件を具備するために登記または登録を行う必要があり、かかる登記についても登録免許税が課されることになる。また、会社分割が税制適格要件を充たさない限り、不動産取得税、自動車取得税等の資産の取得に関する課税も生じる。これらの資産の移転に係る登録免許税または取得税については、事業買収型の取引において事業譲渡が利用される場合においても、同様に生じることになる。

　したがって、事業買収に係る契約においては、これらの取引に伴って生じる税金その他の費用ついて、当事者がどのように負担するかを規定しておくことが望ましい。

　また、事業譲渡契約書については、契約金額に応じて印紙税が課され、吸収分割契約書および新設分割計画書についても、1通につき4万円の印紙税が課されるため、印紙税についても事業買収に係る契約において取り決めておくことが望ましい。

2 その他の一般条項

　事業買収型の取引におけるその他の一般条項は、基本的には株式譲渡契約と同様である。

巻末資料

1　株式譲渡契約書（買主側ドラフト）

株式譲渡契約書

　○○（以下「売主」という。）及び○○（以下「買主」という。）は、売主が保有する○○（以下「対象会社」という。）の発行済株式全ての買主への譲渡に関し、○年○月○日（以下「本締結日」という。）、以下のとおり株式譲渡契約（以下「本契約」という。）を締結する。

第1章　定義

第1条（定義）

　本契約において使用される以下の用語は、以下に定める意味を有する。
- (1)　「アドバイザー」とは、弁護士、公認会計士、税理士、司法書士、フィナンシャルアドバイザーその他の外部の専門家をいう。
- (2)　「営業日」とは、日本において銀行の休日とされる日以外の日をいう。
- (3)　「株式等」とは、株式、新株予約権、新株予約権付社債、転換社債、新株引受権その他対象会社の株式を新たに取得できる証券又は権利をいう。
- (4)　「関連会社」とは、財務諸表等の用語、様式及び作成方法に関する規則第8条第5項に定義されたものをいう。
- (5)　「許認可等」とは、法令等により要求される司法・行政機関等による又は司法・行政機関等に対する許可、認可、免許、承認、同意、登録、届出、報告その他これらに類する行為又は手続をいう。
- (6)　「クレーム等」とは、クレーム、異議、不服又は苦情をいう。
- (7)　「クロージング日」とは、(i)(a)○年○月○日と(b)第4.1条第(3)号及び第4.2条第(3)号に規定される事由が充足された日から○営業日後の日のいずれか遅い方の日、又は(ii)売主及び買主が別途書面によりクロージング日として合意した日をいう。
- (8)　「契約等」とは、契約、合意、約束又は取決め（書面か口頭か、また、明示か黙示かを問わない。）をいう。
- (9)　「子会社」とは、財務諸表等の用語、様式及び作成方法に関する規則第8条第3項に定義されたものをいう。
- (10)　「債務不履行事由等」とは、対象となる契約等に係る解除、解約、取消し、無効若しくは終了の原因となる事由、期限の利益喪失事由若しくは債務不履行事由、又は当該契約等の相手方による通知、時間の経過若し

くはその双方によりこれらの事由に該当することとなる事由をいう。

(11) 「司法・行政機関等」とは、国内外の裁判所、仲裁人、仲裁機関、監督官庁その他の司法機関・行政機関、地方公共団体及び金融商品取引所その他の自主規制機関をいう。

(12) 「司法・行政機関等の判断等」とは、司法・行政機関等の判決、決定、命令、裁判上の和解、免許、許可、認可、通達、行政指導、勧告その他の判断をいう。

(13) 「訴訟等」とは、訴訟、仲裁、調停、仮差押え、差押え、保全処分、保全差押え、滞納処分、強制執行、仮処分、その他の裁判上又は行政上の手続をいう。

(14) 「対象会社グループ」とは、対象会社並びに対象会社の子会社及び関連会社をいう。

(15) 「知的財産権等」とは、特許権、実用新案権、意匠権、商標権、著作権（未登録のものを含む。）その他の知的財産権（その出願権及び登録申請に係る権利を含む。）、ノウハウ、ドメインネーム、コンピュータプログラム、これらに類似する権利、顧客情報、営業秘密その他の秘密情報その他一切の無形資産をいう。

(16) 「倒産手続等」とは、破産手続、再生手続、更生手続、特別清算手続その他これらに類する国内外の法的倒産手続又は事業再生 ADR、特定調停その他の私的整理手続をいう。

(17) 「反社会的勢力」とは、暴力団、暴力団員、暴力団員でなくなった時から5年を経過しない者、暴力団準構成員、暴力団関係企業、総会屋等、社会運動等標ぼうゴロ又は特殊知能暴力集団等、その他これらに準ずる者（以下「暴力団員等」と総称する。）及び次の各号のいずれかに該当する者をいう。

　(i) 暴力団員等が経営を支配していると認められる関係を有すること

　(ii) 暴力団員等が経営に実質的に関与していると認められる関係を有すること

　(iii) 自ら又は第三者の不正の利益を図る目的又は第三者に損害を加える目的をもってする等、不当に暴力団員等を利用していると認められる関係を有すること

　(iv) 暴力団員等に対して資金等を提供し、又は便宜を供与する等の関与をしていると認められる関係を有すること

　(v) 役員又は経営に実質的に関与している者が暴力団員等と社会的に非難されるべき関係を有すること

(vi) 自ら又は第三者を利用して次のいずれかに該当する行為を行うこと
　① 暴力的な要求行為
　② 法的な責任を超えた不当な要求行為
　③ 取引に関して、脅迫的な言動をし、又は暴力を用いる行為
　④ 風説を流布し、偽計を用い又は威力を用いて第三者の信用を毀損し、又は第三者の業務を妨害する行為
　⑤ その他①から④までに準ずる行為

(18) 「負担等」とは、第三者の質権、抵当権、先取特権、留置権その他の担保権（譲渡担保及び所有権留保を含む。）、所有権、賃借権、地上権、地役権、使用借権、実施権その他の使用権、売買の予約、譲渡の約束若しくは譲渡の禁止、差押え、仮差押え、差止命令、仮処分若しくは滞納処分その他使用、譲渡、収益その他の権利行使を制限する一切の負担又は制約をいう。

(19) 「法令等」とは、国内外の条約、法律、政令、通達、規則、命令、条例、ガイドライン、金融商品取引所その他の自主規制機関の規則その他の規制をいう。

(20) 「本件関連契約」とは、第6.6条に定める移行サービス契約及び○○契約をいう。

(21) 「本件作成指針」とは、日本国において一般に公正妥当と認められる企業会計の基準に従い、かつ、対象会社の本締結日までに終了した最終の事業年度に係る連結計算書類と同一の会計処理の原則及び手続に従うことをいう。但し、別紙1-(21)に記載の事項については、同別紙記載の作成指針に従うものとする。

(22) 「本件要承諾契約」とは、対象会社グループが当事者となっている契約等のうち、本件株式譲渡の実行につき当該契約等の相手方の承諾を要する旨の規定（承諾を得ることなく本件株式譲渡を実行した場合に債務不履行事由等に該当することとなる旨の規定を含む。）を含むものをいう。

(23) 本契約において、下記に掲げる各用語は、当該各用語の右側の欄に記載された条項で定義された意味を有するものとする。

定義された用語	定義された条項
委託対象項目	第2.3条第4項
売主	頭書
開示当事者	第9.2条第1項第(1)号
買主	頭書

買主案	第2.3条第1項
基準運転資本額	第2.2条第2項第(2)号
基準純有利子負債額	第2.2条第2項第(4)号
競合事業	第6.12条
クロージング	第3.1条
クロージング貸借対照表	第2.3条第1項
クロージング日運転資本額	第2.2条第2項第(1)号
クロージング日純有利子負債額	第2.2条第2項第(3)号
辞任役員	第4.2条第(6)号
受領当事者	第9.2条第1項第(1)号
損害等	第7.1条第1項
第三者算定機関	第2.3条第4項
対象会社	頭書
対象計算書類	別紙5.1第2項第(4)号(i)
対象会社子会社等	別紙5.1第2項第(3)号(i)
抵触取引等	第6.7条第1項
特別補償事由	第7.3条
排除措置命令等	第4.1条第(3)号
秘密情報	第9.2条第1項
不同意通知	第2.3条第2項
暴力団員等	第1条第(17)号
補償等	第7.1条第1項
本契約	頭書
本件株券	第3.2条第1項
本件株式	第2.1条
本件株式譲渡	第2.1条
本件基準譲渡価額	第2.2条第1項
本件譲渡価額	第2.2条第1項
本件債権	別紙5.1第2項第(12)号(i)
本件所有不動産	別紙5.1第2項第(8)号
本件賃借不動産	別紙5.1第2項第(8)号
本件知的財産権等	別紙5.1第2項第(9)号
本件要調整額	第2.2条第2項
本締結日	頭書

第2章　株式譲渡

第2.1条（株式譲渡）

　売主は、本契約の規定に従い、クロージング日において、売主が保有する対象会社の発行済株式○株全て（以下「本件株式」という。）を買主に対して譲り渡し、買主は、本契約の規定に従い、売主より本件株式を譲り受ける（以下「本件株式譲渡」という。）。

第2.2条（本件譲渡価額）

1．本件株式譲渡の譲渡価額の総額（以下「本件譲渡価額」という。）は、金○円（以下「本件基準譲渡価額」という。）に、次項に定める本件要調整額に基づく以下の調整を行った金額とする。

　(1)　本件要調整額が正の値の場合、本件譲渡価額は、本件基準譲渡価額に本件要調整額を加算した額とする。

　(2)　本件要調整額が負の値の場合、本件譲渡価額は、本件基準譲渡価額から本件要調整額の絶対値を減算した額とする。

　(3)　本件要調整額が零の場合、本件譲渡価額は、本件基準譲渡価額と同額とする。

2．「本件要調整額」とは、以下の算式に従って算出される金額をいう。

　本件要調整額＝（クロージング日運転資本額－基準運転資本額）

　　　　　　　　　－（クロージング日純有利子負債額－基準純有利子負債額）

　但し、上記算式において使用される以下の用語は、以下に定める意味を有する。

　(1)　「クロージング日運転資本額」とは、(i)クロージング貸借対照表に「売掛金」、「○○」及び「○○」として計上される額の合計から、(ii)クロージング貸借対照表に「買掛金」、「○○」及び「○○」として計上される額の合計を控除した額をいう。

　(2)　「基準運転資本額」とは、金○円をいう。

　(3)　「クロージング日純有利子負債額」とは、(i)クロージング貸借対照表に「短期借入金」、「1年内返済予定長期借入金」及び「長期借入金」として計上される額の合計額から、(ii)クロージング貸借対照表に「現金及び預金」として計上される額を控除した額をいう。

　(4)　「基準純有利子負債額」とは、金○円をいう。

第2.3条（クロージング貸借対照表の確定手続）

1．買主は、クロージング日から○営業日以内に、本件作成指針に従ってクロージング日現在の対象会社の連結貸借対照表（以下「クロージング貸借対照表」という。）を作成し、売主に対して交付するものとする（以下「買主案」という。）。

2．売主は、買主案を受領後○営業日以内に、買主案に合意する旨、又は、その項目の全部若しくは一部を争う旨を、争う場合は売主の主張する金額及び理由の説明とともに、書面により買主に対して通知する（以下、買主案の項目の全部又は一部を争う旨の通知を「不同意通知」という。）。当該期間内にいずれの通知も買主に到達しないときは、売主は買主案の全部の項目に合意したものとみなす。

3．売主が、買主案の全部又は一部の項目に合意したときは（前項に基づき合意したものとみなされた場合を含む。）、合意した内容及び範囲において、買主案をもって、クロージング貸借対照表の全部又は一部の項目が確定するものとする。

4．売主が第2項に定める期間内に不同意通知を行ったときは、売主及び買主は、買主案のうち争いのある項目の合意に向けて誠実に協議するものとする。不同意通知が売主に到達した後○営業日以内にかかる合意が成立しないときは、売主及び買主が別途合意する監査法人（以下「第三者算定機関」という。）に対して、売主及び買主から合理的に提出された資料に基づき、買主案のうち売主及び買主の間で合意が成立しなかった項目（以下「委託対象項目」という。）の算定を委託するものとし、委託対象項目の内容は、売主及び買主のそれぞれが提示した委託対象項目の額の範囲内で、第三者算定機関が本件作成指針に従って最終的に確定するものとする。但し、当該資料の提出は第三者算定機関に委託した日後○営業日以内になされることを要するものとし、売主及び買主は第三者算定機関をして委託から○営業日以内に委託対象項目についての算定結果を提出させるものとする。なお、第三者算定機関の算定結果は、売主及び買主に対して拘束力を有するものとし、クロージング貸借対照表は、第三者算定機関の算定した委託対象項目に基づき確定するものとする。

5．前項の定めに従い委託対象項目の作成を第三者算定機関に委託した場合には、売主及び買主は、当該委託に関する費用を、それぞれの提示した委託対象項目の額に基づき算定される本件要調整額と第三者算定機関の確定した委託対象項目の額に基づき算定される本件要調整額との差に応じて、按分して負担するものとする。

第3章　クロージング

第3.1条（クロージングの日時・場所）

　本件株式譲渡は、クロージング日に、売主及び買主が別途合意する時間及び場所において、売主及び買主が第3.2条に定める行為を行うことにより実行されるものとする（以下「クロージング」という。）。

第3.2条（クロージング）

1．売主は、本契約の規定に従い、クロージング日において、買主から本件基準譲渡価額の全額の支払いを受けることと引換えに、買主に対して、本件株式の全てを表章する株券（以下「本件株券」という。）を交付し、本件株式を譲渡する。

2．買主は、本契約の規定に従い、クロージング日に、売主から本件株券の引渡しを受けることと引換えに、本件基準譲渡価額の全額を売主に対して支払う。

3．前項に定める買主による売主に対する本件基準譲渡価額の支払いは、売主がクロージング日の○営業日前までに買主に対して通知する売主の銀行口座に振込送金する方法により行うものとし、振込手数料は買主が負担する。

第3.3条（本件要調整額の精算）

1．本件要調整額が正の値の場合、買主は、クロージング貸借対照表が確定した日から○営業日以内に、売主に対して本件要調整額を支払うことにより、精算を行うものとする。なお、本項に基づく支払いは、前条第3項に従い通知された売主の銀行口座に振込送金する方法により行うものとし、振込手数料は買主が負担する。

2．本件要調整額が負の値の場合、売主は、クロージング貸借対照表が確定した日から○営業日以内に、買主に対して、本件要調整額の絶対値に相当する額を支払うことにより、精算を行うものとする。なお、本項に基づく支払いは、買主がクロージング貸借対照表が確定した日から○営業日以内に売主に対して通知する買主の銀行口座に振込送金する方法により行うものとし、振込手数料は売主が負担する。

第4章　前提条件

第4.1条（売主による義務履行の前提条件）

　売主は、以下の各号の事由が全て充足されていることを前提条件として、第3.2条第1項に定める義務を履行する。なお、売主は、その任意の裁量により、かかる条件の全部又は一部を放棄して第3.2条第1項に定める義務を履行することができる。但し、かかる条件の全部又は一部の放棄によっても、第7章に基づく買主に対する補償等の請求が妨げられるものではない。

(1)　本締結日及びクロージング日において、第5.2条第1項に定める買主の表明及び保証が重要な点において真実かつ正確であること。

(2)　買主が、本契約に基づきクロージングまでに履行又は遵守すべき事項を重要な点において履行又は遵守していること。

(3)　本件株式譲渡に関してクロージング前に必要となる許認可等（私的独占の禁止及び公正取引の確保に関する法律（昭和22年法律第54号）第10条第2項に基づく公正取引委員会に対する株式の取得に関する計画の届出を含む。以下同じ。）が取得又は履践され、法定の待機期間が経過し、かつ、司法・行政機関等（公正取引委員会を含む。）により、排除措置命令の発令又は排除措置命令に係る手続の係属（事前通知の送付又は同法第10条第9項に定める報告等を要請する文書の送付を含む。）等、本件株式譲渡の実行を妨げる措置又は手続（以下「排除措置命令等」と総称する。）がとられていないこと。

第4.2条（買主による義務履行の前提条件）

　買主は、以下の各号の事由が全て充足されていることを前提条件として、第3.2条第2項に定める義務を履行する。なお、買主は、その任意の裁量により、かかる条件の全部又は一部を放棄して第3.2条第2項に定める義務を履行することができる。但し、かかる条件の全部又は一部の放棄によっても、第7章に基づく売主に対する補償等の請求が妨げられるものではない。

(1)　本締結日及びクロージング日において（但し、時期を明記しているものについては当該時点において）、第5.1条第1項に定める売主の表明及び保証が重要な点において真実かつ正確であること。

(2)　売主が、本契約に基づきクロージングまでに履行又は遵守すべき事項を重要な点において履行又は遵守していること。

(3)　本件株式譲渡に関してクロージング前に必要となる許認可等が取得又は履践され、法定の待機期間が経過しており、かつ、司法・行政機関等（公

正取引委員会を含む。）により排除措置命令等がとられていないこと。

⑷　対象会社の取締役会が、本件株式譲渡を承認する旨の決議をしていること。

⑸　本件関連契約が、いずれも適法かつ有効に締結され、かつ有効に存続しており、本件関連契約について買主以外の当事者による違反がないこと。

⑹　対象会社グループの取締役である○○氏及び○○氏並びに対象会社グループの監査役である○○氏（以下「辞任役員」と総称する。）の全てが、クロージング日をもって対象会社グループの取締役及び監査役を辞任する旨の辞任届を対象会社グループに提出していること。

⑺　対象会社グループが、本件要承諾契約の各相手方から、本件株式譲渡の実行後も当該契約を従前どおりの条件で継続させることについての書面による承諾を取得していること。

⑻　買主において、本件基準譲渡価額の支払いに必要な資金の調達が完了していること。

⑼　対象会社グループの財務状態、経営成績、キャッシュフロー、事業、資産、負債若しくは将来の収益計画又はそれらの見通しに重大な悪影響を及ぼす可能性のある事由又は事象が発生又は判明しておらず、そのおそれもないこと。

⑽　以下に定める書面を買主が受領していること。

　　⒤　本件株式譲渡を承認した対象会社の取締役会議事録の写し（対象会社の代表取締役による原本証明が付されたもの）

　　⒤⒤　辞任役員の辞任届の写し

　　⒤⒤⒤　本件要承諾契約の各相手方から取得した承諾書の写し

　　⒤ⅴ　別紙4.2-⑽の様式及び内容による前提条件充足証明書

　　ⅴ　上記のほか、買主が合理的に要請する書面

第5章　表明及び保証

第5.1条（売主の表明及び保証）

1．売主は、買主に対して、本締結日及びクロージング日において（但し、時期を明記しているものについては当該時点において）、別紙5.1に記載された各事項が真実かつ正確であることを表明し保証する。

2．買主が売主の表明保証の違反を構成し又は構成する可能性のある事実を知り又は知り得たことは、本契約に従ってなされた売主の表明保証の効果

又はそれに関連する救済手段の効果にいかなる影響を与えるものでもない。

第5.2条（買主の表明及び保証）

１．買主は、売主に対して、本締結日及びクロージング日において、別紙5.2
　　に記載された各事項が真実かつ正確であることを表明し保証する。

２．売主が買主の表明保証の違反を構成し又は構成する可能性のある事実を
　　知り又は知り得たことは、本契約に従ってなされた買主の表明保証の効果
　　又はそれに関連する救済手段の効果にいかなる影響を与えるものでもない。

第6章　誓約事項

第6.1条（対象会社グループの運営）

１．売主は、本締結日からクロージングまでの間、善良な管理者の注意をもっ
　　て、対象会社グループをして、対象会社グループにおいて本締結日以前に
　　行われていたのと実質的に同一かつ通常の業務の範囲において、その業務
　　の執行並びに財産の管理及び運営を行わせるものとする。

２．売主は、前項の定めに従うほか、本締結日からクロージングまでの間、
　　対象会社グループをして、本契約において別途明示的に予定されている行
　　為を行う場合及び買主の事前の書面による承諾を得た場合を除き、以下の
　　各号に掲げる行為又はその決定を行わせないものとする。

　⑴　定款、取締役会規程その他の重要な社内規程の制定、変更又は廃止

　⑵　株式等の発行、処分又は付与

　⑶　組織変更（会社法第5編第1章に定める組織変更をいう。）、合併、株
　　　式交換、株式移転、会社分割、事業の全部又は一部の譲渡又は譲受け、
　　　子会社の異動を伴う株式又は持分の譲渡又は譲受けその他これらに準ず
　　　る行為

　⑷　自己株式の買受けその他の一切の取得

　⑸　株式の分割若しくは併合又は株式若しくは新株予約権の無償割当て

　⑹　株式の譲渡による取得の承認

　⑺　剰余金の配当その他の処分

　⑻　資本金の額又は準備金の額の増加又は減少

　⑼　解散、清算又は倒産手続等の開始の申立て

　⑽　事業計画又は予算の決定又は変更

　⑾　新規事業の開始、既存事業の縮小、撤退又は重要な変更

　⑿　事業所、支店又は店舗の開設又は廃止

⒀　会計方針の変更

⒁　1件あたりの金額が○円以上の資産の取得、売却、賃貸、賃借、担保設定その他の処分又は設備投資

⒂　1件あたりの金額が○円以上の貸付け、出資又は寄付

⒃　借入れ、社債の発行その他の資金調達行為又はこれらに関する条件の変更

⒄　保証、債務引受け、経営指導念書の差入れその他これらに準ずる債務負担行為又はそれらに関する条件の変更

⒅　1件あたりの取引金額が○円以上又は年間の取引金額が○円以上の契約等の締結、変更、修正、解約、解除又は終了

⒆　資本提携又は業務提携

⒇　通常の業務の範囲を超える売掛債権及び買掛債務の支払サイトの変更その他の取引条件の変更

㉑　役員又は重要な従業員の選任若しくは解任又は異動

㉒　役員又は従業員の賃金又は報酬の増額その他任用・雇用条件の重要な変更

㉓　役員に対する退職慰労金の支払い

㉔　訴訟等の提起若しくは手続の開始、和解その他判決によらない終了又は重要な方針の決定

第6.2条（譲渡承認決議）

　売主は、クロージング日までに、対象会社をして、本件株式譲渡を承認する旨の取締役会決議を行わせるものとする。

第6.3条（法令等に基づく手続）

1．買主は、本契約の締結後実務上可能な限りすみやかに、本件株式譲渡に関してクロージング前に必要となる許認可等を取得又は履践し、待機期間がある場合には、当該待機期間を経過させ、かつ、排除措置命令等がとられないよう商業上合理的な範囲で努力するものとする。但し、買主は、当該許認可等を取得又は履践し、当該待機期間を経過させ、かつ、排除措置命令等がとられないために、買主並びに買主の子会社及び関連会社の資産、持分又は事業の譲渡又は処分その他競争法上の問題を解消するための措置を行う義務を負わないものとする。

2．売主は、対象会社グループをして、買主による前項に定める義務の履行に関し、合理的な範囲で必要な協力を行わせるものとする。

第6.4条（本件要承諾契約に係る承諾の取得等）

1．売主は、対象会社グループをして、クロージング日までに、本件要承諾契約の規定に従って本件要承諾契約の各相手方から、対象会社グループに追加的な負担をさせることなく、本件株式譲渡の実行後も当該契約を従前どおりの条件で継続させることについての書面による承諾を取得させるよう最大限努力するものとする。

2．売主は、対象会社グループが当事者となっている第三者との間の契約等について、本件株式譲渡に関して相手方への事前の通知が必要となる契約等がある場合、対象会社グループをして、クロージング日までに、当該契約等の規定に従って当該通知を適式に行わせるものとする。

第6.5条（役員等に関する事項）

　売主は、クロージング日までに、対象会社グループをして、辞任役員からクロージング日をもって対象会社グループの取締役又は監査役を辞任する旨の辞任届を取得させるものとする。

第6.6条（移行サービス契約の締結）

　売主、買主及び対象会社は、クロージング日までに、大要別紙6.6の様式及び内容の移行サービス契約を締結する。

第6.7条（独占交渉義務）

1．売主は、本締結日以降、いかなる第三者に対しても、又はいかなる第三者との間においても、直接又は間接に、本件株式譲渡と矛盾又は抵触し得る資本提携、株式譲渡、合併、会社分割、株式交換、株式移転、事業の全部又は一部の譲渡その他これらに類する取引（以下「抵触取引等」という。）に関連して、情報提供、提案、勧誘、協議、交渉又は取引の実行を一切行わず、対象会社グループをして行わせないものとする。

2．売主は、第三者より抵触取引等に関連して提案又は勧誘が行われた場合は、直ちにその内容を買主に対して通知し、対応につき誠実に買主と協議するものとする。

第6.8条（通知義務）

　売主及び買主は、(i)第5章に定める自らの表明及び保証のいずれかに反する事実又は反することとなるおそれのある事実が判明した場合、(ii)自らによる本契約上の義務の違反の事実又は違反することとなるおそれのある事実が

判明した場合、又は、(iii)第4章に定める相手方の義務の前提条件が充足しないおそれがあることが判明した場合には、相手方に対して、かかる内容を書面により直ちに通知するものとする。なお、当該通知は、自らによる表明及び保証又は義務の違反を治癒するものではない。

第6.9条（情報提供等）

　売主は、本締結日からクロージングまでの間、本契約又は本件株式譲渡に関連して買主が合理的に要請する場合、買主及びそのアドバイザーに対して、対象会社グループの帳簿、記録、資料その他の情報を提供し、また対象会社グループの役職員又はそのアドバイザーへのアクセスを認めるものとする。

第6.10条（前提条件充足義務）

　売主は第4.2条各号に定める買主による義務履行の前提条件を、買主は第4.1条各号に定める売主による義務履行の前提条件を、クロージング日において、それぞれ充足させるよう最大限努力するものとする。

第6.11条（年金）
１．買主は、クロージング後すみやかに、対象会社をして、〇企業年金基金と実質的に同等の水準の確定給付企業年金を新たに設立させ、〇企業年金基金より対象会社の加入者に係る権利義務を移転させるものとする。
２．売主は、クロージング日から前項に定める移転の日までの間、対象会社の加入者を〇企業年金基金に継続加入させるため、対象会社を〇企業年金基金の実施事業所とする。買主は、クロージング日から前項に定める移転の日までの間、対象会社をして、〇企業年金基金に係る規約の規定に従い、掛金その他の費用を負担させる。
３．売主は、第１項に定める移転に必要な協力（〇労働組合の同意及び厚生労働大臣の承認の取得を含む。）を行うものとする。

第6.12条（競業避止義務）

　売主は、クロージング以降、クロージング後〇年を経過する日までの間、買主の事前の書面による承諾がない限り、直接又は間接に、(i)対象会社グループ各社が本締結日において行っている事業と実質的に競合する事業（以下「競合事業」という。）を行わないものとし、また、(ii)競合事業を行う会社への出資、貸付けその他の資金提供を行わず、かつ当該会社の事業に協力しないものとする。

第6.13条（勧誘禁止義務）

　売主は、クロージング以降、クロージング後○年を経過する日までの間、自ら又はその子会社を通じて、対象会社グループの役員又は従業員を勧誘し、対象会社グループから退職を促し、又はその他の働きかけを行わないものとする。但し、求人広告等による、これら役員又は従業員のみを対象とするものでない一般的な勧誘は本条により禁止されないものとする。

第7章　補償

第7.1条（売主による補償）

1．売主は、買主に対して、本契約に定める自らの表明及び保証の違反又は本契約に基づく義務の違反に起因又は関連して買主が損害、損失又は費用（合理的な範囲の弁護士費用を含む。以下「損害等」と総称する。）を被った場合には、かかる損害等を賠償又は補償（以下「補償等」という。）するものとする。なお、本契約に定める売主の表明及び保証の違反又は本契約に基づく売主の義務違反に起因又は関連して対象会社グループに生じた損害等は、買主の損害等とみなす。

2．本契約に定める売主の表明及び保証の違反に基づく補償等の額は、合計して本件譲渡価額（クロージング貸借対照表が確定する前は本件基準譲渡価額。次条第2項において同じ。）の○％を超えないものとし、また、その請求は、クロージング日から○年後の応当日までに、売主に対して書面により行わなければならないものとする。

3．前項の規定は、(i)別紙5.1第1項及び第2項第○号乃至第○号に定める表明及び保証に違反したことを理由とする第1項に基づく補償等及び(ii)売主による表明及び保証の違反が売主の故意又は重過失による場合に行われる第1項に基づく補償等には、適用されないものとする。

第7.2条（買主による補償）

1．買主は、売主に対して、本契約に定める自らの表明及び保証の違反又は本契約に基づく義務の違反に起因又は関連して売主が損害等を被った場合には、かかる損害等を補償等するものとする。

2．本契約に定める買主の表明及び保証の違反に基づく補償等の額は、合計して本件基準譲渡価額の○％を超えないものとし、また、その請求は、クロージング日から○年後の応当日までに、買主に対して書面により行わなければならないものとする。

第7.3条（特別補償）

売主は、買主に対して、対象会社グループにおいて現在係属中の別紙7.3記載の訴訟（以下「特別補償事由」という。）に起因又は関連して買主又は対象会社グループが損害等（当該訴訟による賠償金又は和解金の支払債務を含む。）を被った場合には、かかる損害等を補償等するものとする。

第7.4条（補償等の性質）

売主の表明及び保証の違反による補償等並びに前条に基づく補償等は、本件譲渡価額の調整として行われるものとする。

第8章　解除

第8.1条（解除）

1. 売主は、クロージングまでに限り、以下の各号のうちのいずれかの事由が発生した場合は、買主に対して書面で通知することにより、本契約を解除することができる。
   - (1) 第5.2条に規定される買主の表明及び保証に重要な点において違反があった場合
   - (2) 買主が本契約上の義務に重要な点において違反した場合
   - (3) 買主につき、倒産手続等の開始の申立てがなされた場合
   - (4) 売主の責めに帰すべからざる事由により、○年○月○日までに、本件株式譲渡が実行されなかった場合

2. 買主は、クロージングまでに限り、以下の各号のうちいずれかの事由が発生した場合は、売主に対して書面で通知することにより、本契約を解除することができる。
   - (1) 第5.1条に規定される売主の表明及び保証に重要な点において違反があった場合
   - (2) 売主が本契約上の義務に重要な点において違反した場合
   - (3) 売主につき、倒産手続等の開始の申立てがなされた場合
   - (4) 買主の責めに帰すべからざる事由により、○年○月○日までに、本件株式譲渡が実行されなかった場合

3. 本契約が本条に基づき解除された場合であっても、第7章（第7.3条を除く。）、本項及び第9章の規定は引き続き効力を有する。

第9章　雑則

第9.1条（救済手段の限定）

　売主又は買主が本契約に基づく義務に違反した場合又は表明及び保証に違反があった場合、売主及び買主は、第7章に定める補償等の請求及び第8章に定める解除を除き、債務不履行責任、瑕疵担保責任、不法行為責任、法定責任その他法律構成の如何を問わず、相手方に対して補償等、解除その他の権利行使をすることはできない。但し、本契約に定める義務の履行請求は妨げられない。

第9.2条（秘密保持義務）

1．売主及び買主は、本締結日から○年間、以下の各号に規定する情報を除き、本契約の締結の事実及びその内容、本件株式譲渡に関する交渉の内容並びに本件株式譲渡に関連して相手方から受領した一切の情報（以下「秘密情報」と総称する。）について、厳に秘密を保持し、これを第三者に開示又は漏洩してはならず、また、本契約の締結及び履行以外の目的に利用してはならない。

    (1)　当該情報を開示した当事者（以下「開示当事者」という。）から受領する前に当該情報を受領した当事者（以下「受領当事者」という。）が自ら適法に保有していた情報

    (2)　受領当事者が開示当事者から受領した時点で既に公知となっていた情報

    (3)　受領当事者が開示当事者から受領した後、自らの責めによらずに公知となった情報

    (4)　受領当事者が正当な権限を有する第三者から秘密保持義務を負うことなく適法に受領した情報

    (5)　受領当事者が開示当事者からの情報に基づかずに独自に開発した情報

2．第1項にかかわらず、売主及び買主は、その親会社、子会社及び対象会社グループ、並びに自ら、親会社、子会社及び対象会社グループの役職員及びアドバイザーに対して秘密情報を開示することができる。但し、開示を受ける第三者が法令等に基づく守秘義務を負担しない場合は、少なくとも本条に定める秘密保持義務と同等の秘密保持義務を負担することを条件とする。

3．第1項にかかわらず、売主及び買主は、開示当事者の書面による承諾がある場合、司法・行政機関等の判断等により適法に開示を求められた場合

又は法令等により当事者又は当事者の親会社による開示が義務づけられる場合は、秘密情報を開示することができる。

4．第1項にかかわらず、クロージングが行われた場合には、(i)売主は、クロージング日前に知得した対象会社グループに関する情報について、クロージング日以降クロージング日から○年間、買主の秘密情報として扱い、第1項に定める義務を負うものとし、(ii)買主は、対象会社グループに関する情報について、第1項に定める義務を負わない。

第9.3条（公表）

売主及び買主は、本契約の締結の事実及びその内容の公表の時期、方法及び内容について、別途協議の上、事前に合意するものとする。但し、司法・行政機関等の判断等により適法に開示を求められた場合又は法令等により当事者又は当事者の親会社による開示が義務づけられる場合において、事前に相手方と誠実に協議した上で合理的な範囲内で公表を行う場合はこの限りでない。

第9.4条（準拠法・管轄）

1．本契約は、日本法に準拠し、これに従って解釈される。

2．本契約に関する一切の紛争については、東京地方裁判所を第一審の専属的合意管轄裁判所とする。

第9.5条（譲渡等の禁止）

売主及び買主は、相手方の事前の書面による承諾を得ない限り、本契約上の地位又は本契約に基づく権利義務の全部又は一部について、第三者に対する譲渡、移転、承継、担保提供その他の方法による処分をしてはならない。

第9.6条（本契約の変更・権利の放棄）

1．本契約は、売主及び買主が書面により合意した場合にのみ変更又は修正することができる。

2．本契約に基づく権利の放棄は、書面によってのみ行うことができる。本契約に基づく権利の不行使又は行使の遅滞は、当該権利の放棄と解されてはならない。

第9.7条（分離可能性）

本契約の一部の条項が無効、違法又は執行不能となった場合においても、

その他の条項の有効性、適法性及び執行可能性はいかなる意味においても損なわれることなく、また、影響を受けないものとする。

第9.8条（完全合意）

　本契約は、本件株式譲渡を含む本契約で定める事項に関する当事者間の完全なる合意を構成するものであり、本契約の締結前にかかる事項に関して売主及び買主との間で交わされた一切の契約等は、本締結日をもって全て失効する。

第9.9条（通知）

　本契約に従い、売主及び買主が行う通知、請求その他一切の連絡は、以下の通知先宛てに、配達証明付郵便、ファクシミリ送信又は電子メール送信のいずれかの方法により、書面を送付することにより行い、その効力は相手方に到達した時（配達証明付郵便については到達した時又は到達すべき時）に発生する。但し、以下の通知先は、売主又は買主が本条に定める方法により通知先を変更する旨を通知することによりこれを変更することができる。

　（売主）
　住　　　　　所：
　宛　　　　　先：
　電　　　　　話：
　Ｆ　Ａ　Ｘ：
　e-mail アドレス：

　（買主）
　所　　在　　地：
　宛　　　　　先：
　電　　　　　話：
　Ｆ　Ａ　Ｘ：
　e-mail アドレス：

第9.10条（費用負担）

　売主及び買主は、本契約に別途明確に定める場合を除き、本契約の締結及び履行に関連してそれぞれに発生する費用については、各自これを負担する。

第9.11条（言語）

　本契約は、日本語により作成され、締結されるものとする。本契約が日本語以外の言語に翻訳された場合も、当該翻訳は本契約の解釈に影響しない。

第9.12条（第三者の権利）

　本契約は、第三者のためにする契約と解されてはならず、売主又は買主以外の第三者は、本契約に基づきいかなる権利も主張することができない。

第9.13条（誠実協議）

　売主及び買主は、本契約の条項の解釈に関して疑義が生じた事項及び本契約に定めのない事項については、誠実に協議の上解決する。

　本契約の締結を証するため、本契約書２通を作成し、各当事者が各１通を保有する。

○年○月○日

　　　　　　　　売主：○○

　　　　　　　　＿＿＿＿＿＿＿＿＿＿＿＿＿＿

　　　　　　　　買主：○○

　　　　　　　　＿＿＿＿＿＿＿＿＿＿＿＿＿＿

別紙5.1

売主による表明保証

1. 売主に関する表明保証

(1) （設立及び存続）

売主は、日本法に基づき適法かつ有効に設立され、かつ有効に存続する株式会社であり、現在行っている事業を行うために必要な権限及び権能を有している。

(2) （本契約の締結及び履行）

売主は、本契約を適法かつ有効に締結し、これを履行するために必要な権限及び権能を有している。売主による本契約の締結及び履行は、その目的の範囲内の行為であり、売主は、本契約の締結及び履行に関し、法令等及び売主の定款その他の社内規則において必要とされる手続を全て履践している。

(3) （強制執行可能性）

本契約は、売主により適法かつ有効に締結されており、買主により適法かつ有効に締結された場合には、売主の適法、有効かつ法的拘束力のある義務を構成し、かつ、かかる義務は、本契約の各条項に従い、売主に対して執行可能である。

(4) （法令等との抵触の不存在）

売主による本契約の締結及び履行は、(i)売主に適用ある法令等に違反するものではなく、(ii)売主の定款その他の社内規則に違反するものではなく、(iii)売主が当事者となっている契約等について、債務不履行事由等を構成するものではなく、かつ、(iv)売主に対する司法・行政機関等の判断等に違反するものではない。

(5) （許認可等の取得）

売主は、本契約の締結及び履行のために必要とされる許認可等を、全て適法かつ適正に取得し又は履践済みである。

⑹ （倒産手続等の不存在）

　売主は、支払不能ではなく、売主に対する倒産手続等の開始の申立ては行われておらず、またかかる申立ての原因も存しない。売主は、本契約の締結及び履行に際して、売主の債権者を害する意図を有しておらず、その他不当又は不法な意図を有していない。

⑺ （反社会的勢力）

　売主は、反社会的勢力ではない。売主と反社会的勢力との間に、直接又は間接を問わず、取引、金銭の支払い、便益の供与その他の関係又は交流はない。売主において、反社会的勢力に属する者が役員又は従業員として任用又は雇用されている事実はない。

⑻ （株式に対する権利）

　売主は、本件株式を全て適法かつ有効に保有しており、本件株式全てにつき、株主名簿上かつ実質上の株主であり、売主以外の第三者に本件株式の全部又は一部が帰属していない。本件株式に関して負担等は存せず、買主は、本件株式譲渡により、本件株式について一切の負担等が存しない完全な権利を取得する。売主と第三者との間で、対象会社の株主としての権利（対象会社の株式の譲渡、保有、議決権の行使を含む。）に関する契約等は存しない。対象会社の株式について、訴訟等又はクレーム等は生じておらず、そのおそれもない。本件株券は、本件株式の全てを表章する有効な株券である。

２．対象会社グループに関する表明保証

⑴ （設立及び存続）

　対象会社グループは、いずれも日本法に基づき適法かつ有効に設立され、かつ有効に存続する株式会社であり、現在行っている事業を行うために必要な権限及び権能を有している。対象会社グループに関して、倒産手続等の開始の申立ては行われておらず、またかかる申立ての原因も存しない。

⑵ （対象会社の株式等）

　対象会社の発行可能株式総数は○株であり、発行済株式総数は○株（うち自己株式は○株）であり、その全てが適法かつ有効に発行され、全額払込済みの普通株式である。対象会社は、これらの株式を除き、株式等を発行又は付与しておらず、株式等の発行又は付与に関する決議又は契約等も存しない。

276　巻末資料

対象会社は、株券発行会社である。

(3)　（子会社・関連会社等）

　(i)　対象会社には、別紙5.1.2-(3)記載の会社（以下「対象会社子会社等」
　　　という。）を除き、子会社及び関連会社は存せず、株式又は持分を保有す
　　　る法人、組合、パートナーシップその他の事業体も存しない。

　(ii)　対象会社子会社等の発行可能株式総数及び発行済株式総数は別紙
　　　5.1.2-(3)のとおりであり、別紙5.1.2-(3)記載の対象会社子会社等の発行
　　　済株式の全てが適法かつ有効に発行され、全額払込済みの普通株式であ
　　　る。対象会社子会社等は、これらの株式を除き、株式等を発行又は付与
　　　しておらず、株式等の発行又は付与に関する決議又は契約等も存しない。
　　　対象会社子会社等は、全て株券不発行会社である。

　(iii)　対象会社は、対象会社子会社等の発行済株式を全て適法かつ有効に保
　　　有しており、当該株式全てにつき、株主名簿上かつ実質上の株主であり、
　　　対象会社以外の第三者に当該株式の全部又は一部が帰属していない。当
　　　該株式に関して負担等は存せず、当該株式について、訴訟等又はクレー
　　　ム等は生じておらず、そのおそれもない。

(4)　（計算書類）

　(i)　対象会社グループの〇年3月期から〇年3月期までの監査済みの貸借
　　　対照表、損益計算書、株主資本等変動計算書及び個別注記表（以下「対
　　　象計算書類」と総称する。）は、日本（外国法人については、その設立準
　　　拠法国）において一般に公正妥当と認められる企業会計の基準を継続的
　　　に適用し、これに従って作成され、かつ、保存されており、各作成基準
　　　日の時点における対象会社グループの財政状態及び各該当期間に関する
　　　対象会社グループの経営成績をそれぞれ正確かつ適正に示している。対
　　　象計算書類は、それぞれ対象会社グループの適法な会計帳簿と一致して
　　　いる。

　(ii)　対象会社グループは、〇年3月期の貸借対照表に記載されていないい
　　　かなる債務（〇年4月1日以降に対象会社グループによる通常の業務の
　　　過程において発生した債務を除く。）も負担していない。対象会社グルー
　　　プは、保証契約若しくは保証予約の当事者ではなく、また、第三者のた
　　　めの損失補填契約、損害担保契約その他の第三者の債務を負担し若しく
　　　は保証する契約、又は第三者の損失を補填し若しくは担保する契約の当
　　　事者ではない。

(5)　（重要な変更の不存在）

　○年4月1日以降、対象会社グループは、通常の業務の範囲内において業務を行っており、対象会社グループの財政状態、経営成績、キャッシュフロー、事業、資産、負債若しくは将来の収益計画又はそれらの見通しに重大な悪影響を及ぼす可能性のある事由若しくは事象は発生していない。

(6)　（会計帳簿）

　対象会社グループの会計帳簿は、全て、日本（外国法人については、その設立準拠法国）において一般に公正妥当と認められる企業会計の基準に従って適時に作成され、かつ、保存されており、その内容は全て正確かつ適正なものである。

(7)　（法令等の遵守）

　（i）　対象会社グループは、現在及び過去○年間において、法令等及び司法・行政機関等の判断等に違反しておらず、そのおそれもなく、かつ、かかる違反について、司法・行政機関等又はその他の第三者からクレーム等、指導、通知、命令、勧告又は調査を受けていない。

　（ii）　対象会社グループは、その事業を行うために必要な許認可等を全て適法かつ適正に取得又は履践しており、かかる許認可等の条件及び要件に違反しておらず、そのおそれもない。対象会社グループは、かかる許認可等について本件株式譲渡に際して表明保証の時点までに必要となる手続を、全て適法かつ適正に取得し又は履践済みである。さらに、かかる許認可等が対象会社グループに不利益に変更され、停止され、無効となり、取り消され、又はその更新が拒絶されることとなる事由又は事象（本件株式譲渡により生じる事由又は事象を含む。）は存せず、そのおそれもない。

(8)　（不動産）

　対象会社グループは、別紙5.1.2-⑼-A に記載された全ての不動産（以下「本件所有不動産」という。）につき、有効かつ対抗要件を備えた所有権を有している。対象会社グループは、別紙5.1.2-⑼-B に記載された不動産（以下「本件賃借不動産」という。）につき、有効かつ対抗要件を備えた賃借権を有している。対象会社グループがその事業を行うために現在使用又は所有している不動産及びその事業をクロージング後も現行の態様にて継続して行うために必要となる不動産は、本件所有不動産及び本件賃借不動産以外に存しな

い。本件所有不動産及び本件賃借不動産に係る賃借権について、負担等は存しない。本件所有不動産又は本件賃借不動産に瑕疵（軽微なものを除く。）又はその修補に多額の費用を要するおそれがある事由又は事象は存しない。本件所有不動産の建築、開発、所有又は使用に関し、法令等は遵守されている。

(9) （知的財産権）

　対象会社グループは、その事業を行うために現在利用している知的財産権等及びその事業をクロージング後も現行の態様にて継続して行うために必要な知的財産権等（以下「本件知的財産権等」という。）の全てについて、適法かつ有効に保有しているか、又は実施の許諾を得ている。実施の許諾を得た本件知的財産権等の実施許諾に関する契約に基づく制約及び法令等に基づき当然に課されるものを除き、本件知的財産権等について負担等は存しない。現在及び過去○年間において、対象会社グループは、第三者の知的財産権を侵害していない。本件知的財産権等につき、第三者による侵害の事実は存せず、登録の無効、取消し若しくは権利制限を求め又は効力、権利の帰属若しくは使用権限を争う手続は開始されておらず、そのおそれもない。対象会社グループは、本件知的財産権等に関し、対象会社グループの役職員（過去の役職員を含む。）に対して、職務発明の奨励金その他の経済上の利益を提供する義務を負っていない。

(10) （動産）

　対象会社グループは、その会計帳簿に計上されている機械設備その他の動産を、負担等なく、適法かつ有効に所有しており、対抗要件を具備している。対象会社グループは、その使用する機械設備その他の動産を、負担等なく、適法かつ有効に使用する権限を有している。対象会社グループがその事業をクロージング後も現行の態様にて継続して行うために使用する必要がある機械設備その他の動産は、通常の損耗を除き、多額の費用を要する修理を必要とせず、通常の業務過程において支障なく稼動しているか、現行の態様での使用に適した状態である。

(11) （在庫）

　対象会社グループが所有する在庫は、通常の業務過程において、その目的に応じて使用可能な状態にあり、完成品については販売可能な状態である。対象会社グループにおける在庫の量は過剰ではなく、クロージング後に現行の態様にて対象会社グループが事業を継続するために合理的な量である。

(12)　（債権）

　(ⅰ)　対象会社グループは、その会計帳簿に計上されている債権（以下「本件債権」という。）について、負担等なく、適法かつ有効に有しており、対抗要件を具備している。

　(ⅱ)　通常の業務過程において生じるものを除き、本件債権について、無効、取消し、解除、相殺、時効消滅、利息制限法を含む法令等の違反、本件債権の権利実行を制限する契約等その他本件債権の全部若しくは一部を消滅させ、又はその行使を制限し若しくは履行を拒むいかなる法律上の抗弁の原因となる事実も存しない。

　(ⅲ)　対象会社グループの有する売掛債権は、対象計算書類に計上されている引当金を除き、全て回収可能である。

(13)　（資産）

　対象会社グループは、その事業を行うために現在使用又は保有している資産（不動産、知的財産権等、動産及び債権を除く。以下、本号において同じ。）及びその事業をクロージング後も現行の態様にて継続して行うために必要となる資産を、適法かつ有効に保有又は使用する権限を有している。当該資産について、その価値に悪影響を及ぼす可能性のある事由若しくは事象（軽微なものを除く。）、又は、対象会社グループによる現行の態様での使用を制限し若しくはその支障となる事由若しくは事象（軽微なものを除く。）は存しない。対象会社グループが保有している資産について、負担等は存しない。

(14)　（契約等）

　(ⅰ)　対象会社グループが締結している契約等は、全て適法かつ有効に締結されており、各契約当事者に対して法的拘束力を有し、その条項に従い執行可能である。当該契約等について、対象会社グループ又は相手方当事者による債務不履行事由等は生じておらず、そのおそれもない。

　(ⅱ)　本件要承諾契約を除き、本契約の締結及び履行は、対象会社グループが締結している契約等について債務不履行事由等を構成するものではなく、また、そのおそれもない。

　(ⅲ)　対象会社グループと別紙5.1.2-(14)-(ⅲ)に掲げる主要取引先との取引関係は、クロージング日後も現行の態様で継続する見込みであり、取引の中止又は対象会社グループに不利益な取引条件の変更は見込まれていない。

　(ⅳ)　対象会社グループは、第三者との間で、(a)競業の禁止、独占販売権の設定、事業領域の制限その他対象会社グループがその事業を遂行するこ

とを実質的に禁止若しくは制限する規定、(b)最恵国待遇、最低購入義務その他対象会社グループがその事業に関して取引の相手方を有利に取り扱うことを義務付ける規定、(c)対象会社グループが第三者のオプションその他の権利の行使に応じて特定の財産を購入する義務、第三者に対する出資義務その他第三者に対して債務（通常の業務遂行の範囲において生じるものを除く。）を負うこととなる規定、又は(d)その他対象会社グループの事業遂行に重大な悪影響を及ぼすおそれのある規定を含む契約等を締結していない。

(15)　（人事労務）

 (i)　本締結日までに買主に対して開示された社内規程を除き、対象会社グループの役員又は従業員に適用される労働条件に係る契約及び規則は存しない。対象会社グループの従業員のうち、買主に対して開示済みの就業規則・賃金規程その他の社内規程以外の特殊な雇用契約を対象会社グループと締結している者は存しない。

 (ii)　対象会社グループは、その役員又は従業員に対する報酬又は給与、その他役員又は従業員に対して支払うべき金銭等の支払義務を全て履行済みである。また、対象会社グループの役員又は従業員について、支払いの繰延べその他の理由により未払いとなっている報酬又は給与は存せず、かつ、本件株式譲渡を理由として役員又は従業員に対して賞与その他の特別な報酬は生じない。

 (iii)　現在及び過去○年間において、対象会社グループは、労働関連の法令等及び社内規程を遵守しており、労働基準監督その他の労使関係に関する監督機関によって対象会社グループに対する指導、通知、命令、勧告又は調査は存しない。また、現在及び過去○年間において、対象会社グループは、労働関連の法令等に基づき要求される手続（就業規則の作成及び労使協定の締結並びにそれらの監督官庁への届出を含む。）を適法かつ適正に履践済みである。

 (iv)　対象会社グループにおいては労働組合が組織されておらず、また、対象会社グループの従業員は外部の労働関連の団体活動にも関与していない。

 (v)　現在及び過去○年間において、対象会社グループの従業員に関して、いかなるストライキ、ピケッティング、労働停止、労働遅延、不当解雇ないし更新拒絶・リストラ、雇用差別、セクシャルハラスメント、パワーハラスメント、マタニティハラスメントその他これらに類する労働問題

も存しない。また、現在及び過去○年間において、対象会社グループと従業員との間又は従業員の相互の間には、労働紛争、労働争議を含む労働問題に関する訴訟等又はクレーム等は存せず、そのおそれもない。

(vi)　現在及び過去○年間において、対象会社グループの従業員には、業務上疾病その他の労働災害（但し、本締結日までに買主に対して開示され、かつ対象会社グループが加入済みの保険から支払われたものを除く。）は存しない。

⒃　（年金）

別紙5.1.2-⒃記載のものを除き、対象会社グループの役員及び従業員に関する福利厚生、退職金及び年金に係る制度は存しない。対象会社グループの役員及び従業員に対して適用される福利厚生、退職金及び年金に係る制度に関して、積立不足は存しない。

⒄　（公租公課）

(i)　対象会社グループは、現在及び過去において、国又は地方公共団体等に対して負担すべき法人税、住民税、事業税その他の公租公課の適法かつ正確な申告を行っており、その支払いを全て支払期限までに行っており、滞納がない。対象会社グループは、提出すべき確定申告書及びその他の公租公課に関する申告書、届出書、報告書その他税課税当局に対する書類（添付書類を含む。）を適時に提出しており、かつ、かかる書類は、真実かつ正確であり、税務当局によりかかる書類に関する指摘又は調整は行われておらず、そのおそれもない。対象会社グループは、源泉徴収義務を全て適法かつ適時に履行し、源泉所得税を納付している。対象会社グループと税務当局との間で何ら紛争又は見解の相違は生じておらず、そのおそれもない。

(ii)　対象会社グループは、法令等に基づき必要な健康保険、年金保険、労災保険、雇用保険その他の社会保険に加入しており、かかる社会保険に関し、適法かつ適正な申請及び届出等を行っており、また、適時に社会保険料の支払いを完了している。

⒅　（保険）

対象会社グループは、同種の事業を営む他社と同水準においてその事業又は資産を対象とする損害保険を付し、かつ、これを適法かつ有効に維持している。対象会社グループが締結している保険契約について、支払時期の到来

した保険料は全て支払い済みである。

⒆　（環境）

　対象会社グループが所有、占有又は使用する資産に関して、適用される全ての環境関連の法令等（廃棄物、土壌汚染及び水質汚濁に関するものを含む。）が遵守されており、かつ、適用ある環境基準が満たされている。対象会社グループは、司法・行政機関等又はその他の第三者から環境に関するクレーム等、指導、通知、命令、勧告又は調査を受けておらず、そのおそれもない。

⒇　（紛争）

　対象会社グループについて訴訟等は係属しておらず、訴訟等が対象会社グループに対して提起されるおそれもなく、また、対象会社グループが第三者に対して提起することを予定している訴訟等も存しない。対象会社グループは、通常の業務過程において発生するクレーム等を除き、第三者よりクレーム等を受けておらず、そのおそれもない。

㉑　（関連当事者取引）

　対象会社グループと売主又はその子会社若しくは関連会社との間の債権債務、取引（一方が他方のためにする第三者への保証又は担保提供を含む。）又は契約等は、別紙5.1.2-㉑に記載されたもの及び本件関連契約を除き、存しない。また、別紙5.1.2-㉑に記載された取引又は契約等は、クロージング日までに対象会社グループに何らの金銭的支出を要せずに終了しており、クロージング日時点において、当該取引又は契約等に関して対象会社グループは何らの債務も負担していない。

㉒　（アドバイザリーフィー等の不存在）

　本件株式譲渡に関連して、対象会社グループは、売主又は対象会社グループのために行動するブローカー又はアドバイザーについて、フィーその他の支払義務を負担しておらず、そのおそれもない。

㉓　（情報開示）

　買主又はそのアドバイザーに、売主又は対象会社グループから直接又は間接に提供された情報は、重要な点において、全て真実かつ正確であり、虚偽や誤りは存せず、また、不正確な事実又は誤解を生じさせるような情報を含んでおらず、かつ、重要な誤解を生じさせないようにするために必要となる

情報で未開示のものは存しない。売主は、本契約の内容に関して買主の判断に重要な影響を及ぼす可能性のある情報を、買主又はそのアドバイザーに対して全て開示している。

⑷ （反社会的勢力）

対象会社グループは、反社会的勢力ではない。対象会社グループと反社会的勢力との間に、直接又は間接を問わず、取引、金銭の支払い、便益の供与その他の関係又は交流はない。対象会社グループにおいて、反社会的勢力に属する者が役員又は従業員として任用又は雇用されている事実はない。

別紙5.2

買主による表明保証

(1) （設立及び存続）

　買主は、日本法に基づき適法かつ有効に設立され、かつ有効に存続する株式会社であり、現在行っている事業を行うために必要な権限及び権能を有している。

(2) （本契約の締結及び履行）

　買主は、本契約を適法かつ有効に締結し、これを履行するために必要な権限及び権能を有している。買主による本契約の締結及び履行は、その目的の範囲内の行為であり、買主は、本契約の締結及び履行に関し、法令等及び買主の定款その他の社内規則において必要とされる手続を全て履践している。

(3) （強制執行可能性）

　本契約は、買主により適法かつ有効に締結されており、売主により適法かつ有効に締結された場合には、買主の適法、有効かつ法的拘束力のある義務を構成し、かつ、かかる義務は、本契約の各条項に従い、買主に対して執行可能である。

(4) （法令等との抵触の不存在）

　買主による本契約の締結及び履行は、(i)買主に適用ある法令等に違反するものではなく、(ii)買主の定款その他の社内規則に違反するものではなく、(iii)買主が当事者となっている契約等について、債務不履行事由等を構成するものではなく、かつ、(iv)買主に対する司法・行政機関等の判断等に違反するものではない。

(5) （許認可等の取得）

　買主は、本契約の締結及び履行のために必要とされる許認可等を、全て法令等の規定に従い、適法かつ適正に取得し又は履践済みである。

(6) （反社会的勢力）

　買主は、反社会的勢力ではない。買主と反社会的勢力との間に、直接又は間接を問わず、取引、金銭の支払い、便益の供与その他の関係又は交流はない。

買主において、反社会的勢力に属する者が役員又は従業員として任用又は雇用されている事実はない。

2　株式譲渡契約書（売主側ドラフト）

株式譲渡契約書

　○○（以下「売主」という。）及び○○（以下「買主」という。）は、売主が保有する○○（以下「対象会社」という。）の発行済株式全ての買主への譲渡に関し、○年○月○日（以下「本締結日」という。）、以下のとおり株式譲渡契約（以下「本契約」という。）を締結する。

第1章　定義

第1条（定義）
　本契約において使用される以下の用語は、以下に定める意味を有する。
　(1)　「アドバイザー」とは、弁護士、公認会計士、税理士、司法書士、フィナンシャルアドバイザーその他の外部の専門家をいう。
　(2)　「営業日」とは、日本において銀行の休日とされる日以外の日をいう。
　(3)　「株式等」とは、株式、新株予約権、新株予約権付社債、転換社債、新株引受権その他対象会社の株式を新たに取得できる証券又は権利をいう。
　(4)　「許認可等」とは、法令等により要求される司法・行政機関等による又は司法・行政機関等に対する許可、認可、免許、承認、同意、登録、届出、報告その他これらに類する行為又は手続をいう。
　(5)　「クロージング日」とは、(i)(a)○年○月○日と(b)第4.1条第(3)号及び第4.2条第(3)号に規定される事由が充足された日から○営業日後の日のいずれか遅い方の日、又は(ii)売主及び買主が別途書面によりクロージング日として合意した日をいう。
　(6)　「契約等」とは、契約、合意、約束又は取決め（書面か口頭か、また、明示か黙示かを問わない。）をいう。
　(7)　「子会社」とは、財務諸表等の用語、様式及び作成方法に関する規則第8条第3項に定義されたものをいう。
　(8)　「司法・行政機関等」とは、国内外の裁判所、仲裁人、仲裁機関、監督官庁その他の司法機関・行政機関、地方公共団体及び金融商品取引所その他の自主規制機関をいう。
　(9)　「司法・行政機関等の判断等」とは、司法・行政機関等の判決、決定、命令、裁判上の和解、免許、許可、認可、通達、行政指導、勧告その他の判断をいう。

⑽ 「対象会社グループ」とは、対象会社及び対象会社の子会社をいう。

⑾ 「倒産手続等」とは、破産手続、再生手続、更生手続、特別清算手続その他これらに類する国内外の法的倒産手続をいう。

⑿ 「反社会的勢力」とは、暴力団、暴力団員、暴力団員でなくなった時から5年を経過しない者、暴力団準構成員、暴力団関係企業、総会屋等、社会運動等標ぼうゴロ又は特殊知能暴力集団等、その他これらに準ずる者（以下「暴力団員等」と総称する。）及び次の各号のいずれかに該当する者をいう。

（ⅰ） 暴力団員等が経営を支配していると認められる関係を有すること

（ⅱ） 暴力団員等が経営に実質的に関与していると認められる関係を有すること

（ⅲ） 自ら又は第三者の不正の利益を図る目的又は第三者に損害を加える目的をもってする等、不当に暴力団員等を利用していると認められる関係を有すること

（ⅳ） 暴力団員等に対して資金等を提供し、又は便宜を供与する等の関与をしていると認められる関係を有すること

（ⅴ） 役員又は経営に実質的に関与している者が暴力団員等と社会的に非難されるべき関係を有すること

（ⅵ） 自ら又は第三者を利用して次のいずれかに該当する行為を行うこと

　① 暴力的な要求行為

　② 法的な責任を超えた不当な要求行為

　③ 取引に関して、脅迫的な言動をし、又は暴力を用いる行為

　④ 風説を流布し、偽計を用い又は威力を用いて第三者の信用を棄損し、又は第三者の業務を妨害する行為

　⑤ その他①から④までに準ずる行為

⒀ 「法令等」とは、国内外の条約、法律、政令、通達、規則、命令、条例、ガイドライン、金融商品取引所その他の自主規制機関の規則その他の規制をいう。

⒁ 「本件関連契約」とは、第6.5条に定める移行サービス契約及び○○契約をいう。

⒂ 「本件デュー・ディリジェンス」とは、買主が対象会社の株式の取得に関し法務、会計、税務、ビジネスその他の観点から行った対象会社に対する一切の調査をいう。

⒃ 本契約において、下記に掲げる各用語は、当該各用語の右側の欄に記載された条項で定義された意味を有するものとする。

定義された用語	定義された条項
売主	頭書
開示当事者	第9.2条第1項第(1)号
買主	頭書
クロージング	第3.1条
辞任役員	第4.2条第(6)号
受領当事者	第9.2条第1項第(1)号
対象会社	頭書
排除措置命令等	第4.1条第(3)号
秘密情報	第9.2条第1項
暴力団員等	第1条第(12)号
本契約	頭書
本件株券	第3.2条第1項
本件株式	第2.1条
本件株式取得届出	第4.1条第(3)号
本件株式譲渡	第2.1条
本件譲渡価額	第2.2条
本締結日	頭書

第2章　株式譲渡

第2.1条（株式譲渡）

　売主は、本契約の規定に従い、クロージング日において、売主が保有する対象会社の発行済株式○○株全て（以下「本件株式」という。）を買主に対して譲り渡し、買主は、本契約の規定に従い、売主より本件株式を譲り受ける（以下「本件株式譲渡」という。）。

第2.2条（本件譲渡価額）

　本件株式譲渡の譲渡価額の総額（以下「本件譲渡価額」という。）は、金○○円とする。

第3章　クロージング

第3.1条（クロージングの日時・場所）
　本件株式譲渡は、クロージング日に、売主及び買主が別途合意する時間及び場所において、売主及び買主が第3.2条に定める行為を行うことにより実行されるものとする（以下「クロージング」という。）。

第3.2条（クロージング）
1．売主は、本契約の規定に従い、クロージング日において、買主から本件譲渡価額の全額の支払いを受けることと引換えに、本件株式を譲渡するものとし、本件株式の全てを表章する株券（以下「本件株券」という。）を買主に対して交付する。
2．買主は、本契約の規定に従い、クロージング日に、売主から本件株券の引渡しを受けることと引換えに、本件譲渡価額の全額を売主に対して支払う。
3．前項に定める買主による売主に対する本件譲渡価額の支払いは、売主がクロージング日の〇営業日前までに買主に対して通知する売主の銀行口座に振込送金する方法により行うものとし、振込手数料は買主が負担する。

第4章　前提条件

第4.1条（売主による義務履行の前提条件）
　売主は、以下の各号の事由が全て充足されていることを前提条件として、第3.2条第1項に定める義務を履行する。なお、売主は、その任意の裁量により、かかる条件の全部又は一部を放棄して第3.2条第1項に定める義務を履行することができる。
　(1)　クロージング日において、第5.2条第1項に定める買主の表明及び保証が真実かつ正確であること。但し、表明及び保証が真実かつ正確でないことにより本件株式譲渡の実行に重大な悪影響が生じない場合には、本号の前提条件は充足されたものとみなす。
　(2)　買主が、本契約に基づきクロージングまでに履行又は遵守すべき事項について違反がないこと。但し、違反により本件株式譲渡の実行に重大な悪影響が生じない場合には、本号の前提条件は充足されたものとみなす。
　(3)　本件株式譲渡に関してクロージング前に必要となる私的独占の禁止及

び公正取引の確保に関する法律（昭和22年法律第54号）第10条第2項に基づく公正取引委員会に対する株式の取得に関する計画の届出（以下「本件株式取得届出」という。）が履践され、法定の待機期間が経過し、かつ、公正取引委員会により、排除措置命令の発令又は排除措置命令に係る手続の係属（事前通知の送付又は同法第10条第9項に定める報告等を要請する文書の送付を含む。）等、本件株式譲渡の実行を妨げる措置又は手続（以下「排除措置命令等」と総称する。）がとられていないこと。

第4.2条（買主による義務履行の前提条件）

　買主は、以下の各号の事由が全て充足されていることを前提条件として、第3.2条第2項に定める義務を履行する。なお、買主は、その任意の裁量により、かかる条件の全部又は一部を放棄して第3.2条第2項に定める義務を履行することができる。

(1)　クロージング日において（但し、時期を明記しているものについては当該時点において）、第5.1条第1項に定める売主の表明及び保証が真実かつ正確であること。但し、表明及び保証が真実かつ正確でないことにより本件株式譲渡の実行又は対象会社グループの総体としての事業の遂行に重大な悪影響が生じない場合には、本号の前提条件は充足されたものとみなす。

(2)　売主が、本契約に基づきクロージングまでに履行又は遵守すべき事項について違反がないこと。但し、違反により本件株式譲渡の実行又は対象会社グループの総体としての事業の遂行に重大な悪影響が生じない場合には、本号の前提条件は充足されたものとみなす。

(3)　本件株式譲渡に関してクロージング前に必要となる許認可等が取得又は履践され、法定の待機期間が経過しており、かつ、司法・行政機関等（公正取引委員会を含む。）により排除措置命令等がとられていないこと。

(4)　対象会社の取締役会が、本件株式譲渡を承認する旨の決議をしていること。

(5)　本件関連契約が、いずれも適法かつ有効に締結され、かつ有効に存続しており、本件関連契約について買主以外の当事者による違反がないこと。

(6)　対象会社グループの取締役である○○氏及び○○氏並びに対象会社グループの監査役である○○氏（以下「辞任役員」と総称する。）の全てが、クロージング日をもって対象会社グループの取締役及び監査役を辞任する旨の辞任届を対象会社グループに提出していること。

第5章　表明及び保証

第5.1条（売主の表明及び保証）

1．売主は、買主に対して、別添（以下「売主開示書面」という。）に記載されたものを除き、本締結日及びクロージング日において（但し、時期を明記しているものについては当該時点において）、別紙5.1に記載された各事項が真実かつ正確であることを表明し保証する。

2．前項の規定にかかわらず、(i)買主が本締結日において認識しており、若しくは認識し得た事実若しくは事由、又は、(ii)本件デュー・ディリジェンスにおいて買主に対して直接若しくは間接に提供された情報（文書、口頭その他提供方法を問わない。）から認識し得た事実若しくは事由は、前項に定める売主の表明及び保証の違反を構成しないものとする。

3．買主は、(i)自らが必要と認める、本件デュー・ディリジェンス実施の機会が十分に与えられ、独自の調査を行ったこと、(ii)売主が、本契約に明示的に規定されている事項以外の事項に関しては何らの表明及び保証を行わないこと、並びに(iii)売主は、対象会社の財務実績に関する予想値又は将来予測に関する一切の表明及び保証を行わないことに異議なく同意している。

第5.2条（買主の表明及び保証）

1．買主は、売主に対して、本締結日及びクロージング日において、別紙5.2に記載された各事項が真実かつ正確であることを表明し保証する。

2．前項の規定にかかわらず、売主が本締結日において認識しており、若しくは認識し得た事実若しくは事由は、前項に定める買主の表明及び保証の違反を構成しないものとする。

第5.3条（売主開示書面の更新）

1．本契約の締結日からクロージング日の○営業日前までの間に、クロージング日における売主の表明及び保証の違反となるような事実又は事由が発生し、当該事実又は事由により第4.2条第(1)号に定める前提条件が充足されないこととなる場合、売主は、クロージング日の○営業日前までに、当該事実又は事由（以下「更新事由」という。）を売主開示書面に追記してこれを買主に対し通知することができる。

2．買主は、前項に定める通知を受領してから○営業日以内に、売主に対して通知することにより、本契約を解除することができる。買主が、当該期間内に売主に対して本契約を解除する旨の通知を行わない場合、買主は更

新事由がクロージング日における売主の表明及び保証の違反を構成することを主張することはできず、更新事由を理由とする前提条件の不充足、本契約の解除又は補償請求を行うことができない。

3．第1項に基づく更新事由の通知は、売主による誓約事項の違反及び本締結日その他クロージング日以外の時点における売主の表明及び保証の違反を治癒するものではない。

第6章 誓約事項

第6.1条（対象会社グループの運営）

売主は、本締結日からクロージングまでの間、対象会社グループをして、通常の業務の範囲においてその業務の執行並びに財産の管理及び運営を行わせるものとする。

第6.2条（譲渡承認決議）

売主は、クロージング日までに、対象会社をして、本件株式譲渡を承認する旨の取締役会決議を行わせるものとする。

第6.3条（法令等に基づく手続）

1．買主は、本契約の締結後実務上可能な限りすみやかに、本件株式譲渡に関してクロージング前に必要となる本件株式取得届出を履践し、待機期間がある場合には、当該待機期間を経過させ、かつ、排除措置命令等がとられないよう商業上合理的な範囲で努力するものとする。

2．売主は、対象会社グループをして、買主による前項に定める義務の履行に関し、合理的な範囲で必要な協力を行わせるものとする。

3．買主は、第1項に従い本件株式取得届出を行おうとする場合、法令等に基づき許容される範囲において、その○営業日前までに、売主に対して本件株式取得届出に係る書類その他の情報を提供し、本件株式取得届出の実施後すみやかに、本件株式取得届出の写しを交付するものとする。また、売主及び買主は、法令等に基づき許容される範囲において、本件株式譲渡に関して司法・行政機関等との間で協議を行う場合には、事前にその旨を相手方に通知し、当該協議の場に同席する機会を与えるものとし、また、司法・行政機関等との間で書面による通知又は連絡を行う場合には、事前に相手方に対して当該書面の内容を通知し、合理的な検討期間を与え、かつ、司法・行政機関等から書面による通知又は連絡を受領した場合には、

すみやかに相手方に対して当該通知又は連絡の写しを交付するものとする。

第6.4条（役員等に関する事項）
1．売主は、クロージング日までに、対象会社グループをして、辞任役員からクロージング日をもって対象会社グループの取締役又は監査役を辞任する旨の辞任届を取得させるものとする。
2．買主は、クロージング日において、クロージング後直ちに、法律及び定款で定めた員数の対象会社の取締役及び監査役を選任するものとする。
3．買主は、対象会社グループの過去の取締役又は監査役による、クロージング日前の対象会社グループの取締役又は監査役としての一切の作為又は不作為に関する責任（会社法第423条第1項又は第429条第1項に定める損害賠償責任を含む。）を追及しない。

第6.5条（移行サービス契約の締結）
　売主及び対象会社は、クロージング日までに、大要別紙6.5の様式及び内容の移行サービス契約を締結する。

第6.6条（雇用の維持）
　買主は、クロージング後○年間、対象会社をして、対象会社の雇用する従業員を、本契約締結時点における雇用条件（就業規則、賃金・賞与制度、通勤費制度、定年制度、退職金・退職年金制度、報奨制度を含む。）にて引き続き雇用させるものとする。

第6.7条（年金）
1．買主は、クロージング後すみやかに、対象会社をして、○企業年金基金と実質的に同等の水準の確定給付企業年金を新たに設立させ、○企業年金基金より対象会社の加入者に係る権利義務を移転させるものとする。
2．売主は、クロージング日から前項に定める移転の日までの間、対象会社の加入者を○企業年金基金に継続加入させるため、対象会社を○企業年金基金の実施事業所とする。買主は、クロージング日から前項に定める移転の日までの間、対象会社をして、○企業年金基金に係る規約の規定に従い、掛金その他の費用を負担させる。
3．売主は、第1項に定める移転に必要な協力（○労働組合の同意及び厚生労働大臣の承認の取得を含む。）を行うものとする。

第6.8条（健康保険）
1．買主は、クロージング以降、実務上合理的に可能な限りすみやかに、対象会社をして、対象会社の従業員について、○健康保険組合から新たな健康保険制度に移行させ、売主は、かかる移行に合理的に必要な協力を行う。
2．売主は、前項に基づく対象会社による新たな健康保険制度への移行が完了するまでの間、引き続き、対象会社の従業員を○健康保険組合に継続して加入するために合理的に必要な行為を行い、買主は、対象会社をして、これに合理的に必要となる行為を行わせる。

第6.9条（買主の誓約事項）
　買主は、クロージング日以降○年間、対象会社をして、(i)売主の税務、監査、訴訟その他の手続において必要とされる可能性のある対象会社の帳簿、記録、資料その他の情報を保管させ、(ii)売主から合理的に要請された場合には、売主及びそのアドバイザーに対し、対象会社の帳簿、記録、資料その他の情報又は対象会社の役員へのアクセスを認めさせるものとする。

第7章　補償

第7.1条（損害の補償）
1．売主は、買主に対して、本契約に定める売主の表明及び保証の違反又は本契約に基づく義務の違反により買主が損害を被った場合には、当該違反と相当因果関係のある範囲に限り、買主の損害を補償するものとする。
2．買主は、売主に対して、本契約に定める買主の表明及び保証の違反又は本契約に基づく義務の違反により売主が損害を被った場合には、当該違反と相当因果関係のある範囲に限り、売主の損害を補償するものとする。

第7.2条（補償の上限及び下限）
1．前条に基づく売主の補償義務は、(i)単一の事実に基づく請求（以下「個別請求」という。）に係る損害の額が○円以下の場合には全て免責されるものとし、(ii)損害の額が○円を超える個別請求に係る損害の合計が○円以下の場合についても全て免責されるものとする。損害の額が○円を超える個別請求に係る損害の額の合計が○円を超過する場合には、売主は、当該超過額についてのみ補償を行うものとし、○円を超えない部分について、売主は補償を行う義務を負わないものとする。
2．本契約に定める売主の補償義務は、合計して本件譲渡価額の○％を超え

ないものとし、これを超えた部分について、売主は補償を行う義務を負わないものとする。

第7.3条（補償の手続）

1. いずれの当事者（以下、補償を行う義務を負う当事者を「補償当事者」といい、補償を受ける当事者を「被補償当事者」という。）も、第7.1条に基づく補償の請求（但し、補償当事者がクロージング後の義務に違反した場合に行われる第7.1条に基づく補償の請求を除く。）をするにあたっては、クロージング日から○か月後の応当日までに、相手方に対して書面により、損害、その発生原因及び損害の額を特定し、かつ具体的な請求の根拠を示して請求しなければならないものとする。当該期間内に請求しない場合、補償当事者は補償を行う義務を負わないものとする。

2. いずれの当事者も、第三者からのクレーム、異議若しくは請求又は訴訟、仲裁その他の裁判上若しくは行政上の手続の申立て（以下「第三者請求」と総称する。）があった場合、これらに関する損害の補償を第7.1条第1項又は第7.1条第2項に基づき請求するときには、(i)直ちに当該第三者請求の内容を（書面がある場合にはその写しとともに）補償当事者に対して書面により通知しなければならず、(ii)当該第三者との協議を行った場合その他第三者請求について進捗があった場合には、直ちに補償当事者にその内容を書面にて報告しなければならない。また、補償当事者は、当該第三者請求に基づき生じる損害が補償を行う義務の対象となることを認めることを条件として、自己の費用にて、当該第三者との間の協議、交渉その他の手続を自ら進めることを選択することができる。補償当事者がかかる選択をした場合には、補償当事者は、当該第三者請求に係る手続を進める弁護士を自ら選定することができ、かつ、法令上可能な範囲で、当該第三者請求に係る手続の進行のために合理的に必要な行為（訴訟手続への補助参加、和解又は請求の認諾を含む。）を行うことができる。被補償当事者は、かかる補償当事者による第三者請求に係る手続の進行に関して、情報提供その他合理的な協力を行うものとする。なお、補償当事者が当該第三者請求に係る手続を進行する場合も、被補償当事者は、自己の費用にて、自ら及びその選定する弁護士をして、当該手続に参加することができる。

3. 前二項にかかわらず、本契約に基づく補償当事者の義務違反又は第5章に定める補償当事者の表明及び保証の違反によって被補償当事者に生じた損害に関して、(i)当該違反と同一の事象若しくは事由に関連して、被補償当事者が保険契約に基づく保険金又は第三者に対する損害賠償等により現

に救済を受けた金額又は救済を受けることができると合理的に認められる金額、並びに、(ii)当該損害により被補償当事者（買主の場合には対象会社グループを含む。）において税額を軽減する効果を受けると合理的に認められる場合の当該軽減額については、補償当事者は第7.1条に定める補償義務を負わないものとする。

4．前項(i)の規定に関して、被補償当事者は、まず保険金支払義務を負う保険会社又は損害賠償等の義務を負う第三者に対して責任の追及を行った上で、次いで補償当事者に対して第7.1条に基づく補償の請求を行うことを要する。仮に、補償当事者による第7.1条に基づく補償の履行後に、被補償当事者が前項(i)又は(ii)に定める救済若しくは税額の軽減を受けた場合には、被補償当事者は、当該救済又は税額の軽減の金額を補償当事者に対してすみやかに支払うものとする。

5．被補償当事者は、第7.1条に基づく補償当事者の義務違反又は表明及び保証の違反に基づく補償の請求並びに前項に基づく補償の請求の対象となる自らの損害を軽減するための措置をとらなければならないものとする。被補償当事者がかかる措置をとらないことにより拡大した損害については、補償当事者は、被補償当事者に対して第7.1条に基づく補償の義務を負わないものとする。

第7.4条（補償の性質）

　売主の表明及び保証の違反による買主に対する補償は、本件譲渡価額の調整として行われるものとする。

第8章　解除

第8.1条（解除）

1．売主は、クロージングまでに限り、以下の各号のうちのいずれかの事由が発生した場合は、買主に対して書面で通知することにより、本契約を解除することができる。

　(1)　第5.2条に規定される買主の表明及び保証に違反があった場合。但し、表明及び保証が真実かつ正確でないことにより本件株式譲渡の実行に重大な悪影響が生じない場合を除く。

　(2)　買主が本契約上の義務に違反した場合であって、売主が買主に対して催告したにもかかわらず○日以内に当該違反が治癒しなかった場合。但し、違反により本件株式譲渡の実行に重大な悪影響が生じない場合を除

く。

(3) 買主につき、倒産手続等の開始の申立てがなされた場合

(4) 売主の責めに帰すべからざる事由により、○年○月○日までに、本件株式譲渡が実行されなかった場合

2. 買主は、クロージングまでに限り、以下の各号のうちいずれかの事由が発生した場合は、売主に対して書面で通知することにより、本契約を解除することができる。

(1) 第5.1条に規定される売主の表明及び保証に違反があった場合。但し、表明及び保証が真実かつ正確でないことにより本件株式譲渡の実行又は対象会社グループの総体としての事業の遂行に重大な悪影響が生じない場合を除く。

(2) 売主が本契約上の義務に違反した場合であって、買主が売主に対して催告したにもかかわらず○日以内に当該違反が治癒しなかった場合。但し、違反により本件株式譲渡の実行又は対象会社グループの総体としての事業の遂行に重大な悪影響が生じない場合を除く。

(3) 売主につき、倒産手続等の開始の申立てがなされた場合

(4) 買主の責めに帰すべからざる事由により、○年○月○日までに、本件株式譲渡が実行されなかった場合

3. 本契約が第5.3条第2項又は本条に基づき解除された場合であっても、第7章、本項及び第9章の規定は引き続き効力を有する。

第9章　雑則

第9.1条（救済手段の限定）

　売主又は買主が本契約に基づく義務に違反した場合又は表明及び保証に違反があった場合、売主及び買主は、第7章に定める補償の請求及び第8章に定める解除を除き、債務不履行責任、瑕疵担保責任、不法行為責任、法定責任その他法律構成の如何を問わず、相手方に対して損害、損失、費用その他の負担につき賠償又は補償、解除その他の権利行使をすることはできない。但し、本契約に定める義務の履行請求は妨げられない。

第9.2条（秘密保持義務）

1. 売主及び買主は、本締結日から○年間、以下の各号に規定する情報を除き、本契約の内容、本件株式譲渡に関する交渉の内容及び本件株式譲渡に関連して相手方から受領した一切の情報（以下「秘密情報」と総称する。）

について、厳に秘密を保持し、これを第三者に開示又は漏洩してはならず、また、本契約の締結及び履行以外の目的に利用してはならない。

(1) 当該情報を開示した当事者（以下「開示当事者」という。）から受領する前に当該情報を受領した当事者（以下「受領当事者」という。）が自ら適法に保有していた情報

(2) 受領当事者が開示当事者から受領した時点で既に公知となっていた情報

(3) 受領当事者が開示当事者から受領した後、自らの責めによらずに公知となった情報

(4) 受領当事者が正当な権限を有する第三者から秘密保持義務を負うことなく適法に受領した情報

(5) 開示当事者からの情報に基づかずに独自に開発した情報

2．第1項にかかわらず、売主及び買主は、その親会社、子会社及び対象会社グループ、並びに自ら、親会社、子会社及び対象会社グループの役職員及びアドバイザーに対して機密情報を開示することができる。但し、開示を受ける第三者が法令等に基づく守秘義務を負担しない場合は、少なくとも本条に定める秘密保持義務と同等の秘密保持義務を負担することを条件とする。

3．第1項にかかわらず、開示当事者の書面による承諾がある場合、司法・行政機関等の判断等により適法に開示を求められた場合又は法令等により当事者又は当事者の親会社による開示が義務づけられる場合はこの限りではない。

第9.3条（公表）

売主及び買主は、本契約の締結の事実及びその内容の公表の時期、方法及び内容について、別途協議の上、事前に合意するものとする。但し、司法・行政機関等の判断等により適法に開示を求められた場合又は法令等により当事者又は当事者の親会社による開示が義務づけられる場合において、事前に相手方と誠実に協議した上で合理的な範囲内で公表を行う場合はこの限りでない。

第9.4条（準拠法・管轄）

1．本契約は、日本法に準拠し、これに従って解釈される。

2．本契約に関する一切の紛争については、東京地方裁判所を第一審の専属的合意管轄裁判所とする。

第9.5条（譲渡等の禁止）

　売主及び買主は、相手方の事前の書面による承諾を得ない限り、本契約上の地位又は本契約に基づく権利義務の全部又は一部を、第三者に対して譲渡、移転、承継、担保提供その他の方法による処分をしてはならない。

第9.6条（本契約の変更・権利の放棄）

１．本契約は、売主及び買主が書面により合意した場合にのみ変更又は修正することができる。

２．本契約に基づく権利の放棄は、放棄する当事者が書面により行った場合にのみ行うことができる。本契約に基づく権利の不行使又は行使の遅滞は、当該権利を放棄したものと解されてはならない。

第9.7条（完全合意）

　本契約は、本件株式譲渡を含む本契約で定める事項に関する当事者間の完全なる合意を構成するものであり、本契約の締結前にかかる事項に関して売主及び買主との間で交わされた一切の契約等は、本締結日をもって全て失効する。

第9.8条（通知）

　本契約に従い、売主及び買主が行う通知、請求その他一切の連絡は、以下の通知先宛てに、配達証明付郵便、ファクシミリ送信又は電子メール送信のいずれかの方法により、書面を送付することにより行い、その効力は相手方に到達した時（配達証明付郵便については到達した時又は到達すべき時）に発生する。但し、以下の通知先は、売主又は買主が本条に定める方法により通知先を変更する旨を通知することによりこれを変更することができる。

　（売主）
　住　　　　　所：
　宛　　　　　先：
　電　　　　　話：
　Ｆ　Ａ　Ｘ：
　e-mail アドレス：

　（買主）
　所　　在　　地：

宛　　　　先：
電　　　　話：
Ｆ　　Ａ　　Ｘ：
e-mail アドレス：

第9.9条（費用負担）
　売主及び買主は、本契約に別途明確に定める場合を除き、本契約の締結及び履行に関連してそれぞれに発生する費用については、各自これを負担する。

第9.10条（言語）
　本契約は、日本語により作成され、締結されるものとする。本契約が日本語以外の言語に翻訳された場合も、当該翻訳は本契約の解釈に影響しない。

第9.11条（第三者の権利）
　本契約は、第三者のためにする契約と解されてはならず、売主又は買主以外の第三者は、本契約に基づきいかなる権利も主張することができない。

第9.12条（分離可能性）
　本契約の一部の条項が無効、違法又は執行不能となった場合においても、その他の条項の有効性、適法性及び執行可能性はいかなる意味においても損なわれることなく、また、影響を受けないものとする。

第9.13条（誠実協議）
　売主及び買主は、本契約の条項の解釈に関して疑義が生じた事項及び本契約に定めのない事項については、誠実に協議の上解決する。

　本契約の締結を証するため、本契約書２通を作成し、各当事者が各１通を保有する。

○年○月○日

　　　　　　　　売主：○○

買主：○○

3 事業譲渡契約書

事業譲渡契約書

○○（以下「売主」という。）及び○○（以下「買主」という。）は、売主が営む事業の一部の買主への譲渡に関し、○年○月○日（以下「本締結日」という。）、以下のとおり事業譲渡契約（以下「本契約」という。）を締結する。

第1章　定義

第1条（定義）

本契約において使用される以下の用語は、以下に定める意味を有する。

(1) 「アドバイザー」とは、弁護士、公認会計士、税理士、司法書士、フィナンシャルアドバイザーその他の外部の専門家をいう。

(2) 「営業日」とは、日本において銀行の休日とされる日以外の日をいう。

(3) 「許認可等」とは、法令等により要求される司法・行政機関等による又は司法・行政機関等に対する許可、認可、免許、承認、同意、登録、届出、報告その他これらに類する行為又は手続をいう。

(4) 「クロージング日」とは、(i)(a)○年○月○日と(b)第4.1条第(3)号及び第4.2条第(3)号に規定される事由が充足された日から○営業日後の日のいずれか遅い方の日、又は(ii)売主及び買主が別途書面によりクロージング日として合意した日をいう。

(5) 「契約等」とは、契約、合意、約束又は取決め（書面か口頭か、また、明示か黙示かを問わない。）をいう。

(6) 「子会社」とは、財務諸表等の用語、様式及び作成方法に関する規則第8条第3項に定義されたものをいう。

(7) 「司法・行政機関等」とは、国内外の裁判所、仲裁人、仲裁機関、監督官庁その他の司法機関・行政機関、地方公共団体及び金融商品取引所その他の自主規制機関をいう。

(8) 「司法・行政機関等の判断等」とは、司法・行政機関等の判決、決定、命令、裁判上の和解、免許、許可、認可、通達、行政指導、勧告その他の判断をいう。

(9) 「訴訟等」とは、訴訟、仲裁、調停、仮差押え、差押え、保全処分、保全差押え、滞納処分、強制執行、仮処分、その他の裁判上又は行政上の手続をいう。

(10) 「知的財産権等」とは、特許権、実用新案権、意匠権、商標権、著作権（未登録のものを含む。）その他の知的財産権（その出願権及び登録申請に係

る権利を含む。）、ノウハウ、ドメインネーム、コンピュータプログラム、これらに類似する権利、顧客情報、営業秘密その他の秘密情報その他一切の無形資産をいう。

⑾ 「倒産手続等」とは、破産手続、再生手続、更生手続、特別清算手続その他これらに類する国内外の法的倒産手続をいう。

⑿ 「負担等」とは、第三者の質権、抵当権、先取特権、留置権その他の担保権（譲渡担保及び所有権留保を含む。）、所有権、賃借権、地上権、地役権、使用借権、実施権その他の使用権、売買の予約、譲渡の約束若しくは譲渡の禁止、差押え、仮差押え、差止命令、仮処分若しくは滞納処分その他使用、譲渡、収益その他の権利行使を制限する一切の負担又は制約をいう。

⒀ 「法令等」とは、国内外の条約、法律、政令、通達、規則、命令、条例、ガイドライン、金融商品取引所その他の自主規制機関の規則その他の規制をいう。

⒁ 「本件関連契約」とは、第6.7条に定める移行サービス契約及び○○契約をいう。

⒂ 本契約において、下記に掲げる各用語は、当該各用語の右側の欄に記載された条項で定義された意味を有するものとする。

定義された用語	定義された条項
売主	頭書
開示当事者	第9.2条第1項第⑴号
買主	頭書
競合事業	第6.15条
クロージング	第3.1条
受領当事者	第9.2条第1項第⑴号
承継対象契約	第2.4条第2項
承継対象債務	第2.3条第2項
承継対象事業	第2.1条
承継対象資産	第2.2条第2項
承継対象従業員	第2.5条第2項
損害等	第7.1条第1項
抵触取引等	第6.8条第1項
転籍同意	第6.5条第1項

排除措置命令等	第4.1条第(3)号
秘密情報	第9.2条第1項
賦課金等	第6.13条
補償等	第7.1条第1項
本契約	頭書
本件事業譲渡	第2.1条
本件承継対象契約承諾書	第6.3条第1項
本件譲渡価額	第2.6条
本締結日	頭書

第2章　事業譲渡

第2.1条（事業譲渡）

　売主は、本契約の規定に従い、クロージング日において、売主が営む○○事業（以下「承継対象事業」という。）を買主に対して譲り渡し、買主は、本契約の規定に従い、売主より承継対象事業を譲り受ける（以下「本件事業譲渡」という。）。

第2.2条（資産の譲渡）

1．本件事業譲渡により、売主は、本契約の規定に従い、クロージング日をもって、次項に定める承継対象資産を負担等なく買主に譲り渡し、買主はこれを譲り受ける。
2．本契約において「承継対象資産」とは、クロージング日時点において存在し、売主が承継対象事業のみに関して有する以下の資産をいう。
   (1)　現預金○円
   (2)　流動資産
   　　製品、仕掛品、原材料、前渡金、仮払金、前払費用等に係る資産を含む全ての流動資産。但し、現預金、売掛金債権、受取手形、電子記録債権、未収入金を除く。
   (3)　固定資産
   　　土地、建物、設備、構築物、機械、装置、車両運搬具、工具、器具、備品、リース資産等に係る資産を含む全ての固定資産。
   (4)　知的財産権
   　　特許権、実用新案権、意匠権、商標権、著作権、特許を受ける権利、

実用新案登録を受ける権利、意匠登録を受ける権利、商標登録出願により生じた権利、及び不正競争防止法に基づく保護の対象となる商品等表示、商品の形態又は営業秘密、ソフトウェア、ノウハウ並びに外国法に基づく権利であってこれらに相当するもの等を含む全ての知的財産権等。

(5) その他の資産

売主が承継対象事業のみに関して有する一切の資産。但し、前記(1)乃至(4)に定めるものを除く。

第2.3条（債務の承継）

1. 本件事業譲渡により、売主は、本契約の規定に従い、クロージング日をもって、次項に定める承継対象債務を買主に承継させ、買主はこれを免責的に引き受ける。但し、承継対象債務について、債権者の承諾が得られなかった場合、買主は、当該債権者に対する当該承継対象債務を重畳的債務引受け（売主及び買主間における買主の負担部分は全部とする。）の方法により承継し、売主がクロージング日以降に当該承継対象債務について履行その他の負担をした場合には、売主は、買主に対し、負担した額の全額を求償することができるものとする。

2. 本契約において「承継対象債務」とは、クロージング日時点において存在し、売主が承継対象事業のみに関して負担する以下の債務をいう。

(1) 流動負債

未払賞与、未払費用、リース債務、未払金等に係る債務を含む全ての流動負債。但し、借入金債務その他の有利子負債、買掛金債務、支払手形、電子記録債務及び預り金に係る債務を除く。

(2) 固定負債

預り保証金、リース債務、長期未払金等に係る債務を含む全ての固定負債。但し、借入金債務その他の有利子負債、退職給付債務及び資産除去債務を除く。

3. 売主及び買主は、買主が、承継対象債務及び次条に基づき売主から買主に承継される債務を除き、クロージングより前に生じた事由に起因又は関連して発生する売主の債務（偶発債務及び簿外債務を含む。）を一切引き受けないことを確認する。

第2.4条（契約上の地位の承継）

1. 本件事業譲渡により、売主は、本契約の規定に従い、クロージング日を

もって、次項に定める承継対象契約の契約上の地位及びそれに基づく権利義務（クロージングより前に発生済みの金銭債権及び金銭債務並びにクロージングまでに売主が製造又は販売した製品に係る金銭債務を除く。）を買主に移転し、買主はこれを承継する。但し、かかる契約上の地位の承継に関して当該承継対象契約の相手方当事者が同意することを条件とする。

2．本契約において「承継対象契約」とは、クロージング日時点において存在し、売主が承継対象事業のみに関して締結している以下の契約等をいう。

　(1)　売買契約、業務委託契約、製造委託契約、リース契約、ライセンス契約。

　(2)　その他の承継対象事業のみに関する一切の契約等（承継対象従業員に係る雇用契約を除く。）。

第2.5条（従業員の承継）

1．本件事業譲渡により、売主は、本契約の規定に従い、クロージング日をもって、次項に定める承継対象従業員の雇用契約上の地位及びそれに基づく権利義務（クロージング日の前日までの承継対象従業員と売主との間の雇用関係に関連して発生する賃金、退職金その他一切の債務を除く。）を買主に移転し、買主はこれを承継する。但し、かかる雇用契約上の地位の承継に関して当該雇用契約の相手方当事者が同意することを条件とする。

2．本契約において「承継対象従業員」とは、クロージング日において売主の○○事業部に属する従業員をいう。

3．売主及び買主は、買主が、クロージング日より前の承継対象従業員の売主における雇用に起因又は関連して発生する売主の債務（偶発債務及び簿外債務を含む。）を一切引き受けないことを確認する。

第2.6条（譲渡価額）

　本件事業譲渡の対価（以下「本件譲渡価額」という。）は、金○円（消費税・地方消費税別）とする。

第3章　クロージング

第3.1条（クロージングの日時・場所）

　本件事業譲渡は、クロージング日に、売主及び買主が別途合意する時間及び場所において、売主及び買主が第3.2条に定める行為を行うことにより実行されるものとする（以下「クロージング」という。）。

3　事業譲渡契約書　307

第3.2条（クロージング手続）
1．売主は、クロージング日において、買主による本件譲渡価額の支払いと引換えに、買主に対し、本件事業譲渡（次条に従った承継対象資産の引渡し及び移転を含む。）を行うとともに、以下の各号の書類を引き渡す。
　(1)　承継対象資産の譲渡に係る登記又は登録の申請に係る必要書類（登記又は登録に係る買主に対する委任状を含む。）
　(2)　本件承継対象契約承諾書の原本
　(3)　承継対象契約（本件承継対象契約承諾書が取得されたものに限る。）に係る契約書の原本
　(4)　転籍同意に係る同意書の原本
　(5)　転籍同意をした承継対象従業員に係る雇用契約書の原本
　(6)　承継対象事業に関する会計帳簿の全て
　(7)　○○
2．買主は、クロージング日において、売主による本件事業譲渡及び前項に掲げる書類の引渡しと引換えに、売主に対し、本件譲渡価額を支払う。
3．前項に定める買主による売主に対する本件譲渡価額の支払いは、売主がクロージング日の○営業日前までに買主に対して通知する売主の銀行口座に振込送金する方法により行うものとし、振込手数料は買主が負担する。

第3.3条（承継対象資産の移転手続）
1．売主は、クロージング日において、承継対象資産を買主に引き渡すものとし、買主はこれを受領するものとする。これらの承継対象資産についての危険は、売主の責めに帰すべきものを除き、当該引渡しにより、売主より買主に移転するものとする。なお、承継対象資産のうち第三者が占有するものの引渡しは、指図による占有移転の方法によるものとする。
2．承継対象資産の移転手続に必要な費用は買主が負担するものとし、売主が支弁したものについては、クロージング日後30日以内に買主より売主に支払うものとする。

第4章　前提条件

第4.1条（売主による義務履行の前提条件）
　売主は、以下の各号の事由が全て充足されていることを前提条件として、第3.2条第1項に定める義務を履行する。なお、売主は、その任意の裁量により、かかる条件の全部又は一部を放棄して第3.2条第1項に定める義務を履行

することができる。但し、かかる条件の全部又は一部の放棄によっても、第7章に基づく買主に対する補償等の請求が妨げられるものではない。

(1) 本締結日及びクロージング日において、第5.2条第1項に定める買主の表明及び保証が重要な点において真実かつ正確であること。

(2) 買主が、本契約に基づきクロージングまでに履行又は遵守すべき事項を重要な点において履行又は遵守していること。

(3) 本件事業譲渡に関してクロージング前に必要となる許認可等（私的独占の禁止及び公正取引の確保に関する法律（昭和22年法律第54号）第16条第2項に基づく公正取引委員会に対する事業等の譲受けに関する計画の届出を含む。以下同じ。）が取得又は履践され、法定の待機期間が経過し、かつ、司法・行政機関等（公正取引委員会を含む。）により、排除措置命令の発令又は排除措置命令に係る手続の係属（事前通知の送付又は同法第16条第3項により準用される同法第10条第9項に定める報告等を要請する文書の送付を含む。）等、本件事業譲渡の実行を妨げる措置又は手続（以下「排除措置命令等」と総称する。）がとられていないこと。

第4.2条（買主による義務履行の前提条件）

買主は、以下の各号の事由が全て充足されていることを前提条件として、第3.2条第2項に定める義務を履行する。なお、買主は、その任意の裁量により、かかる条件の全部又は一部を放棄して第3.2条第2項に定める義務を履行することができる。但し、かかる条件の全部又は一部の放棄によっても、第7章に基づく売主に対する補償等の請求が妨げられるものではない。

(1) 本締結日及びクロージング日において（但し、時期を明記しているものについては当該時点において）、第5.1条第1項に定める売主の表明及び保証が重要な点において真実かつ正確であること。

(2) 売主が、本契約に基づきクロージングまでに履行又は遵守すべき事項を重要な点において履行又は遵守していること。

(3) 本件事業譲渡に関してクロージング前に必要となる許認可等が取得又は履践され、法定の待機期間が経過しており、かつ、司法・行政機関等（公正取引委員会を含む。）により排除措置命令等がとられていないこと。

(4) 法令等の規定に従い、売主の株主総会において、本契約を承認する旨の決議がなされており、その他本件事業譲渡の実行について、会社法その他の法令等に基づきクロージングまでに実施すべき手続が全て適法かつ有効に履践されていること。

(5) 本件関連契約が、いずれも適法かつ有効に締結され、かつ有効に存続

しており、本件関連契約について買主以外の当事者による違反がないこと。

(6) 買主において、クロージング日以降に承継対象事業を遂行するために必要な許認可等を取得していること。

(7) 売主において、承継対象契約の各相手方から、承継対象契約に係る契約上の地位を売主から買主へ承継すること、及び本件事業譲渡の実行後も承継対象契約を従前どおりの条件で継続させることについての書面による承諾を取得していること。

(8) 買主において、第6.4条に従い、別紙6.4に記載の者との間で買主が合理的に満足する内容の契約が締結されていること。

(9) 売主において、承継対象従業員のうちクロージング日以降に買主が承継対象事業を支障なく運営するために必要かつ十分と買主が合理的に判断するものから、買主への転籍に関する書面による同意を取得していること。

(10) 買主において、本件譲渡価額の支払いに必要な資金の調達が完了していること。

(11) 承継対象事業の財務状態、経営成績、キャッシュフロー、資産、負債若しくは将来の収益計画又はそれらの見通しに重大な悪影響を及ぼす可能性のある事由又は事象が発生又は判明しておらず、そのおそれもないこと。

(12) 以下に定める書面を買主が受領していること。

　(i) 本件事業譲渡を承認した売主の取締役会議事録の写し（対象会社の代表取締役による原本証明が付されたもの）

　(ii) 本契約を承認した売主の株主総会議事録の写し（対象会社の代表取締役による原本証明が付されたもの）

　(iii) 別紙4.2-(12)の様式及び内容による前提条件充足証明書

　(iv) 上記のほか、買主が合理的に要請する書面

第5章　表明及び保証

第5.1条（売主の表明及び保証）

1．売主は、買主に対して、本締結日及びクロージング日において（但し、時期を明記しているものについては当該時点において）、別紙5.1に記載された各事項が真実かつ正確であることを表明し保証する。

2．買主が売主の表明保証の違反を構成し又は構成する可能性のある事実を

知り又は知り得たことは、本契約に従ってなされた売主の表明保証の効果又はそれに関連する救済手段の効果にいかなる影響を与えるものでもない。

第5.2条（買主の表明及び保証）

1．買主は、売主に対して、本締結日及びクロージング日において、別紙5.2に記載された各事項が真実かつ正確であることを表明し保証する。

2．売主が買主の表明保証の違反を構成し又は構成する可能性のある事実を知り又は知り得たことは、本契約に従ってなされた買主の表明保証の効果又はそれに関連する救済手段の効果にいかなる影響を与えるものでもない。

第6章　誓約事項

第6.1条（承継対象事業の運営）

1．売主は、本締結日からクロージングまでの間、善良な管理者の注意をもって、売主において本締結日以前に行われていたのと実質的に同一かつ通常の業務の範囲において、承継対象事業の業務の執行並びに財産の管理及び運営を行うものとする。

2．売主は、前項の定めに従うほか、本締結日からクロージングまでの間、本契約において別途明示的に予定されている行為を行う場合及び買主の事前の書面による承諾を得た場合を除き、以下の各号に掲げる行為又はその決定を行わないものとする。

⑴　定款、取締役会規程その他の重要な社内規程の制定、変更又は廃止（但し、承継対象事業又は本件事業譲渡に影響を生じさせるものに限る。）

⑵　組織変更（会社法第5編第1章に定める組織変更をいう。）、合併、株式交換、株式移転、会社分割、事業の全部又は一部の譲渡又は譲受け、子会社の異動を伴う株式又は持分の譲渡又は譲受けその他これらに準ずる行為（但し、承継対象事業又は本件事業譲渡に影響を生じさせるものに限る。）

⑶　解散、清算又は倒産手続等の開始の申立て

⑷　承継対象事業に係る事業計画又は予算の決定又は変更

⑸　承継対象事業の縮小、撤退又は重要な変更

⑹　承継対象事業に係る事業所、支店又は店舗の開設又は廃止

⑺　会計方針の変更（但し、承継対象事業又は本件事業譲渡に影響を生じさせるものに限る。）

⑻　承継対象事業に係る1件あたりの金額が○円以上の資産の取得、売却、

賃貸、賃借、担保設定その他の処分又は設備投資

(9) 承継対象事業に係る1件あたりの取引金額が○円以上又は年間の取引金額が○円以上の契約等の締結、変更、修正、解約、解除又は終了

(10) 承継対象事業に係る資本提携又は業務提携

(11) 承継対象事業に係る通常の業務の範囲を超える売掛債権及び買掛債務の支払サイトの変更その他の取引条件の変更

(12) 承継対象従業員の雇用、解雇若しくは解任又は異動

(13) 承継対象従業員の賃金又は報酬の増額その他雇用条件の重要な変更

(14) 承継対象事業に係る訴訟等の提起若しくは手続の開始、和解その他判決によらない終了又は重要な方針の決定

第6.2条（法令に基づき必要となる手続）

1. 買主は、本契約の締結後実務上可能な限りすみやかに、本件事業譲渡に関してクロージング前に必要となる許認可等を取得又は履践し、待機期間がある場合には、当該待機期間を経過させ、かつ、排除措置命令等がとられないよう商業上合理的な範囲で努力するものとする。但し、買主は、当該許認可等を取得又は履践し、当該待機期間を経過させ、かつ、排除措置命令等がとられないために、買主並びに買主の子会社及び関連会社の資産、持分又は事業の譲渡又は処分その他競争法上の問題を解消するための措置を行う義務を負わないものとする。

2. 売主は、(i)○年○月○日までに、株主総会を開催し、本契約について会社法第467条第1項に定める株主の承認を得られるよう最大限努力し、(ii)クロージングまでに、その他本件事業譲渡について会社法その他の法令等に基づき売主においてクロージングまでに行う必要のある事項を会社法その他の法令等に従い適法かつ有効に実施し、かつ、(iii)買主による前項に定める義務の履行に関し、合理的な範囲で必要な協力を行うものとする。

第6.3条（承継対象契約に係る承諾取得等）

1. 売主は、クロージング日までに、各承継対象契約の相手方から、契約条件を変更することなく、当該承継対象契約における売主の契約上の地位及びそれに基づく権利義務を、クロージング日をもって買主に承継させるために必要となる書面による承諾（買主が合理的に満足する様式及び内容によるものとし、以下「本件承継対象契約承諾書」と総称する。）を取得するよう最大限努力するものとする。

2. 前項に従った売主の努力にもかかわらず、クロージング日までに本件承

継対象契約承諾書を取得することができなかった承継対象契約が存在する場合、売主は、クロージング日以降も、買主と協議の上、当該承継対象契約のうち買主が指定するものの相手方から、当該承継対象契約における売主の契約上の地位及びこれに基づく権利義務を買主に承継させるために必要となる書面による承諾（買主が合理的に満足する様式及び内容によるものとする。）を取得するよう最大限努力するものとする。買主は、当該承継対象契約のうち本項に従い相手方の承諾が取得された契約について、当該承諾の取得の時をもって売主の契約上の地位及びこれに基づく権利義務を承継するものとする。

3．前項に定める場合には、クロージング日以降前項に従い相手方の承諾が取得されるまでの間、(i)買主は、当該承継対象契約に基づく売主の義務の履行を引き受け、自らの費用負担で履行するものとし、(ii)売主は、当該承継対象契約に基づき相手方から受領した対価（役務の提供を含む。）を自らの費用負担で買主に交付又は提供するものとする。

第6.4条（新契約の締結）

　買主は、クロージング日までに、売主が承継対象事業に関して締結している別紙6.4記載の契約の相手方との間で、当該契約の目的事項に関する新たな契約（買主が合理的に満足する様式及び内容によるものとする。）を締結することができるよう、合理的な範囲で努力するものとし、売主はこれに最大限協力するものとする。

第6.5条（従業員の承継に関する手続）

1．買主は、本締結日以降すみやかに、承継対象従業員に対し、クロージング日から、本締結日時点における条件と実質的に同水準の条件により、買主において雇用することを申し込むものとし、売主は、クロージング日の前日までに、承継対象従業員の全員から、かかる買主による申込みに応じて売主から買主へ転籍するために必要となる書面による同意（以下「転籍同意」という。）を取得するよう最大限努力するものとする。

2．前項に従った売主の努力にもかかわらず、承継対象従業員の全て又は一部から転籍同意を取得することができなかった場合、売主は、転籍同意を取得できなかった承継対象従業員を買主に対して出向させるものとする。なお、売主から買主に対して出向する売主の従業員に係る賃金その他の費用は、買主の負担とする。

第6.6条（許認可の取得）

　売主及び買主は、買主がクロージング日以降に承継対象事業を営むために必要な許認可等を売主から買主に対して承継し、又は買主において新たに取得するために必要となる手続を、相互に協力して履践するものとする。

第6.7条（移行サービス契約の締結）

　売主、買主及び対象会社は、クロージング日までに、大要別紙6.7の様式及び内容の移行サービス契約を締結する。

第6.8条（独占交渉義務）

１．売主は、本締結日以降、いかなる第三者に対しても、又はいかなる第三者との間においても、直接又は間接に、本件事業譲渡と矛盾又は抵触し得る資本提携、株式譲渡、合併、会社分割、株式交換、株式移転、事業の全部又は一部の譲渡その他これらに類する取引（以下「抵触取引等」という。）に関連して、情報提供、提案、勧誘、協議、交渉又は取引の実行を一切行わないものとする。

２．売主は、第三者より抵触取引等に関連して提案又は勧誘が行われた場合は、直ちにその内容を買主に対して通知し、対応につき誠実に買主と協議するものとする。

第6.9条（通知義務）

　売主及び買主は、(i)第５章に定める自らの表明及び保証のいずれかに反する事実又は反することとなるおそれのある事実が判明した場合、(ii)自らによる本契約上の義務の違反の事実又は違反することとなるおそれのある事実が判明した場合、又は、(iii)第４章に定める相手方の義務の前提条件が充足しないおそれがあることが判明した場合には、相手方に対して、かかる内容を書面により直ちに通知するものとする。なお、当該通知は、自らによる表明及び保証又は義務の違反を治癒するものではない。

第6.10条（情報提供等）

　売主は、本締結日からクロージングまでの間、本契約又は本件事業譲渡に関連して買主が合理的に要請する場合、買主及びそのアドバイザーに対して、売主の帳簿、記録、資料その他の情報を提供し、また売主の役職員又はそのアドバイザーへのアクセスを認めるものとする。

第6.11条（前提条件充足義務）

　売主は第4.2条各号に定める買主による義務履行の前提条件を、買主は第4.1条各号に定める売主による義務履行の前提条件を、クロージング日において、それぞれ充足させるよう最大限努力するものとする。

第6.12条（クロージング後の精算）

1. (i)売主は、クロージング後において、第三者から承継対象資産に含まれる債権に係る支払いを受けた場合には、直ちに買主にその旨を通知し、(ii)買主は、クロージング後において、承継対象事業に関し、第三者に対して承継対象債務に含まれない売主の債務を履行した場合には、直ちに売主にその旨を通知する。これらの場合、売主は、(i)売主が当該第三者から受領した金額又は(ii)買主が当該第三者に対して支払った金額を、買主が別途指定する金融機関の口座に振込送金するものとする（振込手数料は売主が負担する。）。

2. (i)買主は、クロージング後において、承継対象事業に関し、第三者から承継対象資産に含まれない売主の債権に係る支払いを受けた場合には、直ちに売主にその旨を通知し、(ii)売主は、クロージング後において、第三者に対して承継対象債務を履行した場合には、直ちに買主にその旨を通知する。これらの場合、買主は、(i)買主が当該第三者から受領した金額又は(ii)売主が当該第三者に対して支払った金額を、売主が別途指定する金融機関の口座に振込送金するものとする（振込手数料は買主が負担する。）。

第6.13条（公租公課等の精算）

　売主及び買主は、承継対象資産に課せられる公租公課、保険料、公共料金その他賦課金等（以下「賦課金等」という。）については、宛名・名義の如何にかかわらず、クロージング日をもって区分し、クロージング日の前日までの期間に対応する部分を売主の負担とし、クロージング日以降の期間に対応する部分を買主の負担として、クロージング日において精算する。但し、本条に従って精算されるべき賦課金等のうちクロージング日においてその金額が未確定のものについては、金額が確定次第、売主及び買主間ですみやかに精算を行うものとする。なお、公租公課の精算のための賦課期間の起算日は1月1日とする。

第6.14条（追加的協力）

　売主及び買主は、クロージング後において、相手方の合理的な要請に従い、

相手方の費用負担により、本契約において企図されている本件事業譲渡の目的を達成するために合理的に必要となる事項（情報の提供、書類の作成・交付、資産の譲渡・引渡し、債務の承継又は契約の締結を含む。）を行うとともに、相手方に対して合理的に必要な協力を行うものとする。

第6.15条（競業避止義務）

　売主は、会社法その他の法令等の規定にかかわらず、クロージング以降、クロージング後○年を経過する日までの間、買主の事前の書面による承諾がない限り、直接又は間接に、(i)承継対象事業と実質的に競合する事業（以下「競合事業」という。）を行わないものとし、また、(ii)競合事業を行う会社への出資、貸付けその他の資金提供を行わず、かつ当該会社の事業に協力しないものとする。

第6.16条（勧誘禁止義務）

　売主は、クロージング以降、クロージング後○年を経過する日までの間、自ら又はその子会社を通じて、買主に転籍した承継対象従業員に対し、勧誘、買主からの退職の勧奨その他の働きかけを行わないものとする。但し、求人広告等による、承継対象従業員又は買主の従業員のみを対象とするものでない一般的な勧誘は、本条により禁止されないものとする。

第7章　補償

第7.1条（売主による補償）
1．売主は、買主に対して、本契約に定める自らの表明及び保証の違反又は本契約に基づく義務の違反に起因又は関連して買主が損害、損失又は費用（合理的な範囲の弁護士費用を含む。以下「損害等」と総称する。）を被った場合には、かかる損害等を賠償又は補償（以下「補償等」という。）するものとする。
2．本契約に定める売主の表明及び保証の違反に基づく補償等の額は、合計して本件譲渡価額の○％を超えないものとし、また、その請求は、クロージング日から○年後の応当日までに、売主に対して書面により行わなければならないものとする。
3．前項の規定は、(i)別紙5.1第○号乃至第○号に定める表明及び保証に違反したことを理由とする第1項に基づく補償等及び(ii)売主による表明及び保証の違反が売主の故意又は重過失による場合に行われる第1項に基づく補

316　巻末資料

償等には、適用されないものとする。

第7.2条（買主による補償）
1．買主は、売主に対して、本契約に定める自らの表明及び保証の違反又は本契約に基づく義務の違反に起因又は関連して売主が損害等を被った場合には、かかる損害等を補償等するものとする。
2．本契約に定める買主の表明及び保証の違反に基づく補償等の額は、合計して本件譲渡価額の○％を超えないものとし、また、その請求は、クロージング日から○年後の応当日までに、買主に対して書面により行わなければならないものとする。

第7.3条（製品修補等に関する補償）
　売主は、クロージングまでに売主が製造又は販売した製品に関し、買主が修補、交換その他のアフターサービスの提供を行った場合、買主に対して、それに起因又は関連して買主に生じた損害等を補償等するものとする。

第7.4条（補償等の性質）
　売主の表明及び保証の違反による買主に対する補償等は、本件譲渡価額の調整として行われるものとする。

第8章　解除

第8.1条（解除）
1．売主は、クロージングまでに限り、以下の各号のうちのいずれかの事由が発生した場合は、買主に対して書面で通知することにより、本契約を解除することができる。
　⑴　第5.2条に規定される買主の表明及び保証に重要な点において違反があった場合
　⑵　買主が本契約上の義務に重要な点において違反した場合
　⑶　買主につき、倒産手続等の開始の申立てがなされた場合
　⑷　売主の責めに帰すべからざる事由により、○年○月○日までに、本件事業譲渡が実行されなかった場合
2．買主は、クロージングまでに限り、以下の各号のうちいずれかの事由が発生した場合は、売主に対して書面で通知することにより、本契約を解除することができる。

(1) 第5.1条に規定される売主の表明及び保証に重要な点において違反があった場合

(2) 売主が本契約上の義務に重要な点において違反した場合

(3) 売主につき、倒産手続等の開始の申立てがなされた場合

(4) 買主の責めに帰すべからざる事由により、○年○月○日までに、本件事業譲渡が実行されなかった場合

3. 本契約が本条に基づき解除された場合であっても、第7章（第7.3条を除く。）、本項及び第9章の規定は引き続き効力を有する。

第9章　雑則

第9.1条（救済手段の限定）

　売主又は買主が本契約に基づく義務に違反した場合又は表明及び保証に違反があった場合、売主及び買主は、第7章に定める補償等の請求及び第8章に定める解除を除き、債務不履行責任、瑕疵担保責任、不法行為責任、法定責任その他法律構成の如何を問わず、相手方に対して補償等、解除その他の権利行使をすることはできない。但し、本契約に定める義務の履行請求は妨げられない。

第9.2条（秘密保持義務）

1. 売主及び買主は、本締結日から○年間、以下の各号に規定する情報を除き、本契約の締結の事実及びその内容、本件事業譲渡に関する交渉の内容並びに本件事業譲渡に関連して相手方から受領した一切の情報（以下「秘密情報」と総称する。）について、厳に秘密を保持し、これを第三者に開示又は漏洩してはならず、また、本契約の締結及び履行以外の目的に利用してはならない。

(1) 当該情報を開示した当事者（以下「開示当事者」という。）から受領する前に当該情報を受領した当事者（以下「受領当事者」という。）が自ら適法に保有していた情報

(2) 受領当事者が開示当事者から受領した時点で既に公知となっていた情報

(3) 受領当事者が開示当事者から受領した後、自らの責めによらずに公知となった情報

(4) 受領当事者が正当な権限を有する第三者から秘密保持義務を負うことなく適法に受領した情報

(5) 受領当事者が開示当事者からの情報に基づかずに独自に開発した情報

2．第1項にかかわらず、売主及び買主は、その親会社及び子会社、並びに自ら、親会社及び子会社の役職員及びアドバイザーに対して秘密情報を開示することができる。但し、開示を受ける第三者が法令等に基づく守秘義務を負担しない場合は、少なくとも本条に定める秘密保持義務と同等の秘密保持義務を負担することを条件とする。

3．第1項にかかわらず、売主及び買主は、開示当事者の書面による承諾がある場合、司法・行政機関等の判断等により適法に開示を求められた場合又は法令等により当事者又は当事者の親会社による開示が義務づけられる場合は、秘密情報を開示することができる。

4．第1項にかかわらず、クロージングが行われた場合には、(i)売主は、クロージング日前に知得した承継対象事業に関する情報について、クロージング日から〇年間、買主の秘密情報として扱い、第1項に定める義務を負うものとし、(ii)買主は、承継対象事業に関する情報について、第1項に定める義務を負わない。

第9.3条（公表）
　売主及び買主は、本契約の締結の事実及びその内容の公表の時期、方法及び内容について、別途協議の上、事前に合意するものとする。但し、司法・行政機関等の判断等により適法に開示を求められた場合又は法令等により当事者又は当事者の親会社による開示が義務づけられる場合において、事前に相手方と誠実に協議した上で合理的な範囲内で公表を行う場合はこの限りでない。

第9.4条（準拠法・管轄）
1．本契約は、日本法に準拠し、これに従って解釈される。
2．本契約に関する一切の紛争については、東京地方裁判所を第一審の専属的合意管轄裁判所とする。

第9.5条（譲渡等の禁止）
　売主及び買主は、相手方の事前の書面による承諾を得ない限り、本契約上の地位又は本契約に基づく権利義務の全部又は一部について、第三者に対する譲渡、移転、承継、担保提供その他の方法による処分をしてはならない。

第9.6条（本契約の変更・権利の放棄）
1．本契約は、売主及び買主が書面により合意した場合にのみ変更又は修正

することができる。

2．本契約に基づく権利の放棄は、書面によってのみ行うことができる。本
　契約に基づく権利の不行使又は行使の遅滞は、当該権利の放棄と解されて
　はならない。

第9.7条（分離可能性）

　本契約の一部の条項が無効、違法又は執行不能となった場合においても、
その他の条項の有効性、適法性及び執行可能性はいかなる意味においても損
なわれることなく、また、影響を受けないものとする。

第9.8条（完全合意）

　本契約は、本件事業譲渡を含む本契約で定める事項に関する当事者間の完
全なる合意を構成するものであり、本契約の締結前に係る事項に関して売主
及び買主との間で交わされた一切の契約等は、本締結日をもって全て失効す
る。

第9.9条（通知）

　本契約に従い、売主及び買主が行う通知、請求その他一切の連絡は、以下
の通知先宛てに、配達証明付郵便、ファクシミリ送信又は電子メール送信の
いずれかの方法により、書面を送付することにより行い、その効力は相手方
に到達した時（配達証明付郵便については到達した時又は到達すべき時）に
発生する。但し、以下の通知先は、売主又は買主が本条に定める方法により
通知先を変更する旨を通知することにより、これを変更することができる。

　（売主）
　住　　　　　　所：
　宛　　　　　　先：
　電　　　　　　話：
　Ｆ　　Ａ　　Ｘ：
　e-mail アドレス：

　（買主）
　所　　　在　　地：
　宛　　　　　　先：
　電　　　　　　話：

F　　A　　X：
e-mail アドレス：

第9.10条（費用負担）

1．売主から買主に対する承継対象資産の承継に係る登記、登録その他の費用は買主の負担とし、本契約に関して生じる印紙税は売主及び買主がそれぞれその半額を負担する。

2．売主及び買主は、前項に定める場合その他本契約に別途明確に定める場合を除き、本契約の締結及び履行に関連してそれぞれに発生する費用については、各自これを負担する。

第9.11条（言語）

本契約は、日本語により作成され、締結されるものとする。本契約が日本語以外の言語に翻訳された場合も、当該翻訳は本契約の解釈に影響しない。

第9.12条（第三者の権利）

本契約は、第三者のためにする契約と解されてはならず、売主又は買主以外の第三者は、本契約に基づきいかなる権利も主張することができない。

第9.13条（誠実協議）

売主及び買主は、本契約の条項の解釈に関して疑義が生じた事項及び本契約に定めのない事項については、誠実に協議の上解決する。

本契約の締結を証するため、本契約書1通を作成し、買主がその原本を、売主がその写しをそれぞれ保有する。

○年○月○日

売主：○○

買主：○○

事項索引

●欧文

CP →前提条件
DCF 法 ························· 29, 30
DD →デュー・ディリジェンス
GAAP ································· 94
LBO ································· 19
MAC 条項 ············· 59, 66, 95
MAE 条項 ····················· 66
TSA →移行サービス契約

●あ行

アーンアウト条項 ············· 35
アクチュアル・ノレッジ（actual knowledge）····················· 77
アンチ・サンドバッギング（anti-sandbagging）··················· 83
移行サービス契約 ······· 64, 143
逸失利益 ·························· 162
一般に公正妥当と認められる企業会計の基準→ GAAP
印紙税 ···························· 250
インデムニティ（indemnity）→補償
インデムニフィケーション（indemnification）→補償
エクスクルーシブ・レメディー（exclusive remedy）→救済手段の限定
エスクロー（escrow）········· 51
──・エージェント ········· 52

●か行

会計帳簿 ·························· 97
開示別紙 ·························· 79
──のアップデート ········· 80
解除 ······················· 11, 177
外為法 ················ 44, 62, 138
拡大損害 ·························· 162

株券 ······························ 46
株券発行会社 ···················· 48
株券不発行会社 ·················· 50
株式移転計画 ····················· 5
株式買取請求 ··················· 233
株式交換契約 ················· 5, 12
株式取得届出 ··············· 43, 62
株式譲渡の対抗要件 ············ 47
株式引受契約 ················· 4, 12
株主総会決議 ········· 86, 233, 234
株主名簿 ·························· 48
ガン・ジャンピング（gun jumping）
······························ 137, 148
簡易分割 ·························· 234
管轄 ····························· 190
間接損害 ·························· 162
完全合意 ·························· 195
勧誘禁止義務 ··················· 152
キーマン条項 ···················· 69
企業結合集団 ··················· 133
基準 BS ····················· 30, 31
既存不適格 ····················· 103
救済手段の限定 ················· 185
吸収分割 ·························· 203
──契約 ················ 12, 203
競業避止義務 ············· 149, 247
許認可 ·························· 244
許認可等 ··················· 99, 244
クリアランス（clearance）
······················ 134, 135, 183
クロージング（closing）········· 42, 217
──・チェックリスト ········· 54
──日 ··················· 43, 45
──BS ··············· 30, 31, 33
計算書類 ··················· 92, 227
契約等 ·························· 108
結果損害 ·························· 162

324 事項索引

言語 ……………………………… 198
健康保険 …………………………… 153
公開買付応募契約 …………… 4, 12
公共料金 …………………………… 246
口座管理機関 ………………… 45, 49
固定資産税 ………………………… 246
コベナンツ（covenants）→誓約事項
コンストラクティブ・ノレッジ
　（constructive knowledge）……… 77
コンディション（condition）→前提条件

●さ行

再雇用 ……………………………… 243
財務諸表 …………………………… 92
債務不履行事由等 ……………… 109
詐害行為取消権 ………………… 205
詐害的会社分割 ………………… 231
サンドバッギング（sandbagging）……… 82
事業譲渡 …………………………… 203
事前届出 ………………………… 44, 62
辞任届 ……………………………… 65
司法・行政機関等の判断等 ……… 99
社債等振替法 ……………………… 47
重大な悪影響→ MAC 条項
重要性・重大性による除外 ……… 77
出向 ………………………………… 243
準拠法 ……………………………… 190
純資産法 …………………………… 29
遵守事項→誓約事項
承継対象外債務 ………………… 211
承継対象契約 …………………… 209
承継対象債務 …………………… 209
承継対象事業 …………………… 227
承継対象資産 ………………… 209, 209
商号続用 …………………………… 205
譲渡価額の調整 ………………… 45
譲渡禁止 …………………………… 193
譲渡承認 ……………………… 63, 132
譲渡制限会社 ……………………… 63
情報開示 …………………………… 122
──の完全性 …………………… 123

将来予想（プロジェクション）……… 76
署名欄 ……………………………… 199
知り得る限り ……………………… 77
知る限り …………………………… 77
精算 ………………………………… 245
誠実協議 …………………………… 199
誓約事項 ………… 10, 62, 127, 232
セベラビリティ（severability）
　→分離可能性
前提条件 ………… 10, 44, 56, 225
前提条件充足証明書 ……………… 69
前文 ………………………………… 21
相当因果関係 …………………… 161
損害担保契約 ……………………… 73
存続条項 …………………………… 184

●た行

ターミネーション（termination）→解除
待機期間 ……………………… 133, 138
第三者請求 ………………………… 168
第三者の権利 …………………… 198
対内直接投資等 ……………… 44, 138
第二次納税義務 ………………… 205, 230
ダブル・マテリアリティ（double
　materiality）……………… 61, 166
チェンジ・オブ・コントロール（change
　of control）… 44, 53, 58, 65, 100, 109, 140
仲裁 ………………………………… 190
重畳的債務引受け ……………… 219
通知 ………………………………… 196
デ・ミニミス（de minimis）……… 164
ディスクロージャー・スケジュール
　（disclosure schedule）→開示別紙
ディダクタブル（deductible）……… 164
ティッキング・フィー（ticking fee）
　…………………………………… 137
ティッピング・バスケット（tipping
　basket）………………………… 164
デュー・ディリジェンス（due
　diligence）……………………… 62
転籍 ………………………………… 243

事項索引　325

当事者 ……………………………… 15
登録免許税 ………………………… 250
独占禁止法 ……… 43, 62, 133, 237
独占交渉義務 ……………………… 147
特別補償 …………………………… 172
都市計画税 ………………………… 246
トランジション・サービス契約
　→移行サービス契約
取引保護条項 ……………………… 146
努力義務 …………………………… 128
ドロップ・デッド・デイト（drop dead
　date）………………………………… 178

●な行

ネガティブ・コベナンツ（negative
　covenants）………………………… 132
年金 ………………………………… 153

●は行

排除措置命令 ……………………… 62
　──を行わない旨の通知 ………… 134
バスケット（basket）……………… 164
反社会的勢力 ……………………… 87
否認権 ……………………………… 205
秘密保持義務 ……………………… 186
費用負担 ……………………… 197, 250
表明保証 ………………… 9, 60, 72, 227
表明保証保険 ……………………… 174
ファーザー・アシュアランス（further
　assurance）………………………… 247
ファイナンス・アウト条項 …… 59, 65, 146
不動産 ……………………………… 102
振替株式 …………………………… 49
振替制度 …………………………… 49
ブリング・ダウン証明書 ………… 61, 75
プレ・クロージング（pre-closing）
　………………………………… 54, 217
ブレイクアップ・フィー（breakup fee）
　………………………………………… 180

フロア（floor）…………………… 164
プロ・サンドバッギング（pro-
　sandbagging）…………………… 83
分割払い …………………………… 52
分離可能性 ………………………… 194
ヘル・オア・ハイウォーター（hell or
　high water）………………… 136, 184
法定外契約 ……………………… 12, 206
法定契約 …………………………… 12
法令等 ……………………………… 98
簿外債務 ……………………… 95, 227
補償 ………………………… 11, 158, 249

●ま行

マルチプル法 ……………………… 29
免責的債務引受け ………………… 219
問題解消措置 ……………………… 134

●ら行

リバース・ブレイクアップ・フィー
　（reverse breakup fee）
　………………………… 66, 136, 146, 181
略式分割 …………………………… 234
類似会社法 ………………………… 29
レバレッジド・バイアウト（leveraged
　buyout）…………………………… 19
レプリゼンテーション・アンド・ワラン
　ティズ（representations and
　warranties）→表明保証
連結計算書類 ……………………… 93
連結財務諸表 ……………………… 93
労働契約承継法 ……………… 236, 243
ロックド・ボックス（locked box）…… 34
ロング・ストップ・デイト（long stop
　date）……………………………… 178

●わ行

ワーキング・キャピタル（working
　capital）…………………………… 31

著者略歴（執筆当時）

戸嶋　浩二（としま　こうじ）

〔略歴〕

1998年	東京大学法学部卒業
2000年	弁護士登録
	森綜合法律事務所（現　森・濱田松本法律事務所）入所
2005年	コロンビア大学ロースクール卒業
2005年～2006年	Sullivan & Cromwell 法律事務所にて執務
2006年	ニューヨーク州弁護士登録
2006年～2007年	東京証券取引所上場部（企画担当）に出向
2009年	森・濱田松本法律事務所パートナー就任

〔主要著作〕

・『日本の公開買付け――制度と実証』（有斐閣、2016）〔共著〕
・「インサイダー取引におけるバスケット条項」『実務に効く企業犯罪とコンプライアンス判例精選（ジュリスト増刊）』（有斐閣、2016）
・『M&A法大系』（有斐閣、2015）〔共著〕
・『新・会社法実務問題シリーズ9　組織再編〔第2版〕』（中央経済社、2015）〔共著〕
・『新・会社法実務問題シリーズ2　株式・種類株式〔第2版〕』（中央経済社、2015）
・「〈平成26年会社法改正を踏まえた実務の検討(4)〉資金調達に関する規律の見直し」旬刊商事法務2060号（2015））23頁～〔共著〕
・「複数議決権方式による種類株上場の実務と展望」旬刊商事法務2032号（2014）81頁～
・『事例でわかるインサイダー取引』（商事法務、2013）〔共編著〕
・「支配株主による M&A における取締役の義務と責任」ジュリスト1452号（2013）33頁～〔共著〕
・『企業再生の法務〔改訂版〕』（金融財政事情研究会、2012）〔共編著〕

内田　修平 （うちだ　しゅうへい）

〔略歴〕

2002年	東京大学法学部卒業
2003年	弁護士登録
	森・濱田松本法律事務所入所
2008年	コロンビア大学ロースクール卒業
2008年〜2009年	Paul, Weiss, Rifkind, Wharton & Garrison LLP にて執務
2009年	ニューヨーク州弁護士登録
2010年〜2013年	法務省民事局（会社法担当）に出向
2014年	森・濱田松本法律事務所パートナー就任

〔主要著作〕

・「Private equity in Japan: market and regulatory overview」（Practical Law Global Guide, 2017）〔共著〕
・『日本の公開買付け――制度と実証』（有斐閣、2016）〔共著〕
・「英国会社を対象とする株式対価のクロスボーダー M&A」旬刊商事法務2112号（2016）24頁〜〔共著〕
・『実務解説　会社法』（商事法務、2016）
・『コーポレートガバナンス・コードの実務〔第2版〕』（商事法務、2016）〔共編著〕
・『改正会社法下における実務のポイント』（商事法務、2016）〔共著〕
・『M&A 法大系』（有斐閣、2015）〔共著〕
・『一問一答　平成26年改正会社法〔第2版〕』（商事法務、2015）〔共著〕
・「平成26年会社法改正が M&A 法制に与える示唆（上）（下）」旬刊商事法務2052号（2014）18頁〜、2053号（2014）15頁〜

塩田　尚也（しおた　なおや）

〔略歴〕

2004年	東京大学法学部卒業
2005年	弁護士登録
	森・濱田松本法律事務所入所
2011年	コーネル大学ロースクール卒業
2011年〜2012年	ニューヨーク州 Weil, Gotshal & Manges 法律事務所にて執務
2012年	ニューヨーク州弁護士登録
2015年	森・濱田松本法律事務所パートナー就任

〔主要著作〕

・「近時の公開買付け事例における取引スキームの考察——公開買付けと特別配当の組合せ取引を中心に」旬刊商事法務2135号（2017）38頁〜〔共著〕

・「〈平成26年会社法改正を踏まえた実務の検討（6・完）〉組織再編・M&A に関する規律の見直し」旬刊商事法務2062号（2015）56頁〜

・「米国における経営陣報酬の実務動向（上）（下）」旬刊商事法務1996号（2013）36頁〜、1997号（2013）50頁〜〔共著〕

・『M&A 法大系』（有斐閣、2015）〔共著〕

・「Private equity in Japan: market and regulatory overview」（Practical Law Global Guide, 2017）〔共著〕

・「LexisNexis Mergers & Acquisitions Law Guide 2016」（LexisNexis, 2016）〔共著〕

・「The Acquisition and Leveraged Finance Review: Japan」（Law Business Research Ltd., 2016）〔共著〕

330　著者略歴

松下　憲（まつした　あきら）

〔略歴〕

2005年	慶應義塾大学法学部法律学科卒業
2006年	弁護士登録
	森・濱田松本法律事務所入所
2012年	コーネル大学ロースクール卒業
2012年〜2013年	Kirkland & Ellis LLP にて執務
2013年	ニューヨーク州弁護士登録
2016年	森・濱田松本法律事務所パートナー就任

〔主要著作〕

・「The Shareholder Rights And Activism Review Second Edition, Chapter 5 JAPAN」（Law Business Research, 2017）
・『機関投資家の議決権行使方針及び結果の分析（別冊商事法務423号）』（商事法務、2017）〔共著〕
・「M&A 等における表明保証と情報開示——近時の裁判例を踏まえた実務」金融法務事情2067号（2017）14頁〜
・『日本の公開買付け——制度と実証』（有斐閣、2016）〔共著〕
・「Chambers Global Practice Guides Corporate M&A Japan 2017」（Chambers & Partners, 2016）〔共著〕
・『Doing Business in Japan（Securities Transaction, Chapter 8 ）』（LexisNexis, 2016）〔共著〕
・「買収防衛と刑罰」『実務に効く企業犯罪とコンプライアンス判例精選（ジュリスト増刊）』（有斐閣、2016）
・『M&A 法大系』（有斐閣、2015）〔共著〕
・「再考・委任状勧誘規制（上）（下）——米国の Proxy Regulation を参考にして」旬刊商事法務2057号（2015）16頁〜、2059号（2015）50頁〜
・『株主提案と委任状勧誘〔第 2 版〕』（商事法務、2015）〔共著〕

M&A 契約
——モデル条項と解説

2018年3月1日　初版第1刷発行
2025年4月18日　初版第7刷発行

著　者	戸　嶋　浩　二
	内　田　修　平
	塩　田　尚　也
	松　下　　　憲
発行者	石　川　雅　規

発行所　㈱商事法務

〒103-0027 東京都中央区日本橋 3-6-2
TEL 03-6262-6756・FAX 03-6262-6804〔営業〕
TEL 03-6262-6769〔編集〕
https://www.shojihomu.co.jp/

落丁・乱丁本はお取り替えいたします。
© 2018 Koji Toshima et al.
Shojihomu Co., Ltd.

印刷／広研印刷㈱
Printed in Japan

ISBN978-4-7857-2600-3
＊定価はカバーに表示してあります。

|JCOPY|＜出版者著作権管理機構　委託出版物＞
本書の無断複製は著作権法上での例外を除き禁じられています。
複製される場合は、そのつど事前に、出版者著作権管理機構
（電話 03-5244-5088、FAX 03-5244-5089、e-mail: info@jcopy.or.jp）
の許諾を得てください。